全新
升级版

培养孩子

认真学习的能力

唐曾磊◎主编

清华大学出版社
北京

内 容 简 介

本书作者通过近二十年的教育工作经验，发现孩子学习不好的根本原因在于浮躁。要消除浮躁，需要帮孩子认真起来。作者创造性地提出“认真是一种能力”，提倡培养孩子的认真能力，认真能力就是过程专注，结果做到最优的能力。本书提供了数学、语文、英语学习的十步法，并有明确的操作步骤和案例，而且提供了解决孩子检查作业、审题、举一反三、概念理解、错误修改等非常细节又非常实用的三步法，并提供了相应的真实案例。本书对家长、教师和学生都是非常有帮助的学习方法教材。

图书在版编目(CIP)数据

培养孩子认真学习的能力：全新升级版 / 唐曾磊主编. — 北京：清华大学出版社，2018(2025.5 重印)

ISBN 978-7-302-49476-8

Ⅰ.①培… Ⅱ.①唐… Ⅲ.①中小学生—学习能力—能力培养 Ⅳ.①G632.46

中国版本图书馆 CIP 数据核字(2018)第 020907 号

责任编辑： 左玉冰
封面设计： 汉风唐韵
版式设计： 方加青
责任校对： 王凤芝
责任印制： 沈 露

出版发行： 清华大学出版社
网　　址： https://www.tup.com.cn, https://www.wqxuetang.com
地　　址： 北京清华大学学研大厦 A 座　　**邮　　编：** 100084
社 总 机： 010-83470000　　**邮　　购：** 010-62786544
投稿与读者服务： 010-62776969，c-service@tup.tsinghua.edu.cn
质 量 反 馈： 010-62772015，zhiliang@tup.tsinghua.edu.cn
印 装 者： 涿州市般润文化传播有限公司
经　　销： 全国新华书店
开　　本： 170mm×240mm　　**印　　张：** 18.75　　**字　　数：** 281 千字
版　　次： 2018 年 6 月第 1 版　　**印　　次：** 2025 年 5 月第 9 次印刷
定　　价： 59.80 元

产品编号：077994-02

前　言

如何帮助孩子把学习搞好？

为什么孩子学习很努力而学习不好？

为什么孩子每天在学校里好好学习，成绩却不见提升？

如何才能提高孩子的成绩？

孩子怎样学习才是有效的？

如何学习能够保证每天进步？

孩子学习没有兴趣怎么办？

孩子学习没有自信怎么办？

……

无论人们怎么抱怨，却不得不面对这些问题。

在本书中笔者给出了明确的答案，并且给出了具体的操作步骤和详尽真实的操作案例。

根据我们的研究，孩子学习不好，最根本的原因是孩子的浮躁，浮躁有以下五种表现：

（1）上课一听就懂，其实没有真懂；

（2）看书一看就会，其实没有真会；

（3）题目拿来就做，没看清条件就做；

（4）做完题就上交，没检查好就上交；

（5）发现题做错了，以为粗心不改正。

只要浮躁，孩子的学习就一定不会理想。原因在于，浮躁会带来三种危害：

（1）学的时候学不会；

（2）考的时候考不出；

（3）错了以后改不了。

要帮助孩子学习好，就要消除浮躁，就要培养其认真的能力。

认真是一种能力，这是针对“认真是态度”的说法而言的。一般的父母和老师都认为认真是一种态度，所以，每次学生表现出不认真时，父母和老师对学生的建议总是“下回认真点！”期待着下回考试的时候，学生会在心里告诉自己：“我要认真，我要认真……”于是，学生就认真起来了，并可以因而考出好成绩来。但这只是一种美好的奢望，学生并没有因为这句话而学习好，这种话对学生来说根本就没用！

认真是一种能力，能力是需要平时培养的。而不是像态度只要做出样子来就可以转换。

当把认真当作一种能力的时候，就不一样了。

根据本书的理念，孩子会做而做错题目是因为其没有认真的能力，需要改变的是孩子的认真水平，也就是要提高孩子的认真能力！做题时，如果做错了，就虚心承认自己不懂，然后去想怎么做才能保证下次遇到类似问题的时候，永远不再出错。每次出错必须写出错误分析报告，必须重做，直到一次性做到满分，只有这样做，才有可能彻底掌握这个知识点，慢慢地，就可以彻底改掉所谓的“粗心”的毛病，从而锻炼出认真的能力。

态度需要端正，能力需要培养。认真是一种能力，需要长期的培养，这绝对不是一朝一夕端正一下就可以认真起来的！

认真是一种做人的最优秀的品质。有了认真的能力，学习会好，工作会好，做任何事情都能够发挥到最好。

在学习上培养认真的能力，就是要帮助孩子每次学习的时候一定学会，学会有三个标准：得满分，熟练化，举一反三。

要帮助孩子做到这三个标准，就要帮助孩子按照我们各学科的十步法和各种三步法进行操作，包括：

数学学习十步法：通过十个步骤学透一道例题，“学会”一个题目，掌握一章知识；

英语学习十步法：通过十个步骤学透一篇课文，单词、语法、阅读、作文都包括；

语文学习十步法：通过十个步骤学透一篇课文，字、词、句、阅读、作文都掌握。

另外还有各种三步法：“审题三步法”“题目解答三步法”“作业检查三步法”“答案分析三步法”“举一反三三步法”“课本学习三步法”“概念理解三步法”“轻松作文三步法”“错误修改三步法”等。

为了帮助家长们理解书中的理论和方法，本书除了帮助大家写明操作步骤，还采用了大量的案例，且几乎所有的案例都是真实的，但为了保护当事人的隐私，笔者一律采取了化名的方式。

本书适用于那些为以下问题烦恼的教师、家长和同学：

（1）每次觉得考得不错，但成绩下来往往不好；

（2）不爱学习，做作业敷衍了事，做完了不检查；

（3）学习不认真，粗心、浮躁严重；

（4）偏科，越是学习不好的科目越是不想学习；

（5）努力学习但成绩不好；

（6）对学习没有自信；

（7）对学习没有兴趣；

（8）不能深入学习；

（9）学习不专注，老爱走神；

（10）学习磨蹭，做事很慢。

本书在写作过程中，得到了清华大学出版社的大力支持，在此表示衷心的感谢。

编 者

目录

第一章 | 孩子学习不理想的根本原因是浮躁

第三章 | 帮助孩子建立自信

第四章 | 如何培养孩子的学习兴趣

第五章 | 学生类型测评、三大学习规律和破题法

第六章 | 帮孩子快速提高成绩的方法

第一章

孩子学习不理想的根本原因是浮躁

浮躁就是心不在焉，焉就是此时、此地、此事。

孩子学习浮躁，成绩一定不理想。

学的时候学不会，考的时候考不出，改的时候改不了。

第一节

孩子学习不好的九大原因与根本原因

对于孩子学习不好的原因，我们做了很多调查，父母和孩子往往对学习不好的原因有着不同的看法。综合起来，我们发现学习不好有九大原因。

一、学习不好的九大原因

（一）自我设限

自我设限是指一个人为了保护自我价值，维护自我形象，对可能到来的失败威胁事先设置障碍，为失败创造一个合理的借口。

当一个人预期事情可能会失败时，就会故意在其前进的道路上寻找、声称或创造某种看起来有说服力的障碍。若结果是失败，此人可将其归因于自设的障碍，而不是归因于自己的能力不足，从而达到自我保护的目的。另外，自我设限并不意味着结果注定要失败。若取得成功，又可将成功归因于自身的能力，从而达到自我提升的目的。

自我设限是一种行为策略，它主要发生在能力评价的成就情景中。自我设限可能是有意识的，也可能是无意识的。一个人所设置的障碍，可以是行为的（如孩子在考试前表现出生病的样子）、言语的（如声称自己身体不适或失眠）甚至是无作为（如学生因为远方的亲戚来访而不去复习备考等）。自我设限出现在成就行为之前或与成就行为同时出现，而不是出现在成就行为之后。有一些人比其他人更易使用自我设限策略，他们具有高自我设限倾向的人格特质，比如有一个老师，她每次在工作上出现失误，需要她面对错误的时候，她总是会说自己的头有些发晕，大脑一片空白，无法正常思考。

常常听到家长这样说：

"哎，我们家 ×× 从小就动作慢，特别笨，脑子转得也慢！"

"这孩子从小就脾气不好，特别爱急！"

"这孩子是剖腹产，据说剖腹产的孩子小脑不够发达！"

"女孩子就是学不好数学……"

"男孩子语言能力天生就是差……"

……

有的学生会说：

"我每到春天就容易犯困，学习不好。"

"我脑子不如 ×× 聪明。"

"我不适合学理科。"

"我体质不好。"

"我记忆力不好。"

"我基础不好。"

"我长得不漂亮。"

"老师不喜欢我。"

"大家都认为我不够优秀。"

……

就是由于诸如此类的思想限制了人类的潜力发挥。事实上，我们每个人都拥有无穷无尽的潜力，只是由于我们有很多不好的习惯，阻碍了我们潜力的发挥。

如果一个孩子在有关自己学习或者个人成长的道路上有错误的观念，那么他的潜力就没办法释放出来。举例来讲，如果孩子认为学数学很难，没有意思，那么他的大脑在这方面就会处于停滞状态，就会放弃努力。

1953年，科学家沃林和克里克从晶体χ射线衍射照片上发现了DNA（脱氧核糖核酸）的分子结构，提出了DNA双螺旋结构的假说，从而标志着生物时代的到来。二人因而获得了1962年度诺贝尔医学奖。

但他们两人并不是第一个发现DNA双螺旋结构的科学家，早在他们发现的两年前，也就是1951年，英国有一位名叫富兰克林的人，从自己拍得极好的DNA的X射线衍射照片上发现了DNA的螺旋结构，之后他就这一发现做了一次演讲。然而由于他生性自卑，又怀疑自己的假说是错误的，从而放弃了这个假说。

可以想象，如果富兰克林不是自卑，而是坚信自己的发现和假说，进一步进行研究，确认这个伟大的发现，诺贝尔大奖肯定就属于他了。可见，一个人如果太自卑的话，是很难有所成就的。

我去一个高中做讲座，有一个女生私下找我咨询，她就说了困扰自己很久的一个问题：她不敢努力学习。为什么呢？因为她怕如果努力学习了，将来考不上理想的大学会被人笑话笨，所以，她宁可不努力学习，万一将来考不上，就可以解释自己是因为不努力学习才考不上的。其实这位女生忘了一个问题，考上考不上大学，不需要跟别人解释，真正要解释的人是自己！

有科学家利用动物做试验也发现了同样的问题。

曾有科学家做过实验：将一条最凶猛的鲨鱼和一群热带鱼放在同一个池子，然后用强化玻璃隔开。最初，鲨鱼每天都会不断地冲撞那块看不到的玻璃，奈何这只是徒劳，它始终不能到对面去，而实验人员每天都放一些鲫鱼在池子里，所以鲨鱼也没缺少猎物，只是它仍想到对面去，想品尝那里的美味，每天仍是不断地冲撞那块玻璃。它试了每个角落，每次都是用尽全力，但每次也总是弄得伤痕累累，有好几次都浑身破裂出血，持续了好些日子。每当玻璃一出现裂痕，实验人员马上加上一块更厚的玻璃。

后来，鲨鱼不再冲撞那块玻璃了，对那些五彩斑斓的热带鱼也不再在意，好像它们只是墙上会动的壁画。它开始等着每天固定会出现的鲫鱼，然后用它敏捷的本能进行狩猎，好像找回了海中不可一世的凶狠霸气，但这一切只不过是假象罢了。实验到了最后的阶段，实验人员将玻璃取走，但鲨鱼却没有反应，每天仍是在固定的区域游着，不但对那些热带鱼熟视无睹，甚至当那些鲫鱼逃到那边去，它就立刻放弃追逐，说什么也不愿再过去。

这个案例也许大家都很熟悉了，从这个案例中我们可以看出，一旦形成了自我设限，这种力量就会非常强大，大到一般的力量无法改变它。

所以对每一件觉得自己不行的事情，都要找一个实际的案例来推翻自己的设限思想，这样的话，你就可以实现自我突破了。

（二）基础知识不牢

知识不是孤立的，我们刚开始学习知识的时候，会觉得很难。当基础知识学得越来越多、越来越扎实的时候，学习的难度便会降低。相反，如果学习不扎实，由于旧知识没有学会，又不断地把没有学扎实的新知识沉淀成了旧知识，就像滚雪球一样，不扎实的知识越来越多，最后就导致学习越来越难，学习成绩越来越差。

因为基础知识不牢，学生做题时会觉得困难，感觉困难了，作业就不想做，甚至有时候，如果条件具备就可能会抄作业，进而慢慢地发现作业越来越难，难到自己难以应付，每次面对作业都很困难，而且上课也开始听不懂。越是听不懂就越会走神或犯困，最后就变成了所谓的“差生”。

由于基础知识学习不牢固，孩子会越来越不想学习，如此时间久了，落下的功课就越来越多，最后会出现积重难返的情况，即孩子的成绩会大幅下降，下降到家长连凑合都凑合不下去的程度。而这时候，孩子似乎“中了邪”，一门心思想离开学校，再也不想学习，怎么做思想工作都不行，有那种九头牛都拉不回来的劲头。

比如，有一次我应《克拉玛依日报》邀请到克拉玛依的准噶尔大讲堂讲座，讲座完了就有一位大妈来问我，说孩子讨厌英语，成绩老是不好，现在不想再上学了。家长把孩子送到学校门口，孩子打死都不进校门。家长硬生生地把孩子拽进学校，但一松手，孩子又跑了出来。家长问这种情况该怎么办。

这种情况表面上看似乎是孩子厌学的问题，而根本原因是因为孩子的基础知识很差，导致在学校里无法从容应对，成绩不好，常常受老师批评，也常常被同学看不起，又要面对听不懂的课程和不会做的作业。在这种压力下，孩子只有选择逃之夭夭。

我们来看一个案例。

这是一位基础知识不扎实的学生的感想：

“我以前的学习成绩很不理想，那时我不爱学习，光想着玩，每天晚上都要到10点左右才睡觉。第二天上课的时候老想睡觉，但又怕老师发现了说我，所以，每次上课我都没精打采。老师每次点到我回答问题时，我要么是不会，要么是走神，不知道老师问的是什么问题，害得我每次都挨老师骂。还有，每一次大考小考前，我都看书复习，还做很多题，总觉得这次应该能考好，但是每次语文不上95分，数学不上85分，英语不上90分。有时数学会更差，甚至不及格。不光我很烦恼，我妈也很烦。她想尽一切办法帮我学习，在我身上花了几十万元的钱，但我还是每次考试都考不好。

“自从我参加了认真能力训练营，我学习的自信增强了许多。国学经典诵读让我能静下心来学习了，‘十步法’让我轻松做题，还有每天的快乐学习和与唐老师的对话，更让我信心百倍。这次训练营让我记忆深刻。以后只要我有时间，作业不多，我会常来基地学习。希望我的学习天天进步，达到最好！”

案例 | 高三女生没有信心怎么办？

家长提问

唐老师，您好！最近一直在看您的博客，很受启发。现在我有个问题想请教您，我的孩子今年高三，是个女孩，还有五十多天就参加高考了。她现在很矛盾，不想参加高考，原因是成绩不行，二本上不上，上大专又不甘心，但是不参加高考又拿不定主意（原打算学英语出国，现在对出国也没了信心，怕自己的学习能力不行，出去了也是问题）。唐老师，恳请您在百忙中给我个指导。

一个困惑女孩的妈妈

唐老师解答

打算出国，放弃；放弃以后，没有解决孩子心里真正的问题，就准备参加高考，问题当然还会再次出现。

您在信中介绍了一些您看到的现象，综合这些现象我们可以看出，孩子放弃出国和高考，原因都在于学习能力没有提高，孩子会表现得很没有自信，总是想放弃。所以，解决这个问题的关键在于提高孩子的学习能力和自信。

对于这样的学生，可以分两个步骤解决问题：一是帮助学生树立信心；二是帮助学生提高学习能力。

要想帮助学生树立信心，就要让学生认识到，担心对学习没有任何帮助。一直担心下去，只会让自己的情况越来越差，让自己越来越痛苦。平等思维告诉我们：每时每刻只想一件事情——做什么可以得到改善？想明白了就去做好。

提高学习能力是问题的关键。自信来自实力。如果学习能力不提高，自信心永远不能真正建立起来。提高学习能力，最快、最直接的办法就是执行学会的三个标准，把每个题目做到得满分、熟练化、举一反三，成绩一定会快速提升。

（三）有的孩子有多动症

据医学统计，有 5% ～ 10% 的学龄儿童患有多动症，其中的 60% ～ 79% 学习出现了困难。

多动症孩子的典型表现为：

① 任性、不合群，缺乏自我克制能力；

② 注意力集中困难；

③ 活动过多，注意力不集中，书写潦草；

④ 冲动任性，情绪易波动；

⑤ 行为幼稚、怪僻，肢体抽动；

⑥ 行为无目的，贪玩、逃学、打架，甚至说谎、偷窃等；

⑦ 虽然智力正常，但都出现学习困难、记忆辨别能力差的问题，常把“b”

写成“d”，或把“6”写成“9”等，学习成绩差。

好动是孩子探索自然和社会并学习知识的一种积极表现。他们常常对周围的事物感到新鲜、好奇，并会提出各种各样的问题。这时候，家长千万别把正常孩子的好动误认为是多动症。在没有十分把握的情况下，家长不要随便带孩子到精神病院去就诊，否则会给孩子心理以不良的刺激。也不要随便对孩子说“你是多动症”，这样做，反而会给孩子心理带来巨大的压力，影响孩子的智力发展，增加其精神负担。

多动症孩子的心理和行为特征为好胜、好奇、好动、好模仿和富于想象，以好动最为突出。

但如果判断为“症”，必有其“非常”之举：肢体抽动，行为无目的等。

正常的好动与多动症之间的区别主要有以下四点：

1. 能否集中注意力

正常好动的孩子，对不感兴趣的事情会注意力不集中，但对有兴趣的事情，却能专心致志，很少分散；多动症的孩子一般对什么问题都会注意力不集中。

2. 能否控制自己

正常孩子当意识到必须控制自己时，能控制得住，尽管有时候会表现得过分；多动症的孩子不能控制自己。

3. 行动是否灵活

正常孩子做技术性较难的动作时，经过训练会表现得灵活自如；多动症的孩子却表现得很笨拙，即使经过训练也无法自如完成这些动作。

4. 对咖啡或浓茶等刺激物的反应

由于这些刺激物能够刺激人的中枢神经，中枢神经受刺激能使正常孩子出现兴奋；患多动症的孩子受到同样的刺激后，会很快表现得安静、少动，注意力呈相对集中。

在这里要提醒家长的是，孩子多动，一般都是可以通过训练解决的。千万不要轻易给孩子戴上“多动症”的帽子。怀疑孩子得多动症，本身就是对孩子的不公平。

（四）缺乏学习兴趣

心理学研究表明：兴趣是学习的动力。有很多名人都提到过兴趣在学习中的作用：

> 哪里没有兴趣，哪里就没有记忆。
>
> ——歌德

> 学问必须合乎自己的兴趣，方可得益。
>
> ——莎士比亚

兴趣是指一个人力求认识、掌握某种事物，并经常希望参与该种活动的心理倾向。学习兴趣就是学生在心理上对学习活动产生爱好、追求和向往的倾向，是学生积极主动学习的直接动力。

兴趣是正向的，是可以帮助我们学习的一种动力，这种动力来自人们的价值观倾向。价值观就是每个人判断是非好坏的信念体系，正是它引导着我们追求我们所想要的东西，逃避我们所厌恶和害怕的东西。我们一切行为的目的，都在于实现我们的价值观，否则心里就会觉得人生没有意义。

当我们还是个孩子时，父母就帮我们孕育价值观。他们以他们的价值观为根据，不断地告诉我们什么是好或坏，什么该不该做，什么该不该看，什么该不该相信。如果我们符合他们的价值观，就会得到赞赏；如果我们没听他们的话，违背了他们的价值观，就会遭到训斥，甚至责罚。

常常受到赞赏，我们就有兴趣继续做这件事。这就是兴趣的来源。

爱因斯坦说过："兴趣是最好的老师，真正有价值的东西，并非仅仅从责任感产生，而是从对客观事物的爱与热忱中产生。"

我国古代教育家孔子也说过："知之者不如好之者，好之者不如乐之者。"只有"好之""乐之"，方能有高涨的学习热情和强烈的求知欲望，方能以学为乐，欲罢不能。

苏联教育学家斯卡特金也说过："教育效果取决于学生的学习兴趣。"

可见，学生的学习兴趣直接关系到教学效果的好坏。兴趣，是探索知识的动力，是点燃智慧的火花。

有了学习兴趣，就能产生积极的学习情趣，学生的学习才是主动的、积极的、热烈的。反之，没有兴趣，学习将成为一种沉重的负担，课堂教学也就缺乏生气，变得机械沉闷。

我们可以通过以下方法来培养孩子的兴趣：

1. 精心呵护孩子的好奇心

好奇心是孩子学习兴趣的源泉。好奇、好问、好动，渴望通过自己的探索来了解世界，是孩子的天性。那么，父母该如何呵护孩子的好奇心呢？

有些孩子对什么事都要问个究竟，有一连串的“为什么”。对此，教师和家长千万不要横加指责，要耐心解释并答复孩子的提问，尊重孩子的这种好奇心和求知欲，给予正确的引导和鼓励。

但要做到这一点并不容易，孩子的问题有时候会非常难以回答。尤其是两三岁的小孩子的问题。

案例 | 如何应对小孩子的“为什么”

小孩子：那个小姐姐背着书包去哪里？

父母：去上学。

小孩子：为什么要上学？

父母：学习知识啊！

小孩子：为什么要学习知识？

父母：因为要考试。

小孩子：为什么要考试？

父母：因为要考大学。

小孩子：为什么要考大学？

父母：因为要学习更多的知识，让自己更有能力。

小孩子：为什么要更有能力？

父母：有能力了才能找到工作。

小孩子：为什么要找工作？

父母：因为找到工作才能赚钱吃饭，才能给你买棒棒糖吃啊。你喜欢吃棒棒糖吗？

小孩子：我喜欢。我也要买棒棒糖。

父母：嗯，那你也要跟小姐姐一样好好学习，好不好？

小孩子：好！

上面的对话是一个真实的对话案例。家长要“对付”这样的孩子极其不容易，这个对话的质量不是最好的，但家长至少做到了保护孩子的好奇心，对孩子的问题能够以尊重的态度回答。

很多时候教师和家长解答不了孩子的提问，这时候更是教师和家长给孩子做出表率的时候，他们应该坦率地告诉孩子，自己也不清楚，但可以告诉孩子如何自己去寻求答案，鼓励孩子通过各种途径学习，查字典、查辞海、网络搜索，向其他教师请教等。

孩子们通过自己的工作查找到恰当的答案，就会获得很强的成就感。这时候，如果教师和父母能够加以鼓励，强化这种学习精神，就会对学生的热情产生正向的强化作用，从而形成学生的学习兴趣。

案 例 | 本来积极的女孩为什么对学习失去了兴趣？

有一个女孩，她在高一的时候，成绩很好，在全班差不多总是前几名。她不但学习不错，还很热心于班级工作。到了高二，情况发生了变化。当时学校举办话剧比赛，她就带领班级的同学组织了一个团队，参加学校的话剧比赛。从组团到寻找和编写剧本，从借服装到排练，从道具制作到灯光音响……

她为此付出了无数的心血。

结果出来了，他们班的话剧获得了全校的第二名！全班同学都在欢呼！

当她捧着奖杯来到班主任面前的时候，她的班主任轻描淡写地说了一句：

“我从来就没有在乎过这种事情！”

一盆冷水浇到了她的头上，自己辛辛苦苦忙活着，没有一句怨言，但当成绩出来的时候，没想到老师居然如此不重视这个结果。

老师的话伤透了她的心。

从此，她辞掉了班级的任何工作，对学习也失去了兴趣。

一个学期下来，她的排名成为全班的三十几名，到高二期末的时候，已经是班里倒数几名了。

到了高三，已经是高考一模的时候了，她的成绩只有308分。

这时候，我们对她做了详细的分析，觉得帮她建立自信是最关键的一步。

她第一次模拟考试的时候，物理只有十几分，但到二模考试的时候，物理一下子进步到了六十几分。

这时候她的信心一下子提高上来，学习兴趣和积极性也都高起来了。

最后，高考的时候，她的成绩是398分。

2. 带孩子到大自然、社会中去，开阔眼界，提高学习兴趣

家长可以经常有意识地引导孩子到大自然中观察日月星辰、山川河流。比如，春天可带孩子去观察小树以及其他植物的生长情况；夏天带孩子去游泳、爬山；秋天带他们去观察树叶的变化；冬天又可引导他们去观察人们衣着的变化，看雪花纷飞的景象。孩子会通过参加各种活动开阔眼界，丰富感性认识，提高学习兴趣。家长最好还能指导他们参加一些实践，如让孩子自己收集各种种子、搞发芽的试验、栽种盆花，也可以让他们饲养一些小动物。随着孩子年龄的增长，可以启发他们把看到的、听到的画出来，并鼓励他们阅读有关图书，学会提出问题，学会到书中找答案。这样，孩子的兴趣广泛了，知识面扩大了，学习能力也会在不知不觉中提高。

案　例　|学习差、没信心的孩子为什么下决心考清华？

小嫣同学是黑龙江鹤岗市某小学四年级女生，由于成绩不理想，小嫣对学习

也失去了信心，在来基地之前，她在自我评价中写道：

① 学习一点都不好，已经没有信心了。

② 每次考试的题都太难了，同桌能考 100 分、101 分，我才考了这么一点，唉！

③ 马上就要英语考试了，好紧张呀。

④ 我也想好好学，可是一学就犯困。

⑤ 妈妈对我抱好大的希望呀，可是我却做不到，辜负了妈妈，希望妈妈降低点对我的期望。

⑥ 背东西背得快。

5 月底，小嫣同学和妈妈从遥远的黑龙江来到北京，参加了基地为期两天的认真能力“学会”小班课程。

下面是小嫣同学的妈妈回去后给我的来信。

唐老师，您好！

我是上次“学会”小班学生小嫣的妈妈。回家这几天发生在小嫣身上的变化是我不曾想到的，惊喜！感激！

小嫣学习时，心能安静下来了。以往在学习时，她的手总是摆弄着东西，精神不集中，任何一点声音都会把她吸引过去，字也写得缺横少竖、一塌糊涂。这几天完全变了样：书写工整，还主动改正握笔姿势；计算小数除法时，除到小数点后 8 位居然还能保证正确，最可喜的是她没有烦（以往除到 2 位除不尽就胡乱填个数了事），学习效率也提高了。

小嫣会课前预习了。在回来的火车上，我们按照孟老师教的方法预习了方程这一章。小嫣一边看书一边笑说，太简单了，还把课后的题做了，错的地方又看书温习概念，重新做。回来后因为落了两天的课，班主任给她补课（方程）时对她说：“你这不是会了吗？”小嫣开心无比。

小嫣一定要考清华。在基地学习的间隙，我领她参观了清华大学。小嫣知道了清华是唐老师的母校并且是全国排名第一的大学，说：“我一定要考清华！”还问我，想考清华现在第一步要做什么，我告诉她得先考上新四中（我们那里最好的初中）。她说：“好，就先考新四中吧。”这是小嫣第一次明晰地认识到需要通过学习考试去实现目标。

看到小嫣的变化，我心里充满了感动和感谢。原本并没有期望小嫣会有多大的变化，毕竟只是两天的学习。现在看来，她上学这四年中所采用的所有办法，都不及这两天对她产生的影响。

……

小嫣同学比较聪明，在两天的训练中，学习的主动性比较高，积极与老师配合，能够按照老师教的方法踏踏实实地去做；小嫣的学习比较浮躁，计算容易出错。针对她的这一情况，我们加强了“得满分”和“熟练化”的训练，严格规范她的解题步骤，采取提问的方式，每一步骤都问她为什么，让她讲清步骤间的因果关系，并且让她自己出题，将题目进一步变难，逐步探索规律，体会、领悟并锻炼自己举一反三的能力，小嫣同学还对题目做错的原因做了细致的总结。在两天的“学会”小班课上，会做的题目如果做错了，她都做到了重做。非常值得表扬的是，每次做完题，小嫣同学都有检查的好习惯了。

以下是小嫣同学两天的学习感想。

“在这两天的学习中，我的计算题并不是非常难、不好做。我知道只要按这三点来做，考第一并不难。比如说 2.89÷76 这一道题，我改了 7 次才写对了。老师让我想明白为什么错了，可能有以下的八点吧：马虎、上位老错、忘小数点、忘循环节、忘把加上来的数加上、对不齐、没把小数点写对地方、算数爱出错。针对以上几点出错原因，我又算了一次，我的天啊，对了！”

从和小嫣以及很多孩子的接触过程中，我们可以看出，其实每个孩子的内心都是想学习好的，可由于种种原因，孩子学习不得法，不能发挥出自己的水平。对于孩子来说，他们也许没有能力看到自己哪里出了问题，更不知道怎么做才好。在孩子遇到各种困难时，家长们可以多想想怎么做才能更有效地帮助孩子，和孩子一起努力解决。

小嫣妈妈在上了平等思维和谐沟通家长课后的感想如下。

针对小嫣目前的状况，最先要做的是：

① 接纳。一直以来，孩子和我都有一种感觉，即为什么我们彼此想要的东西对方都在持反对态度？很烦躁。只要涉及学习上的事就要拧劲。孩子最近都不

愿意和我提及学校的事。通过今天的学习，顿悟。凡事说好，从现在做起。在坚持不下去时或操作方法上出现问题时，希望唐老师再给予具体帮助。

② 不说“但是”。“但是”是我最爱说的话，现在才知道这两个字的杀伤力。

③ 建议的可操作性。唐老师讲的“82 分”的案例是我最常犯的错误。我决定从现在开始对给孩子提出的每个建议都要认真考虑建议的可操作性，不再想当然地“提要求”。

显然，小嫣妈妈有了明显的提高，孩子的进步她也是功不可没的！

为了给家长们更多的启发，我把家长和孩子的感谢也都写了进来。

我们看到：小嫣随着学习的进步，自信心开始增强。这时候由于榜样的力量，孩子对考清华产生了浓厚的兴趣。小嫣妈妈为了进一步增强孩子的学习动力，带着孩子去参观了清华大学。这次的参观，给了孩子直观的冲击，帮助孩子更加下定决心考清华。树立远大的目标对于孩子的学习是意义非凡的。

3. 发展孩子多方面的兴趣

一些孩子由于受家庭和周围环境的影响，在 3 岁左右就开始对画画或乐器产生兴趣。特别是孩子进了幼儿园以后，在老师的指导下，他们的兴趣爱好出现了第一次飞跃。最先使孩子产生兴趣的一般是画画、唱歌和表演，当然这些都是模仿性的。对钢琴、电子琴、手风琴的兴趣都可以在幼儿期唤起，这时不是要求孩子能达到什么水平，而是以唤起他们对各种乐器的兴趣为主。下棋更是如此，很小的孩子就喜欢跟大人下棋，当然更喜欢和小朋友们一起下游戏棋。父母只要做有心人，为孩子们提供一些条件，准备一些简单的器具，多给孩子讲讲自己的见闻，多与孩子一起玩，孩子的多种学习兴趣就会逐渐培养起来。

戴尔•卡耐基有句名言：“假如你假装对工作感兴趣，那么这种态度会使兴趣变成真的，并且消除疲劳。”

父母对孩子在探索过程中的每一个新的发现，都要予以支持，并表现出极大的兴趣。如果是让孩子学习文化知识或是掌握技巧性比较强的知识，如绘画、弹琴等，父母要合理地安排时间，每次持续时间不宜过长，以防止大脑皮质产生保护性抑制，从而降低孩子的学习兴趣，影响学习效果。即使对于同一内容的重复学习，父母也要每次变化方法，最好与游戏结合起来，学学玩玩，动静交替，以免孩子产生厌倦感。年龄稍大的孩子可适当地组织竞争性的活动，激发孩子的学习兴趣。兴趣是学习的动力，一旦孩子对某事物产生了兴趣，强烈的求知欲就会进一步促使孩子主动学习，取得事半功倍的效果。对于学龄前儿童来说，给予成功的体验是激发其学习兴趣的关键所在。

在孩子刚开始学习的时候，家长对他们的期望不能超越他们已有的水平和他们通过学习最近可能发展到的水平，并要及时肯定他们所取得的成绩。在家长看来是微不足道的进步，却会给孩子带来成功的体验，使他们依据学习成果来调整心理活动，增强自信心和自尊心。父母要考虑到孩子的个性特点，因材施教。家长在培养孩子的学习兴趣时，切忌使用粗暴干涉、硬性强制或教条主义的方法，而应从孩子的年龄特点出发，以参与者的身份、商量的口吻、生动有趣的教学方法调整孩子的心理，这种心理效应对于激发和培养孩子的学习兴趣有着不可低估的作用。

（五）记忆力不好，容易遗忘

有的孩子记忆力差，记忆知识的方法过于死板，不能理解和掌握知识的内在规律，结果常常事倍功半，遗忘率很高。别的孩子在很短时间内可以记住的问题，他却记不住。

有些人具有非常好的记忆力，《三国演义》中便记载了这么一则故事：

公元206年，刘璋派别驾张松出使魏国，曹操因见张松其貌不扬，对他很冷淡。谋士杨修拿出曹操新著的兵书《孟德新书》，张松从头到尾翻看一遍，哈哈大笑道："此乃战国无名氏所著，我蜀中三尺小儿皆能背诵，何谓《孟德新书》！"说罢，他竟将《孟德新书》13篇滔滔不绝地背诵了一遍，竟一字不差，惊得恃才放旷的杨修大叫："公过目不忘，真天下奇才也。"曹操听得此事，气得将呕心沥血的新著投入了火中。

《红与黑》中讲了有关于连背诵《圣经》的故事：

于连到市长家做家庭教师，他拿了一本拉丁文的《圣经》扔给市长的孩子说："请随便翻开一页，任意挑一段，您只要把头一个字告诉我，我就可以接着按这本圣书——我们所有人的行动准则背下去，一直背到您叫我打住为止。”

阿道夫——市长的儿子，翻开书，念了一个字，于连便接着背了一整页，流畅得就像他讲自己的母语。

蔡文姬能背诵父亲蔡邕失散的400余篇著作。

文学家茅盾能背诵120回的古典名著《红楼梦》。

……

我们每个人可能都希望自己也能具有这种令人羡慕的过目不忘的本领。这种记忆能力是可以培养的。

但这并不是重点，我要提醒的是：记忆不解决学习问题。

案例 | 没有记住才是真正的掌握

真正的掌握不是记住。因为只要是记住，未来自己的水平就将取决于你的记忆，如果当时想不起来，这些知识就白学了。真正的掌握是不需要记住，只需要把这些问题破掉，让破解这些问题成为你的本能，当下次遇到这样问题的时候，你可以轻松地创造出一个解决这个问题的方法。

我给几个同学讲了一个题目。讲完后，一个山东来的女孩说：“唐老师，我本来做出来了，后来擦掉重新想一遍，就又记不起来了。”

我问：“什么是记不起来了。”

她说：“就是想不起来了。”

我说：“这个回答跟刚才的一样，都是没有用处的回答。我问你什么是记不起来了，不是故意为难你，而是我看到了你这么说的时候暴露出的一个很重要的问题。记住，回答一个问题要有建设性，而不是重复。记不起来了，前提是记了，因为你记了才会有记不起来，如果你不记呢？……”

她问：“那不记忆怎么学会？”

我说：“很好，不记忆就不能学会吗？我们知道很多知识，尤其是数理化方面的知识，绝大部分都不是需要记忆的，真正掌握这些知识，去记忆反而学不会。一方面，当你记住了，你就会认为学会了，这反倒阻碍你进一步深入探究从而走向真正学会。另一方面，当下次遇到类似问题的时候，你会一下子进入一个非常不好的努力过程——回忆，因为你记得老师曾经讲过，所以你在努力回忆到底老师是怎么讲的。这时候如果回忆不起来，你就慌了，就不会做了。一旦慌了，就不会仔细分析题目，也不能创造出解决方案。

“要掌握一个问题，需要把问题破解开，这就是我们所说的‘破题法’。破题法就是把所谓的难题、复杂题一个一个地彻底解剖，最后发现那个所谓的难题没有了，每一部分都是最基本的概念的应用，都是最基本的逻辑推理。你说记忆，记什么？

“进一步，我们分析一下复习，似乎复习的前提往往也是记忆，因为怕时间长了记不住，所以需要复习。其实如果解决问题已经成为你的本能，你随时可以自行创出解题的方法，你复习什么？比如骑自行车，当你会骑的时候，会了就是会了。如果不会，你记住多少骑车要领都会摔跤。”

这个女孩很聪明，她问：“孔子说：学而时习之。难道他说错了？”

我说：“很好，孔子说得没错！但习是什么意思？是复习吗？这里的习是习练的意思，是不断操作的意思。习的本意是小鸟不断练习飞行，它是在复习吗？它是让飞行成为一个不假思索就能实现的能力，它是在本能驱使下想尽快实现自己展翅翱翔于蓝天的梦想！所以，掌握一个问题，不要记住它，而是要破解它，让它成为什么都不是。如果还有复习，那就是不断地把复杂问题拆解分析到最基本的概念，到这儿，你就可以回去睡觉了。这样也就不会学习一天以后累得头昏脑涨了。”

（六）逻辑思维能力差

逻辑思维是指借助于概念、判断、推理等思维形式进行思考活动，是一种有条件、有步骤、有根据、渐进式的思维方式。

有的孩子在做一些推理和判断时表现得较不灵活。

很多孩子在做题目时会出现逻辑思维混乱的问题，比如，在书写题目的时候比较随意，通常是想到什么写什么，不注意前后因果关系以及突出采分点，以至于题目要么不会，要么即使会做也因逻辑混乱而丢不少分。

通过一些思维训练可以很好地解决这个问题。在我们的训练营中，有一些逻辑思维训练的活动，经过训练，孩子们的逻辑思维能力会明显提高。

逻辑思维能力不好，往往有两个原因：一是在内容上，由于学生对有关的数学基础概念或定理公式没有真正地理解和掌握，对基础知识的实质不清楚、不熟悉而产生差错；二是从形式上，由于在推理、证明过程中违背了推理、证明时应该遵循的形式逻辑的一些基本规律（如因果规律等）而导致错误。

案 例 | 如何帮浮躁的孩子快速提高20~30分?

小琪同学来自湖北，今年读初二。她性格开朗，善解人意，待人宽容，同学们都喜欢和她交往。小琪思维敏捷，理解能力强，然而浮躁问题在她身上却有着明显的体现。小琪对数学通常是会做的题目分数拿不全，会做但丢掉的分数常常达到 20 ～ 30 分。

小琪 2013 年春节前来基地参加了第 82 期认真能力训练营，来之前她先通过网络安排过一次试卷分析课。基地老师从小琪平时的练习题目以及试卷分析中可以看出：她最大的问题是思路不清晰，逻辑混乱，具体表现在以下几方面：

① 她对知识点理解不透彻，对概念、定理不能抓住关键字词；

② 有些概念即使理解到位，也做不到灵活应用；

③ 在书写题目的时候比较随意，通常是想到什么写什么，不注意前后因果关系以及采分点，以至于会做的题目也丢不少分；

……

通过试卷分析，老师发现她对于函数部分的题目漏洞比较多，所以训练营便选择从函数入手带着她学习数学十步法及相关的三步法，以提高她的逻辑思维能力。

小琪同学拿到题目之后先是写写画画，明显思路不清。于是老师就简化了她的题目，这样她就能够开始着手做题，并且很快地写了出来。但是由于思路不严谨，加上书写方面存在的问题导致她并不能拿到满分。于是基地老师带她翻看课本，根据“审题三步法”，把题目中的条件都还原到课本的定理性质。通过使用

“定理定义分析三步法”，小琪同学彻底掌握了正比例函数的概念，同时自己对定理性质进行了总结和归纳。小琪同学在读懂题目的条件后再次做了这道题，她按照要求严格地书写因果关系、采分点，在重做了很多次之后，终于能够得满分，并且此时的小琪，已经可以做到思路严谨、书写规范了。

当小琪可以得满分后，老师又把一开始那道对她来说稍有难度的题目给她，小琪的思路起初遇到了一个小小的障碍，经过分析和回归课本的知识点，她通过自己努力，跨越了障碍，并最终思路清晰、因果明确地将难题解答出来。

（七）缺乏激励因素

一个孩子要想取得优异的成绩，必须有人不断地鼓励、表扬和欣赏。读过我的《如何把话说到孩子心里》的家长一定记得，每个人都具有小人的特征。根据小人理论，肯定是滋养一个人心灵的重要力量。

很多家长说，他的孩子只有 3 分钟的热度，怎么鼓励？

其实每个孩子都是这样，只有不断地鼓励，才能让孩子从 3 分钟热度发展到 5 分钟，然后再到 10 分钟，最后在一节课内始终保持热度。

案　例｜孩子为什么要骗妈妈？

有个小女生，名叫范 ××，读小学四年级。这个孩子听话，看起来很乖巧，但上课却不能专心。只要有一个地方出点儿声音，她马上就去看，而且经常会撒谎，比如告诉别人她在学校里考试考得很好，老师奖励她一个小礼物——就是她手里拿的这块橡皮，还说她非常爱她妈妈，她妈妈也非常爱她，她妈妈经常说她很乖，夸奖她的学习有进步。但她妈妈打过她，这个孩子却否认。有一次，范 ×× 的妈妈和我坐下来谈孩子的学习。妈妈一张口就是对孩子的抱怨，而且滔滔不绝，没完没了。

妈妈说她对这个孩子很失望，说他们两口子都属于原先学习不错的，怎么生了这么个学习不好的孩子！有时候看到孩子学习不好就气得不行，忍不住想揍她。

我问她是不是在学校里，老师因为孩子学习好，奖励过孩子，她干净利落地否认，没有这回事！孩子在撒谎！说每到这时候她就又忍不住，想狠狠地揍孩子一顿出气。

……

当她在喋喋不休地讲着孩子的问题、宣泄自己的愤懑的时候，我插了一句话："你知道孩子要什么吗？"

"不知道！"她随口一说，就要继续她的抱怨，我抢了一句："我听了十分钟对孩子的介绍，就知道孩子要什么。你是妈妈，这么多年了，你怎么不知道孩子要什么？！"

她先是一怔，随即一下子泪流满面，哭诉丈夫很忙，没有时间管理孩子，孩子主要由她一个人来带，还说这孩子学习这么不好，怎么跟她爸爸交代之类的话。

……

我不得不打断她："你想知道孩子要什么吗？"

她继续顺着她的思路说了好几句才回过神来，问我："她需要什么呢？"

我拿起桌上的杯子，喝了一口水，慢慢咽下去，又清了清嗓子："她需要鼓励。"

"为什么？"她脱口而问。

我又喝了一口水，说道："她说老师因为她学习好奖励她橡皮、铅笔之类的东西，她不是在撒谎……"

"她是在撒谎！"

"你听我说完！"我继续说，"那是她在梦里看到的情景，因为在生活中，她的老师和妈妈从来不给她鼓励，所以她只好从梦中去寻找鼓励。"

这么一说，妈妈刚刚停止的眼泪又一次像洪水决堤了。

……

一个孩子在成长过程中，不断地需要老师和家长的认可，才能形成完整的人格。

（八）不会努力

世界上一般没有轻轻松松就能获得成功的，就如同那首歌里唱的：“不经历风雨，怎么见彩虹，没有人能够随随便便成功……”

成功最重要的因素是比别人更努力！

“你要比别人努力两倍以上。”

——李嘉诚

“比别人更努力，然后找一群努力的人一起来工作。”

——比尔·盖茨

努力会取得成功，但真正明白什么是努力的人却很少。

很多孩子不会努力。这个“不会”的意思是，孩子不能够做到努力。记住，孩子不是不想努力，而是不能够做到。

努力是一种能力，有两种含义：

一是很多孩子不能够努力，需要不断地训练才能努力。

一个长期不努力的孩子，他的身体里会长出一种叫“懒虫”的东西。在孩子试图努力学习时，懒虫就会不断地出来干扰孩子，打断孩子的努力，让孩子刚刚坐下来几分钟，就想去吃点水果，喝点饮料，让孩子心神不宁，受到各种外界因素的干扰。

有一次给家长们讲课，有位家长听到这里，就特别有感慨，说自己的孩子就是这样，孩子没有努力的能力，每次孩子下决心要努力学习，可坐下来没过一会儿，就学不下去了。

二是死努力没有效果。

有的孩子能够坐下来，也能够一直在貌似努力地学习。但他不知道怎么样的努力是有效的努力，所以，尽管这样的孩子很用功，成绩却总是不能提高。这种情况也非常普遍。

有一位山东菏泽来的女孩，现在读高二，她的妈妈经常看我的博客，有一次她妈妈留言给我，反映了女儿在学习中存在的问题：她每天很努力地学习，但应该说她不会学习，比如有题目不会做，让她看课本中的相关内容，课本内容看明白了，但做作业的时候依然不会，也就是说孩子学习不能深入，不能做到真正学会。这就是典型的死努力而没有效果的情况。

（九）缺乏自信心

一个人要去做一件事情，就要有自信心。如果不够自信，他就会处在消极的状态下，就会畏畏缩缩，不能做到全力以赴，当然也就不容易把事情做好。

不自信的人容易有自卑情绪。自卑是一种消极的自我评价或自我意识，即个人认为自己在某些方面不如他人而产生的消极情感。自卑感就是一个人对自己的能力、品质评价偏低的一种消极的自我意识。具有自卑感的人总认为自己事事不如人，自惭形秽，丧失信心，进而悲观失望，不思进取。一个人若被自卑感所控制，其精神将会受到严重的束缚，聪明才智和创造力也会因此受到影响而无法正常发挥作用。所以，自卑是束缚创造力的一条绳索。

有时候，自卑会表现为隐藏自己的问题，不把自己的问题暴露出来。如果不暴露问题，就无法得到帮助。这时候需要老师做非常细致的心理疏导工作。我们来看一个案例：

案　例　撕开自己学习的“遮羞布”——暴露问题是解决问题的开始

在对孩子们的教育过程中，我们常常会提到“悟性”这个词。如果悟性好，会有两个体现，一个是思想的高度高，另一个是有更加具体的操作。具体的操作听起来没有什么，好像没有什么智慧，只是小小的技术层面的东西，而智慧才是更高的。其实不然，没有高明的智慧，往往难以有具体的操作。所谓“悟性”，体现在思想上，会是更有高度或更有深度；体现在操作上，会是更具体，更有针对性。在教学当中，我们在起什么作用？从思想上，我们要上升到对学生智慧的提升；从操作上，甚至要手把手地教他写“撇、捺”。

很多同学在基地上完课后，字在变好，书写更整洁了。但也有学生，作业本一直很整洁，从他们的本子中，我们几乎看不到一点错误。而这种干净会导致学生的问题很难暴露出来，我们反而帮助不了他。所以我称这种整洁为“遮羞布”。“遮羞布”就像一个大大的茧子，包裹着、保护着孩子的自尊心，同时也掩盖了孩子的伤口，让伤口得不到治疗。“遮羞布”一旦被撕开，接下来就是进步，而往往撕开“遮羞布”是比较困难的。

小茹同学在一次认真能力训练营复训时就迈出了这一步。

小茹是读高二的一名文科生，在上一年暑假认真能力训练营中，参加了数学课程的学习，回去之后，按照十步法去执行，取得了非常大的进步。在基地学员期中考试进步情况光荣榜中我们提到过，小茹同学从原来的文科班排名 120 名，已经前进到稳稳地在全校排名 50 名以内了。数学成绩也从原来的 70 分左右提升到了 90~100 分，学习主动性比原来明显提升，思路也比原来明显清晰了。

小茹同学的作业本也像她本人一样让人看着赏心悦目，并且一直以来，她都因为自己的作业写得清晰、干净而受到老师的表扬，她也用了很多时间、精力、心思在这上面。

每次她都会把作业或笔记写在草稿纸上，然后再誊抄到相应的本子上。上高中后，妈妈也提醒小茹这样做会耽误很多时间，作业可以直接写到作业本上，但小茹始终还是老样子，作业本上几乎一个错字都没有，干干净净的。这次复训期间，小茹的作业本依然是这样。辅导老师反映，找不到孩子的问题，无法给予针对性的指导。

我跟小茹做了一个对话，跟她聊起关于我的一篇文章《不要脸地学习》，提醒她，平时的学习和作业中越是能够不要脸地暴露问题，等到考试的时候，就会越能取得好成绩，越有面子。并进一步提示小茹：如果做题内容写在草稿纸上，就很难发现错误的地方，那么在草稿纸上出现的错误便有可能不足以引起重视，导致不能够在每一次出现问题的时候进行改正和提升，不该放过的地方都被轻易放过了，不足就无法发现。

我给她的建议是将题目直接做到作业本上，这样问题就可以在本子上反映出来。

小茹悟到这个道理后，马上就改变了。从当天下午开始，她自己便把所有的题目的一切过程都写在了本子上，哪怕是没思路或者是比较难以发现的问题，她都毫不避讳，会明确标出“不会”“有问题”等字样，然后看懂答案重做，丝毫不再去掩盖自己的不足之处。

在看答案的过程中，老师还引导她把所有的问题也都明确标注出来，将遇到的问题一处一处去查书、不断地深入钻研，思考答案过程中的原理。在这个过程中，她对知识的认识越来越透彻，解题过程越来越清晰完整，学习中的问题也一个一个地得到解决。

后来她在翻看整个作业本进行前后对比时发现，前面虽然整洁、清晰，但是找不到可以使自己提升的问题；后面虽然不像前面一样整洁，但是问题清晰、明了，解决问题的整个过程得到了完整的展现，自己很容易从中获得提升。小茹妈妈看到这一点也很欣慰。

下面是小茹在训练营总结会上的学习感想：

“这是我第二次参加训练营。暑假培训完回到家，我的成绩有了翻天覆地的变化，从之前的120多名，稳定在了年级50名左右，和爸妈的关系也有了很大的改善。由于圆柱曲线一般都会是高考的压轴题，比较难，所以我买了学习包。可是看到一个系列变化出来的题目就觉得很头大，很难下手去做。为了让自己回去之后能够提升独立使用学习包的能力，我专门选了一章已有的学习包进行训练。

“第一天，看到这一系列的内容依旧头大。老师带着我一个题目一个题目地去解决，问题不是因为多而显得有难度，是自己不动手做总是完不成，才会现出难度。当我静下心来一道一道去攻破时，觉得特别有成就感。

“第二天画图像，由最简单的初中一次函数、反比例函数、二次函数图像变化到高中的指数函数、对数函数、圆、限定范围的方程图像，对二次方程中含有绝对值等一系列的变化，我逐步去做，将每一个小点都思考清楚，提高精细化程度。遇到困难时，我依然静下心来一点一点地思考。

“去见唐老师的时候，由于本子太干净，没找出什么问题，所以唐老师就建议我将题目直接做到本子上，以便直接反映问题。

“这次学习的一个最大的改变是自己能够独立去探究内容，对外界的依靠明显减少。这样回家之后，便可以自己操作，每天把自己认为有难度的内容尽可能地当天掌握。另外，在集体宿舍中居住也使我感觉到了家一般的温暖。

“谢谢朋友们的关心！谢谢老师们的帮助！谢谢224宿舍的全体朋友教会我的这些事！谢谢大家！”

下面是她的总结原稿：

这是我第二次参加训练营，暑假培训完回到家，我的成绩有了翻天覆地的变化，从之前的120多名，稳定在了年级50名左右，甚至和爸妈的关系也有了很大的改善。由于圆锥曲线这一章一般都会是高考的压轴题，比较难，所以我买了学习包，可是看到一个系列变化出来的题目就觉得很头大，很难下手去做。为了让自己回去之后能够提升独立使用学习包的能力，就专门选了一章已有的学习包进行训练。

第一天，看到这一系列的内容依旧头大，老师带着我一个题目、一个题目地去解决。问题不是因为多而显得有难度，是自己不动手做，总是完不成，才会表现出难度。当我静下心来一道一道去攻破时，觉得特别有成就感。

第二天画图象，由最简单的初中一次函数、反比例函数、二次变化到高中的指数函数、对数函数图象，圆，限定范围的方程图象，二次方程中含有绝对值等一系列的变化，我逐步去做，将每一个小点都思考清楚，提高精细化程度，遇到困难时，依然静下心一点点思考。

去见唐老师的时候，由于本子太干净，没找出什么问题，所以唐老师就建议我将题目直接做到本子上，以便直接反映问题。

这次过来的一个最大的改变是，自己能够独立去探究内容，对外界的依靠能力明显减少，这样回家之后，便可以自己操作，每天把自己认为有难度的内容尽可能多的当天掌握，另外在集体宿舍中居住也让我感觉到了家般的温暖。谢谢朋友们的关心，谢谢老师们的帮助，谢谢224宿舍的全体朋友教会我的这些事！谢谢大家！

我们知道，如果一个孩子哪儿都好，似乎是没有必要来学习的。但如果哪儿都好，怎么可能结果会不够理想？所以，一个孩子一定有他现实的问题。

对于一个表面上没有问题的孩子来说，如果能够帮他发现问题，能把问题呈现出来，这就是一个非常大的进步。真的看到问题的时候，他就在进步了。

关于孩子遮羞的问题，我在这里要多讲一些。因为在这种情况下，问题隐藏得比较深，发觉不出问题，当然也就解决不好。

遮羞是人的一种本能。病人把伤口或病情遮掩起来，医生就无法医治。学生把问题遮掩起来，老师就无法帮助他进步。在第87期认真能力训练营中，有个别孩子存在遮羞的现象，自觉或不自觉地掩盖自己在学习上的问题，导致久久不能进入学习状态（相对于其他孩子来说）。孩子为什么会这样？遇到这样的问题时该怎么办？家长怎么去理解孩子的这种心态？

在训练营中，有位家长问孩子在学习中存在的遮羞问题该怎么解决。请大家一起看下面的对话。

案　例 | 在学习上遮羞的孩子能在训练营学好吗？

家长：来基地学习两三天了，我感觉收获非常大。现在有一个困惑：孩子和我们沟通其实没有太大的问题，她是一个非常乖巧、非常听话的孩子，也爱学习，就是找不到一个好方法。昨天晚上我和孩子交流，问她在基地学习怎么样，她说："我感觉我好像啥都没学会。"我吃了一惊。我问她为什么有这种感觉，她说："第一天老师给我布置了一道题，那是我之前试卷上做过的题，我会做的，但今天老师让我做时我又不会了。"

唐老师：你说的这个情况我专门了解过，你这个孩子所遇到的问题比较特殊，到目前为止她确实没有学会。我们已经见过几次这样的情况。我来特别解释一下。

这是一个女孩子，很乖。很乖的女孩子有时会出现这样的情况：如果做一道题目，只要她看到答案，就赶紧背下来，这样做题时就很快一下子做对了。做对了以后，她会获得老师的认可，她就会感觉很踏实。但是这个所谓的背下来，她自己是感觉不出来的，也就是说，她认为真的是自己做出来的，其实更多可能是背出来的。潜意识里对老师的这种讨好心态，导致她在学习时不是深刻地理解而是暗暗地记住。从表象来说，她好像是会了，实际上她并没有真正学会。

以前我们也遇到过类似的情况，那个女孩子是在私底下把答案全部修改好，然后拿给老师看。老师一看，都是对的，就认为她会了。其实，她在不知不觉地隐瞒自己的羞处，就是自己不会的地方。

你女儿的情况，老师已经找我说过了，我们已经制定了一个方案，接下来会对她做过的题目的每一步向她提问，而不再学习新的东西——其实这就是我们作业检查三步法的内容。建议以后凡是她学过的内容，不能只是做出来就行了，而是要讲清楚每一步的道理：比如第一步为什么这样做，第二步为什么这样做。这样下来，她的状态就会明显改善了。因为一开始不了解她在学习上有遮羞的现象，才出现目前这样的情况。

你不用担心，我们会解决好的。我们只要教，就一定把这个方法教给她，并且让她有感觉。发现这个情况后，昨天中午我就已经跟老师们开会，在解决这个问题了。老师已经开始带着她改善学习步骤了。

（经过方案的改善，当天晚上孩子就进入学习状态了。）

家长：还有一个问题，他们学校一个月只能回来两次，后面的模块课不知道能不能抽出时间来上，因为学校比较封闭，管得比较严，平时请假也不容易。

唐老师：回去后如果你拿不出时间来，那模块课确实很难安排。

家长：因为她一个月休息两天，两个星期回来一次……

唐老师：这个我明白。你说的理由我都同意，但是，如果拿不出时间来，就是很难安排模块课。所以说，我还是那句话，如果回去以后，你们有足够合理的理由不上课，有理由不用这个方法，那到最后就有可能得不到好结果（好成绩）。想办法帮助孩子一定得到好结果，这是我们要做的事情。你说理由是没有用的，我都同意，但是同意以后，做不到得好成绩的因，到最后就是很麻烦的事。

如果孩子两周回去一次，那就两周安排一次模块课。好吧？这是一个办法。

另外呢，中间能不能给孩子打电话，多督促她用我们的方法？

回去后，你只需要督促她，把她觉得好用的三步法扎扎实实地用好就是了。

我刚才说了，出现这种情况她也不是自觉的，她在潜意识里有一个讨好老师的心态，这就像我们不自觉地会拿出最好的一面让别人看。不是她故意骗人，而是老师看到这个情况认为她会了，你明白这个意思吗？所以老师才没有去揪她更深的地方。你放心，我们的老师教着是一定要让她学会的。但是，在老师教的时候，不同的孩子有不同的情况，在学的过程中可能会遇到这样或那样的问题，这是肯定的。

家长：我是这样想的，基地的学习方法很好，所以让孩子来学。她来了先把方法学会，然后回去再使用，成绩就上去了。我现在感觉她连这个方法都学不会，是不是说明她已经笨到极致了？

唐老师：这和笨是没有关系的，这是一个人的习惯问题。

就像我们做咨询的，如果你来问我问题，你自己不自觉地就把问题描述成一种假的现状。如果我对你描述的现状来说的话，我的解答就一定是错的。这不表示你笨，是你的心态会不由自主地这么做。大家说是不是？这就像我们上家长课，家长说“怨我”都怨不出来的，对吧？家长描绘东西都描绘不清楚，甭说孩子了。

这是正常的情况，她一点都不笨，只是她那种心态导致她把问题暴露得少。而暴露不出问题来，我们帮她就会帮得不够。

即使这样，她的本子我特别仔细地看过，她每一次做完之后，都是有好多地方有收获的，是在不断改进的。你看她的本子就知道了。只是呢，我估计她的基础不够好，如果完全暴露出来就会有太多的错误，她可能怕承受不住，对问题就一部分暴露一部分掩盖。但是掩盖了的这些问题，下一次考到了，还是不会，这就是她的问题。

这种情况是可以理解的，她的进步要一步一步地来。

家长：我想问一下，她为什么会有这个心态？想遮掩？

唐老师：如果你脖子上有个伤疤，很不好看，你会不会用衣服遮住？如果我让你撩起衣服来给我看看，你撩吗？如果做完了题目，老师一看，全是错误，她会感觉很差：“哎呀，我怎么这么差？”明白吗？这种心态导致她不愿意暴露错误。

在学校里，几乎所有学习不好的孩子都不大敢问老师问题，一是可能怕老师批评，二是可能怕问出来的问题太简单被大家笑话。人家可能会觉得："噢，这么简单的题目你还要问啊！"虽然从我们家长的想法来说，孩子越不会就越要问嘛！但学校里的实际情况是，越不会的孩子越不会问的。其实这是一样的心态，这种心态是非常合情合理的。

孩子没有信心，就不愿意好好学习，家长也会很担心。如果孩子没有信心，是不是就不可能学习好了？下面看一个案例。

案例 | 孩子没有信心了还有救吗？

读者来信

唐老师，您好！

我是您的新朋友。看了您的文章很是感动！我给儿子看了《学生学习不好的原因是浮躁》，您知道他是什么反应吗？他惊讶地说："妈妈，那个唐老师好像认得我的，他怎么说得一点都不错？""是啊，唐老师是个很了不起的人，专门开导你们小学生的。"接着我又给他看了《学会的三个标准》。

看了您的文章感受很深，我想跟您说说。我儿子今年10岁，上四年级，一二年级成绩还好，每学期都评为三好生或学习好，我想那跟他的老师也有关系吧，那个老师很喜欢他，经常表扬他，也许这样他才会觉得读书很有趣（但那时他也很浮躁，题目老是错，因此我老是说他，有时还打他）。到三年级换了个老师，他的语文慢慢地就不行了，可能我们（还有其他家长）都说那个老师不好，他受了影响，认为"反正学不好是老师的事，不是我的事"。一学期下来语文得了83分。第二学期给他转到现在的学校（村上办的小学转到镇上办的），结果还是差不多。一转眼现在四年级了，越来越不好，以前就语文不行，这学期数学、英语也不好，上次月考语文75分（班里倒数10名），数学88分（也不好，在10名左右吧），英语88分（中等）。

最近，我感觉他不想读书，但我没有想到他这样：在您的博客里有一篇文章《您属于哪种学习类型》，他看了就说“我是不愿学习又不得不学习的那种”，他说“我没有信心了”。我问他：“为什么没有信心？”他说：“我已经很努力了，但成绩还是不好。”我说：“我还对你有信心呢！你怎么可以自己没信心呢？”自从看了您的文章，我冷静了很多，我会慢慢学着去做，真有一种相见恨晚的感觉，用您的话说就是“看到了就像挨了一个耳光”。

唐老师，您说，他还有救吗？如果还可以救，该从何下手？期待着您的帮助！感谢您在百忙之中看我的唠叨。

——靓猫

唐老师解答

孩子一定有救，孩子当然有救！

但孩子的信心不是凭空产生的，信心来自实力。一个学习不好的孩子不可能有信心。当孩子可以轻松学好的时候，他自然就有信心了。所以要提高孩子的信心，最重要的首先是要提高孩子的学习能力。

孩子说：“我已经很努力了，但成绩还是不好。”对这句话是要好好分析理解的。他自己说已经很努力了，但这努力是有效的努力吗？我们都知道南辕北辙的故事，如果做事情的方向不是朝着目标的方向，尽管每天做大量工作，结果还一定会不理想。

往往孩子只是没有明确努力的方向，没有掌握有效的努力方法，而导致结果不好，但这种不好的结果却会反过来打击孩子，让孩子对自己的智力水平产生怀疑，从而失去信心。

那么，怎么提高孩子的学习能力呢？

平等思维告诉我们：世界上最有效的规律是因果律，只有做必然之因才能得到必然之果。

我们想得到的结果是什么？就是孩子的学习好。

做什么因才能必然得到学习好这个结果？就是把该学的知识学会。

什么是学会？怎样才能学会？就是按照学会的三个标准学习。

学会的三个标准是什么？就是得满分、熟练化、举一反三。

掌握了学会的三个标准，并能够按照我们的十步法让孩子做到把该学的知识学会，孩子的学习能力就会明显提升，信心自然就有了。

二、学习不好的根本原因

学习不理想的根本原因是浮躁。

孩子们所有学习不好的原因，主要就是不爱学、不会学。这些原因从根本上讲都可以归于浮躁。

（一）什么是浮躁

我们来看下面的事例：

一个非常聪明的孩子，学习成绩却总是不理想。

我的一个初中学生，名字叫马××。几乎所有的老师都认为他是最聪明的学生，大家都对他很上心，都很愿意好好教他，但他成绩不理想，原因就在于别的同学会听老师的话做一些具体的工作，比如老师讲完题目要求后，让同学好好做一下，别的同学都会按老师的要求不折不扣地练习，但他坚决不练，他认为自己已经学会了，不需要练习。就是这种自以为是的心态导致他总是考不过一些聪明程度不如他的同学。

商务印书馆的《现代汉语词典》中对浮躁的解释如下：轻浮急躁。《广雅》中有：浮，漂也，浮游也。浮就是轻浮、漂浮的意思。《说文解字》中说，躁，疾也。《管子心术》中说，躁者不静。躁就是性急、急躁。

平等教育认为：浮躁就是心浮气躁，就是心不在焉。焉，就是此时，此地，此事。不只是孩子，我们大部分的成年人，也都有浮躁的一面，比如，人们往往做事情的时候不能专注，走路的时候会东想西想，喝茶的时候，会东拉西扯而忘掉茶的味道。

浮躁是所有成功的大敌。

人们经常心不在焉、心浮气躁、朝三暮四、浅尝辄止，常常表现出坐卧不宁、失魂落魄的样子。做一件事情，经常焦虑不安、患得患失，常常没有耐心认真做完，急于放下手中的事情赶去做另外的新的事情，但对新的事情依然如此，往往是这山望着那山高，东一榔头西一棒槌，贪得无厌，却静不下心来，直到最后不但一事无成，而且常常感到身心疲惫……

浮躁的人不但学习不会好，任何事情都会做不好。很多大事故就是因为一些小小的事故导致的，而小小的事故之所以不断出现，就是因为人们的浮躁。

（二）浮躁的原因

浮躁就是做事情表面化，轻浮而且变化快。

那为什么人会表现出浮躁的特性？而且为什么浮躁的情况如此普遍？

人心的特点是追逐喜欢的，逃避讨厌的，经常处于以上两种状态中却又不自知。

每次当一个人要下决心做一件事情的时候，如果能够一心一意地做既定的事情，这就是认真；如果不能持续做既定的事情，就是浮躁。越是频繁地离开既定的事情，浮躁的程度越是严重。

从人心的特点，我们可以知道，浮躁的原因有两个：

一是因心对外在的吸引产生兴趣而导致心产生追逐。

当一个人做事情的时候，如果另外一件事情是他非常感兴趣的，那么，他就有可能被那件事情所吸引而把心思不知不觉地从既定的事情转移到那件事情上。这就像动画片《小猫钓鱼》中的小猫，钓鱼的时候，一会儿去追蝴蝶，一会儿去捉蜻蜓，就是不能专注在钓鱼这件事情上，因为追蝴蝶和捉蜻蜓对小猫来说更有意思。

从这个角度来看，孩子在学习的时候，我们应该帮助孩子创造一个相对清静的环境，减少外界环境对孩子的影响。例如，孩子在做作业的时候，家长尽量把电视的声音关小或者干脆不看电视；也不要时不时地做一些好吃的，飘出的香味会吸引孩子，令其无法专心。

二是因心对外在的困苦产生厌恶而导致心产生逃避。

当一个人做事情的时候，如果这件事情本身非常困难，或者做起来很单调乏味，又或者做起来非常痛苦，那么，他就可能从心里产生对困苦的逃避，从而不愿意做既定的事情，而不知不觉地做起其他的事情。例如，动画片《小猫钓鱼》中的小猫之所以不断地被蝴蝶和蜻蜓吸引走，这跟钓鱼这件事情的单调乏味有关。我们试想如果不是钓鱼，而是吃鱼，小猫还会不断地走神吗？

从这个角度来看，孩子在学习的时候，我们要帮助孩子清除学习上的障碍，例如，如果一个孩子落下了很多功课，他觉得学习很困难，他就不可能很好地听课做作业，可能上课的时候会打瞌睡，跟同学说话，做作业的时候会看课外书，搞小动作等。这时候家长不应该只是不断地批评孩子不做作业，要求孩子好好做作业，而是要帮助孩子补上落下的功课，让孩子能够轻松胜任自己的学习，能够在课堂上听得懂，在课下比较容易地做好作业。

上面两种人心的特点，也可以称为心随境转，也就是说，人的心会随着外界环境的改变而改变，人的心不会停在一个地方，一旦有什么吸引人的事情发生，人的注意力就马上跟着走了，这就是浮躁产生的原因。

第二节

浮躁的三种危害和五种表现

浮躁的危害非常大，大到国家，小到个人，都会因浮躁而变得越来越差。胡适先生曾经写过一篇文章《差不多先生传》，我们一起来看看：

差不多先生传

你知道中国最有名的人是谁？

提起此人，人人皆晓，处处闻名。他姓差，名不多，是各省各县各村人氏。

你一定见过他，一定听过别人谈起他。差不多先生的名字天天挂在大家的口头，因为他是中国全国人的代表。

差不多先生的相貌和你和我都差不多。他有一双眼睛，但看得不很清楚；有两只耳朵，但听得不很分明；有鼻子和嘴，但他对于气味和口味都不很讲究。他的脑子也不小，但他的记性却不很好，他的思想也不很细密。

他常常说："凡事只要差不多，就好了。何必太精明呢？"

他小的时候，他妈叫他去买红糖，他买了白糖回来。他妈骂他，他摇摇头说："红糖白糖不是差不多吗？"

他在学堂的时候，先生问他："直隶省的西边是哪一省？"

他说是陕西。先生说："错了。是山西，不是陕西。"他说："陕西同山西，不是差不多吗？"

后来他在一个钱铺里做伙计；他也会写，也会算，只是总算不精细。十字常常写成千字，千字常常写成十字。掌柜的生气了，常常骂他。他只是笑嘻嘻地说："千字比十字只多一小撇，不是差不多吗？"

有一天，他为了一件要紧的事，要搭火车到上海去。他从从容容地走到火车站，迟了两分钟，火车已开走了。他白瞪着眼，望着远远的火车上的煤烟，摇摇头道："只好明天再走了，今天走同明天走，也还差不多。可是火车公司未免太认真了。八点三十分开，同八点三十二分开，不是差不多吗？"

他一面说，一面慢慢地走回家，心里总不明白为什么火车不肯等他两分钟。

有一天，他忽然得了急病，赶快叫家人去请东街的汪医生。那家人急急忙忙地跑去，一时寻不着东街的汪大夫，却把西街牛医王大夫请来了。差不多先生病在床上，知道寻错了人；但病急了，身上痛苦，心里焦急，等不得了，心里想道："好在王大夫同汪大夫也差不多，让他试试看罢。"于是这位牛医王大夫走近床前，用医牛的法子给差不多先生治了不上一点钟，差不多先生就一命呜呼了。

差不多先生差不多要死的时候，一口气断断续续地说道："活人同死人也差……差……差不多，……凡事只要……差……差……不多……就……好了，……何……何……必……太……太认真呢？"他说完了这句格言，方才绝气了。

他死后，大家都很称赞差不多先生样样事情看得破，想得通；大家都说他一生不肯认真，不肯算账，不肯计较，真是一位有德行的人。于是大家给他取了个死后的法号，叫他做圆通大师。

他的名声越传越远，越久越大。无数无数的人都学他的榜样。于是人人都成了一个差不多先生——然而中国从此就成为一个懒人国了。

浮躁会给一个学习中的孩子带来以下三种危害：

学的时候学不会；考的时候考不出；错的时候改不了。

一、浮躁有五种表现

上课一听就懂，其实没有真懂，自以为懂得了；

看书一看就会，其实没有真会，自以为真会了；

题目拿来就做，没看清楚就做，自以为清楚了；

做完题就上交，没检查就上交，自以为错不了；

发现题目错了，以为粗心错的，问题永改不了。

（一）上课一听就懂，其实没有真懂

太多的同学忽视了这个问题，他们从来不考虑自己是不是真的懂了，老师一问“懂了吗”，他们就会随波逐流、异口同声地喊“懂了”。所以，在对他们做咨询的时候，我总是戏称他们都是“撒谎长大的”。

自认为“懂了”，学习过程即告停止。

学习是从认识到自己不懂或承认自己不懂开始的，直到学习者自己认为自己懂了为止。一旦自己认为自己懂了，不管是不是真的懂了，学习的过程就戛然而止了。浮躁的孩子都会很轻易地觉得自己懂了。而没懂自认为懂会导致学习半途而废。

很多同学不承认自己有这样的问题，他们自认为自己上课是听懂了的。至于后来不会做了，他们解释是因为时间久了，或者又忘掉了。为了让同学和家长们认清楚这个问题，我特意设计了一个小游戏。这个游戏看似简单，但实际上很难一次性做出来。我先做一遍，然后问学生：“会了吗？”超过 80% 的同学毫不犹豫地说“会了”，但我让他们重复的时候，他们根本做不出来。有大约 10% 的同

学会说一些“差不多、好像会了”之类的模棱两可的话。我会给他们解释：“差不多”意思就是“差得多！”“好像会了”意思就是“肯定不会！”我这样的判断往往屡试不爽！让他们试验的时候，他们往往很配合，却真的做不出来。

只有很少的同学，大约在5%吧，他们会承认自己不会，显然这些同学要仔细得多，经过两三次的演示以后，他们会承认自己没把握，但愿意亲手试验。一般情况下，他们第一次也往往会以失败告终。

也就是说，基本上95%的同学都在不同程度上存在没有学会的时候自认为学会了而拒绝继续深入学习的问题，即存在浮躁的问题。

从不会到会是个漫长的过程，如果我们拿登上十层的台阶作为学会的话，只要不达到第十层台阶，在任何一层台阶停下来都是失败！

有一句俗话说得好：成功的路上尽是失败者。他们距离成功有的远，有的近，有的甚至只差一步，但他们停下来了。在没有充分学会的时候，学习停止了，这时候，遗忘的因素会很快占到上风。这样，当时认为学会的知识，其实根本就没有掌握，考试的时候考不出来就是自然而然的事情了。

另外还有的同学上课时的一些不良习惯也会直接影响听课效果。

案例 | 小动作如何影响孩子的学习？

有一个初二的女同学小李，她的数学和物理都在五十几分，不能达到及格分数。她的父母非常着急，来找我咨询。

我们的老师在给她讲第一节课的时候就发现了一个看似很小却又非常严重的问题：那就是她的头发在影响她听课。每次她写字的时候，一低头，头发就哗啦散落在她的眼前，她就习惯性地用手一拂，有时候还很优雅地把头向后一甩。老师特意让她做了一节课的题，来观察这种情况，据上课老师统计，45分钟一节课她拂头发的次数居然超过了50次！所以，我们给她的第一个建议就是把头发扎起来！

经过两个月左右的补习，她的数学和物理成绩一下子都提高到了八十几分！

1. 听课技巧一：先预习再上课

预习可以最大限度地调动学生学习的积极主动性，有效的预习可帮助学生对知识进行对比、归纳与整理，让学生具备自学的能力，让学生带着自己的发现与问题在课堂上进行讨论，让学生带着问题更加认真地听课，让学生在学习过程中真正地成为学习的主人。

很多时候，老师会让学生预习。老师布置预习内容的出发点是好的，但听话的学生会乖乖地回去后把书认认真真地看一遍，而那些懒的学生却连书都没翻过，有的虽然乖，但不动脑筋，看了都不知道讲什么。这样的预习没有目标，没有方向，流于形式，当然是没用的。

预习完了，回到课堂上，老师一问，同学们个个都说已经预习了，但课堂上一提问，十个有九个是答不上的，课堂气氛非常沉闷，又变成了老师讲、学生听的传统式教学。

在预习课本时，学生们由于认知能力和用功程度的局限，往往并不能很到位地理解某些知识，这时老师就有必要及时抓住学生的“模糊点”进行提问，从而引起学生更大的疑问，启发学生对这个问题进行深入探究，不仅对课本知识“知其然”，还要做到“知其所以然”。

我们所讲的预习，绝不是在上课前随便看看书，而是一个严格的操作过程。

首先我们要教学生怎样预习，培养他们预习的能力，就要给学生一个预习的方向、预习的深度和预习的模式。

预习并非简单地读一下要学的内容，而是要自学，要想办法把要学的内容自己学会。要以通过自学根本掌握这节内容的态度来学习。通过查辅导书和字典，把每个概念、定理中的每个点都要弄明白，做到问不住。

对要求自学的内容，要进行严格分析，并让学生回答下面的问题（以学习一个几何的章节为例）：

这节课要讲什么内容？

与上节课的内容有什么关系？

怎样证明要学习的定理？

这个定理的前提条件是哪几个？

为什么需要这几个前提？

如果条件改变了，定理为什么不能成立？

这个定理可以用在哪里？

能够解决什么问题？

定理的推论有几个？

怎么证明？

……

经过严格的预习后，对一些基础知识，孩子很容易就可自行解决了。课堂上老师提问的时候，孩子可以参与老师的讨论，可以让课堂更加深入。

通过自学和预习，充分激发出孩子自主、合作探究的精神，发挥出学生的学习主体作用。

通过预习，很多孩子建立起了自信。很多平时学习差、上课听不懂、不敢回答问题的孩子上课能听懂了，老师提问的时候他们也能说上一两句了，孩子学习的信心和学习热情大大增强了，孩子的自主探究能力大大提高了，成绩也在不断地提高。

2. 听课技巧二：有问题不放过

上课的时候就要想办法解答自己在预习中发现的问题，如果在预习中发现不了问题，就让老师问问题，好好听老师的提问，看看自己为什么看不出这样的问题。

老师讲课的时候，每个地方即使自己听懂了，也要问自己：是这样吗？为什么会是这样的结果？

将预习时发现的问题作为重点来听老师的讲解。而且只要这个问题没有彻底弄懂，就一定要盯住，不要轻易放过。

上课“三不放过”

① 知识点不清不熟绝不放过。对每个章节的知识点一定要清清楚楚，哪些是重点，哪些是难点；哪些需要重点掌握，哪些需要一般了解；对每个要掌握的知识点不只是要会而且要熟练，要熟练地掌握每个知识点，熟能生巧。

② 疑问点不解不透绝不放过。对于疑问点，我们仍然要三不放过：

一是问题原因不清不放过；

二是相关知识点不熟不透不放过；

三是相关题目不得满分不放过。

③ 典型题不熟不透绝不放过。对于学过的章节，哪些题目是重点题目，学生一定要明确。

对于重点题目，要做到一定学会。学会的意思就是只要会做的题目，必须做到得满分、熟练化、举一反三。

（二）看书一看就会，其实没有真会

很多学生在看书的时候，往往如蜻蜓点水，轻描淡写地翻几页就算是看过了，没有真正深入看书。

对于学生来说，深入看书有两方面：

1. 课前看书

课前看书的目的就是找问题：

接下来该学习什么了？

学习重在发现、探索、创新和应用，预习时先要想一想，我们已经学习了什么知识，接下来该学习什么了？自己来个预测。

为什么要讲这些内容？

知识的重点和难点是什么？

预习的一个重要任务是要了解新知识的重点和难点，为课上更好地学习做准备。预习时可能会对重点知识认识得不清楚，抓得也不准，这都没有关系。对预习中感到困难的问题，要查一查，感到困难的原因是什么。是原有知识基础问题，还是理解问题。如果是基础问题就要自觉补一下，看一看是否可以解决；如果是理解问题，可以记下来通过课上认真听讲、积极思考去解决。

2. 课后看书

课后看书要深入已经掌握的问题，再次寻找问题：

近期所学的整个内容体系是否明确？

本节课与已经学过的什么知识点有什么联系？

这个部分的知识学到这里，接下来应该学习什么？

我自己能不能把要学的内容创造出来？

（三）题目拿来就做，没看条件就做

孩子很多时候在看到题目时，不是仔细审题，而是急于动手，所以经常出现题目看不清，条件没有看全就开始做题的情况。这样做对的可能性就很小了。等到题目做错了，才恍然大悟：有个条件没看清楚！

做题目的时候，先要明确地写出已知、求证或求解，然后再做题目，这是一种比较好的解题习惯。

失败的人都会想：我下一次一定成功。成功的人也会想：我下一次一定更成功。

但下一次从什么时候开始呢？

其实下一次就是从现在、从这一次开始。

人生就是当下，从前只是记忆，将来只是想象，唯有当下才是真实的，把当下抓住就抓住了人生。

一位作家曾经说过："如果有那么一天，时空倒转，让我们从80岁回到1岁，那么，世界上一半人将成为哲学家，世界上一定会多出几百个百万富翁。"

要活在当下，不要急着往前走。

如果在每一个当下都辛勤地工作、学习，生活状况将是一种持续的增长状态；如果在每一个当下都处在碌碌无为、低效率的工作状态，或者无进展、得不到进展的工作状态，实际上是白白消耗了生命。

拿到题目的时候，首先要有一个平静的心态，不要急着做题，而是要先把题目看清楚再做：

这个题目考什么知识点？

给出的直接条件是不是能够解出题目？

有什么隐含条件？

还需要什么条件才能解出问题？

……

只有看清题目，审清条件，做题才会有把握。

（四）做完题就上交，没检查就上交

很多孩子总是急匆匆地把题目做完就交上去了，根本就没有检查，有些很明显的问题，本来应该一眼就可以看出来，但他盯着看半天都看不到问题。

案 例 ｜从草稿纸到试卷经常抄错的中考女生

清华附中有一个初三的女生名叫小月，在中考前一模考试以后，很自信地说，她这次的数学成绩虽然只有六十几分，但她实际上是八十几分的水平。原因是因为有一道15分的题目，她在稿纸上本来做对了，只是在往试卷上誊写的时候抄错了！

当时她的父母也深深地点头，表示事实确实如此。

我问小月："你觉得很委屈是吗？"

她点点头。

我说："那为什么没有检查出来？"

她低下了头。

我又问她："你以前出现过这种情况吗？"

她点头说："出现过。"

我继续问："那为什么没有彻底改掉？"

她又低下了头。

"你考不好是必然的，你不是八十几分的水平，就是六十几分的水平！因为你现在出现这样的错误，只要你还是这样的态度，认为你的分数是八十几分，你就不会为这样的错误着急，也当然不会下决心改变，那么，中考的时候就一定还会出错！"

这时候她的父母开始频频点头了。

我继续说："因为你认为这种情况只是偶尔的，下回就不会出现了，尤其是草稿纸上做对了，只是誊写到试卷上的时候写错了，你认为自己本来是会的，这种舒服的感觉会让你忽视这种错误的危害，所以，你会接二连三地出现这种错

误。我们认为：抄写错误是一种典型的浮躁，要特别重视。”

不检查就上交是浮躁最典型的表现之一。学生做完题目后，耐心已经达到极点，最想做的事情就是赶紧交上去万事大吉。这种浮躁心态是学习的大敌，如果不彻底解决，学习永远不会好。

（五）发现题目错了，以为粗心做错

如果做错了，又以为是粗心做错的，就会认为自己会做，就不会下决心改正学习，也就不可能真正改掉错误。

案 例 | 经常犯“低级错误”的人大附中女生

人大附中有位初三年级的女生名叫小芮，她本来就是班里比较出色的学生，尤其是数理化成绩，有的已经接近满分。但由于人大附中竞争非常激烈，她的排名只能在200名以后。

她找我咨询时，我问她：“你的数学考了多少？”

她说：“105分。如果不犯低级错误，可以考115分！”

“上次考试有没有犯‘低级错误’？”我进一步追问。

“有！”她很诚实。

“再上一次呢？”我步步紧逼。

“有……”她开始有些不好意思了，“好像一直有……”

“你是犯‘低级错误’长大的对吗？呵呵！”我开了句玩笑。

“对对对！呵呵……”她倒也直率。

“只要你认为是‘低级错误’，你就永远改不了，就永远不能重视这个基本的事实：题目会做，但怎么都不能把会做的题目得满分！”

“对对对！你快跟我说一下怎么改掉这个毛病吧！”

“你希望我帮你做什么？”

“我希望你能够帮我好好抓一下最后的压轴题，我希望能够把压轴题

突破！”

“拉倒吧！如果我帮你把你会做的全部做对，你可以增加 10 分。如果我帮你把压轴题做出来，你可以增加 5 分。但前面的 10 分是你本已经掌握的，而压轴题最后的 5 分却是有可能下了功夫都拿不到的，你觉得拿 10 分，还是拿那个不确定的 5 分？”

“可是那 10 分怎么拿到？”

“只要会做，一定一次性做到满分，培养认真能力！”

……

后来在我们的指导下，她一模进入全校前 200 名，二模进入前 150 名，最后中考的时候，她的成绩在全海淀区排名第 83 名。

二、三种危害

（一）学的时候学不会

学不会指的是学习者在学习时自以为学会了，但实际上并没有学会，原因往往在于学习者根本不知道怎么判断自己是否学会了。

上课的时候，老师讲完了，会问一句：“听懂了没有？”孩子们基本上都会不假思索地回答“听懂了！”，但这样的问话几乎毫无作用可言。

案 例 | 乖巧努力的女孩为什么成绩不好？

网友留言

唐老师好！我的女儿现在上高二，是个非常乖巧的孩子。她很努力地学习，课堂笔记做得也很详细，不知怎么的，考试就是不行，哪怕是简单的题目也会出错。比如：学校有教职员工 160 名，其中教师 120 名，工人 24 名，其他人员 16 名……她居然把所有的数据加起来当总人数！数学经常是不及格。历史、政治天天背，也就是60分到70分之间。真是让人着急！恳请唐老师指点迷津。因为这样的孩子说重了，似乎对她不太公平。

——着急的家长

唐老师解答

您的女儿很乖巧，很努力，课堂笔记做得很详细，历史、政治天天背，但学习成绩不好，这很正常。

因为学习成绩与“很乖巧，很努力，课堂笔记做得很详细，历史、政治天天背”之间没有必然的因果关系。还有很多孩子比您的孩子更乖巧，更努力，课堂笔记做得更详细，历史、政治夜以继日地背，但成绩依然不好。

在我的《爱学习会学习》中，我提出了一个分析孩子学习类型的模型，您的孩子应该属于抑郁型的孩子。这类孩子最常见的问题是学习总是学不会。具体特点有：

① 在学习上花费时间相对较多，但考试成绩却往往不佳；

② 每天努力学习，却考不出好的成绩，所以他们自己往往很郁闷；

③ 老师和家长们对他们也往往觉得很可惜，会觉得这是个好孩子，但就是笨了点；

④ 他们一开始只是没有找到窍门，但时间久了，每次花很多时间都学不好，就会慢慢相信自己也许真的是笨的，于是他们就在心里给自己一个定位，不断给自己一个暗示，即自己是笨的；

⑤ 老师和家长们对这样的孩子往往不会太多地苛责，但难免有时候会忍不住说几句贬低或者刺激孩子的话；

⑥ 这样的孩子往往会特别敏感，他们很愿意学习好，为妈妈、为老师争口气，但他们一次次地失望了，他们小时候也会有一些什么爱好，但由于学习不好，老师、家长都不再支持他们的“不务正业”，于是他们也就没脸再坚持什么爱好了；

⑦ 这样的同学往往有自卑情绪，封闭自己，对学习不感兴趣，对未来没有希望；

⑧ 他们身上有长期积累下来的学习不深入、不踏实、效率低等问题，而且他们的心态消极，很难专注于认真学习。

我给出的解决方案：先建立他们的自信，他们的自信来自提高他们的学习能力，帮助他们达到只要学习就一定学会的目标。真正的学会，要按照我提出的学会的三个标准来严格判断。

浮躁的同学，学习不能深入，看书的时候，孩子们总觉得看懂了，但真正做题的时候，却做不出来。这种情况非常普遍。

这些孩子总在学习，但却不知道学到哪里，就像总是播种却不懂得收获。

案　例 | 一个月时间在全班名次提升20名

2008 年五一期间，从河南信阳来了一位高二的同学，名字叫小辉。他的亲戚是我们这里的贵老师。贵老师介绍说，他学习很努力，但是没有方法，学习比较死板，不会融会贯通，不知道怎么举一反三。

他来了以后，我一看，就知道是个比较踏实肯干的学生。

我先让他随便选了一个章节，让他看这一章节，然后学习例题。

没过半个小时，他就过来了。他上来就跟我讲：根据什么公式，应该……

我说：打住！先别给我讲题，先说明白这个例题的题干到底讲的是什么、问的是什么，然后再说。

于是他开始给我讲题目，刚讲了两句话，我就问他：这种情况说明什么？如果不是这种情况怎么办?

他一下子怔住了。

我说：回去看明白再来。

过了两个小时，他又来了，继续说那个题目。刚说了两句，我又问：这种情况是在问什么？有几种类似的情况？每种情况都是在问什么？这一节课是讲这个原理，如果是高考，会告诉你考什么原理吗？那时候你该怎么判断?

他又回去了。

……

五一假期他又来我们基地学习了两天，一个题目的题干都没有说明白，我几乎没给他讲什么。

但这的确是个很努力而且很有灵气的孩子，他一下子感觉到自己不一样了。

贵老师向我反馈，孩子说自己一下子知道怎么学习了，知道自己为什么以前书上的内容都会，但一到考试却怎么都考不好，还说非常崇拜唐老师，问是不是应该继续再学习几天。

我告诉贵老师，他现在的基础太差，就这两天我对他的影响，他回去可以扎扎实实地学几个礼拜，把我问的问题都弄明白了，然后才有资格过来听我给他讲题目。

临走的时候，我跟他说："两天过去了，我也没有给你讲什么，你的基本功很不扎实，现在你该知道怎么学习基础知识了，回去学好了再过来，这样才有资格听我给你讲题目。你现在没有资格听我的课（小辉是个内心坚强的孩子，所以可以用这种激将法，大家用的时候要注意看对象——作者注），明白吗？"

小辉同学非常诚恳，点头表示理解，从他的态度我能够看出来，他已经入门了，相信用不了多久，他的成绩会发生天翻地覆的变化！

一个月后，他再次来参加我们的认真能力学习班的时候，已经判若两人。他高兴地告诉我，尽管上次来他没有听到唐老师讲题目，甚至连一个问题的题干都没有看明白，但他知道怎么看书了。他回去大约一个月就参加了期末考试，在班级中的名次一下子提高了 20 名！信心一下子增强了。

这次来了以后，他更加努力，下面是他这次参加学习班的体会，我把它发表出来，希望对广大同学和家长有所帮助。

"第一次来学习，让我知道我离高考有很大很大的差距。唐老师在博客上好好地讽刺了我，我也是要脸的人，我就下定决心好好学习，一定要有资格来听唐老师的课。我取得了很大很大的进步。

"这次我又回来了！

"这次基础打好了，唐老师就开始教我'举一反三'的方法，我的受益真是相当大！我又一次感觉到了差距，也让我知道了，原来题目还可以这么做，这么研究！把原有的题目稍加改动就可以换成另一个题目，做一道题目，就知道做一类题目的方法。

“我回去后，接下来就会把所有的题目、所有的课本，再重新按唐老师的方法钻研一遍，我就不相信我考不好！

“我希望唐老师把我的毛病全部写到博客上，让大家都监督我！把我的案例让所有的人都看看，也希望跟我一样的同学能够从我的学习过程中得到启发。”

小辉

2008 年 6 月 7 日

（二）考的时候考不出

考不出指的是学习者在自认为学会了的情况下，遇到自认为会做的题目，要么做不出来，要么做出来不能得满分。

考不出具体有以下两种表现：

一是自以为会了，其实没有真会；

二是真的会了，但浮躁严重，得不了分。

案 例 | 一到考试就生病的小学生怎样开心学习？

小霖同学来自吉林松原，小名霖霖，读小学六年级。单纯、活泼的她笑起来眼睛会眯成月牙状，非常可爱。霖霖就读的学校是所重点小学，班里的孩子实力都比较强，尽管班级 70 人，她能排十几名，但她依然不够自信。6 月 7 日，妈妈陪霖霖一起参加了基地两天的认真能力训练精品小班。

7 月初小升初考试结果出来了，小霖同学成绩优异，班级名次从原来的第 16 名，进步到了第 5 名，更难得的是数学成绩，她自己估分是 110 ～ 114 分，而成绩下来后，就是 114 分！小霖同学的全家都非常高兴。她对妈妈说：妈妈，一定要把这个好消息告诉唐老师！

下面我们来看基地训练帮助孩子的过程。

以前孩子的情况：

在学习方面，霖霖状态好时思维敏捷，但是大部分时间都在神游、发呆，这一点她自己也能意识到。而且她没有明确的学习目标，发现、解决问题能力不强，学习停留在表面、不能深入，常常因为粗心而不能得满分。

另外，霖霖很敏感，她很在乎别人对她的评价，对老师会敬而远之，不敢主动问老师问题。在班级里她年纪最小，她心理压力很大，以致每次考试都会生病。有时候病并不严重，但是霖霖会很难受。年级低时，她害怕上学——周六、周日或寒暑假开学前一晚十分不高兴，也睡不着觉，或者会起床整理书包，怕忘带东西，怕老师惩罚。总的来说，孩子学习不主动，没兴趣，不自信。

我们对孩子的训练：

在小班第一天上午的思维训练中，基地助教小孟老师鼓励了霖霖几处做得好的地方，她就很开心。霖霖妈妈对老师说："她就是这样，平时做得很好，但一到考试就不行。"于是在第一天晚上的助教和家长交流环节中，小孟老师跟家长指出了这一点对孩子的影响，妈妈也认识到了这样的说法给孩子带来了心理暗示和压力。

在第一天晚上我和学生们的平等思维对话中，霖霖提出了几个问题：

"唐老师，如果我考好了，同桌不开心怎么办？"

"唐老师，为什么我平时学得还可以，但是一到考试就会考不好呢？"

我回答她说："你刚刚还问，自己考好了同桌不开心怎么办，怎么会说你一到考试就考不好呢？你是不是很多次都考得很好？记住，只是你考试的时候因为没有看清题目或者做错了没检查等原因而导致自己考不好，而不是什么一到考试就考不好，对不对？"

霖霖听到我的回答，眼睛眯成一条缝，使劲儿地点头。

小班在第一天下午进入具体知识点的学习，小孟老师带着霖霖做的是圆柱和圆锥的体积方面的题目。老师发现虽然她题目做出来了，并且结果是对的，但是过程不清晰，而且有套用题目的解题格式进行做题的现象。这是典型的学习不深入的同学的表现。于是老师用提问的方式引导她深入思考，让她讲清楚做每一步骤的原因。经过反复提问，深入训练，在接下来题目难度加大的时候，她也能轻松地做对了。第一天下午的最后一道题目难度特别大，霖霖做对后非常兴奋。

每次做完题目，老师让霖霖重点执行"作业检查三步法"的第一步和第三步，在执行第三步的时候，老师带着她总结该检查哪些地方，比如单位以及计算。在老师的鼓励下，每一次做完题目，霖霖都能够主动检查这些地方，而且做题的时候就开始注意这些细节了。霖霖对老师说："以前单位总是会出错，但以后肯定不会出错了！"对于这一点，我们的辅导老师每一次在她做题前都提醒她注意，做完题后，也问她检查了哪些方面，通过强化，帮她做到单位不再出错，并且让她体会到检查确实对自己有帮助，这样也会让霖霖非常愿意在回去之后继续用这个方法。两天学习下来，霖霖对自己的进步很满意。更让霖霖感到自豪的是自己可以出题目了，而且可以出有难度的题目了。老师带着霖霖执行了"举一反三三步法"的第一步中的变数据和第二步中的变条件，她自己出的题目，比在学校里做的题目还难。

学习有了方向，霖霖信心十足，也更开心了。妈妈开玩笑地说："我看见我闺女跟唐老师对话完后，就像打了鸡血一样兴奋。"

小班结束后不到一个月的时间，霖霖就带着自己学习进步的好消息，和妈妈再次来到基地复训。以下是霖霖妈妈讲述孩子回去后的细节变化。

"霖霖的学习状态也从漫无目标到可以清晰地把握自己了。以前问她能考多少分，她的回答是60～90分吧，而现在，她已经可以非常精确地估算出自己做对了哪些题目，可以得多少分。"

"只要说'会'就一定可以做出来并且得满分"，当一个孩子具备了这样认真的学习品质时，她的学习效果就真的是由自己说了算了。我相信接下来霖霖一定会再接再厉，取得更大的进步！

（三）改的时候改不了

改不了指的是因为学习者自以为错的原因是粗心，根本不把错误当回事，所以，根本不可能下决心改正。

要想打掉浮躁，就要帮助孩子每次专注于自己所做的事情，把该做的事情一次次提高，直到做到最好。也就是说，要想打掉浮躁，就要培养孩子认真的能力。

下面我们来看一个案例。

案例 | 如何帮浮躁的孩子连续做题得满分？

很多朋友写信、留言、打电话问：孩子学习不好怎么办？什么方法可以帮孩子提高成绩？基础不好该怎么学习才能赶上来？学习很浮躁怎么办？学习的问题，用我们总结的十步法，只要使用到位，一定可以彻底解决！在我们教孩子们使用“数学十步法”“英语十步法”和“语文十步法”的过程中，孩子们在一天一天地进步，一个个在大家眼里被看作“奇迹”的案例也在不断地出现。

小洁同学的改变就是这样。

小洁同学是暑假参加认真能力训练营的一位即将升入高二的女生。她来自新疆，为人豪爽，喜欢结交朋友，唱歌好听，人缘也好，而且非常孝顺。

然而学习成绩却始终困扰着她。由于基础不好，即使是面对考试，她也很难静下心来去认真做题，只能是应付了事，大题部分常常是空白。但是和很多孩子一样，她想学好的愿望非常强烈。

第一天上午是做切桌子游戏，她思维很灵活，能够迅速找到解题突破点。下午是过河游戏，她很会调节自己，只要她觉得心里无法安静下来想题目时，便告诉老师，她想要到一个安静的地方去思考，自己一个人去静静琢磨题目，寻找思路。自己想完之后，再回归到队伍中。当她思路受阻时，会和同学一起讨论。

第二天她以集合为例，进行数学十步法的学习。在学习上她非常浮躁。比如，老师给她一道题目，她做完的答案本来应该写“{}”，她却只写了“{”，少了半个括号。这时候老师提示让她看看课本的答案与她的书写有什么区别，一开始她发现不了问题，后来经过一个字一个字的对比，终于找到了区别，并开始重做。后来，只要她写出答案之后，一定去看书，与书上的书写去对比，找到自己的欠缺之处。她第一次发现看书原来这么有用！

接下来几天，题目逐渐深入，已经从数的集合变化到点的集合、线的集合、面的集合，而且涉及一次函数、二次函数、指数函数、对数函数的知识点，通过不断变化，她终于明白了知识之间都是相互关联的，没有单独的与其他部分毫无关系的章节。

在书写上，她非常大大咧咧，一开始一行字会占用三个格子，和我沟通时，我提醒她只需要做一些小的改变，就可以明显改善书写。沟通完之后，她的书写明显变得整齐了很多。她现在是边学习，边练字，而且对解题格式也很重视，上来做题目先写“解”或者“证明”，解方程时明确了书写格式，再加上掌握了正确的解题方法，当每一个小点都精细下去的时候，她做题的正确率明显提高了。最后一天，她连续做对了五道函数题目，这在以前是从来都没有过的，她学习数学的信心由此大增。

越是到最后几天，她越是踏实，看书完全看进去之后，根本就不受外界的干扰，课间都不休息，拿着课本思考自己有困难的题目。

听她妈妈说早晨五六点起床之后，她依然不知疲倦地抱着课本去看。经过这几天的学习，她的学习主动性大大提升了，对数学的兴趣也变得很浓厚。

学习对小洁同学来说已经不再是头疼的事，而是变得令她着迷。

找不到明确的因果关系，看到的就是“奇迹”；当我们看清楚这其中的因果关系后，会发现，我们只要做好了“正确原因”，正果的取得是必然的，也就没有什么“奇迹”可言。而严格按照十步法执行，就是在做学习的“正确原因”，好的成绩一定会取得，一个个“奇迹”也会不断产生。

第三节

考试浮躁度测评

如何测评孩子的浮躁程度呢？

浮躁程度有很多体现，我们这里说的浮躁度是通过孩子的考试来测评出的，我把它称为考试浮躁度。

$$考试浮躁度=\frac{孩子自以为能够考到的分数-孩子实际得到的分数}{孩子自以为能够考到的分数}\times 100\%$$

根据上面的计算公式，我们可以看出，考试浮躁度的本质是一个人对自己在考试中的真实能力判断的准确程度。

我考察了不同年级的同学之间以及相同年级成绩不同的同学之间的差别，在此，我把考察结果整理出来，以供大家参考：

考试浮躁度随着年龄的增大而逐渐减小，年龄越大，浮躁度相对越小。也就是说，随着年龄的增长，孩子的浮躁程度在下降，对自我能力的判断逐渐变得更加准确。

尽管考试浮躁度随着年龄的增大而逐渐减小，但并不表示家长会看到孩子学习成绩越来越好。相反，家长往往会发现自己孩子的学习越来越差。原因是从小学到初中，再到高中，学习的内容越来越多，往往翻倍地增长；难度越来越大，往往出现大的跳跃；竞争也越来越强，小学往往是居住地之内的孩子竞争，初中就会出现一个区甚至一个市的孩子的竞争，高中甚至出现一个省的同学竞争。所以，孩子尽管不断地降低浮躁度，但成绩看起来总是在不断地下降。比如，小学生大部分的成绩都在九十几分，有的班级甚至都在九十五分以上。但到了初中，很少有这样的情况，到了高中就更不用说了。

在同一个年级中，学习成绩越好的同学浮躁度越低。越是能够得到好成绩的同学，对自己的学习把握越好，对自己的真实能力判断的准确程度也越高。到了高考，很多同学自己的判断甚至跟老师批改的结果往往惊人的一致。

以上规律不适合用来判断学习非常差的同学某一次的考试情况。因为对于学习非常差的同学而言，他们的成绩往往不是真实考出来的，比如他们会蒙一些选择题，如果蒙得好，成绩就会明显提升。但这种影响是临时的，从长期来看，一个同学的考试浮躁度是稳定的。

对于一个同学的不同科目，学习成绩越好的科目，孩子的浮躁度越低。有的同学数学成绩很好，但英语会很差，我们发现，这个同学的数学考试浮躁度会较低，而英语的考试浮躁度会较高。这种不同科目之间的考试浮躁度差异，会随着年龄的增长而变得越来越小。原因是，考试浮躁度一开始只是体现孩子考试的浮躁程度，但随着孩子的慢慢长大，考试浮躁度逐渐会成为孩子的整体浮躁度。比如到了大学，很多相对认真的大学生，他们的考试浮躁度已经很低，即使他们不懂的内容，他们也会很明确自己的不懂，而不会不懂装懂，自以为是，所以，他们可以在不同的科目上有相似甚至相同的考试浮躁度。

考试浮躁度慢慢地会变成一个人的成熟度。成熟度是一个人对自己承诺做事情能够把握的程度。一个成熟的人，一个考试浮躁度较低的人，不会轻易承诺，不会轻易吹嘘自己的做事能力和考试成绩，但一旦做出了承诺，他就一定能够不折不扣地做到。

考试浮躁度越小的同学，自信程度越高。不同考试浮躁度的同学，从周围人那里得到的评价不同。考试浮躁度越小的人，他会越来越得到周围的老师、家长和同学的欣赏和赞美，他说的话，会越来越得到老师、家长和同学的信任，他自己也会变得越来越自信。

第二章

培养孩子认真的能力

认真是一种需要长期培养才能有的能力。

孩子不认真，并不是不想认真，而是想认真但认真不起来。

帮孩子做到过程专注，结果最优，就是培养认真能力。

第一节

认真是能力，不是态度

认真是一种能力，是针对“认真是态度”的说法而言的。一般的父母和老师都认为认真是一种态度，所以，每次学生表现出不认真时，父母和老师对学生的建议总是“下回认真点！”期待着下回考试的时候，学生会在心里告诉自己：“我要认真，我要认真……”于是，学生就认真起来了，并可以因而考出好成绩来。但这只是一种美好的奢望，学生并没有因为这句话而学习好了，这种话对学生来说根本就没用！

认真是一种能力，能力是需要平时培养的，而不是像态度只要做出样子来就可以转换。

以前人们往往认为，认真是一种态度，而态度是可以短时间“端正”的。当有人态度不认真的时候，就要求他端正态度，于是他就会正襟危坐、两眼一瞪，认真起来了。

到我这里来学习的同学，一般我总会进行下面的一段对话。

问：期中考试考了多少分？

答：六十来分。

问：你觉得你会做的题目有多少分？

答：差不多 80 ～ 90 分吧。

问：会做的题目是80～90分，为什么只得了六十来分？

答：粗心呗。

问：那么上一回有没有粗心？

答：也有。

问：是不是从小就是粗心长大的？

答：嘿嘿，好像是吧。

……

不论学生还是成年人，都有太多的人认识不到粗心的危害。

很多时候人们因粗心导致了错误，往往轻轻拍一下脑门，笑一下："又粗心了！"于是就轻描淡写地放过自己。

于是下一次人们依然会粗心，当然还会原谅自己："粗心嘛，又不是真的不懂，下次认真一下就可以了嘛！"

再下一次仍旧粗心，仍旧原谅自己……如此反复，永无更改之日。

家长或老师们一般会这么说："粗心了吧，下回认真点！"

我把这句话的真实意思翻译了一下，就是"你是粗心做错的，不用伤心，不要在意，你很聪明，继续错下去吧！"

当因粗心犯下致命的错误的时候，后悔已经来不及了！可悲的是，很多人到最后还在坚持认为："太可惜了！运气不好，又犯了粗心的毛病。如果我态度认真一点就不会这样了！"

当把认真当作一种能力的时候，就不一样了。

根据本书的理念，孩子会做而做错题目是因为没有认真的能力，需要改变的是孩子的认真水平，也就是要提高孩子的认真能力！做题时，如果做错了，就虚心承认自己不懂，然后去想怎么做才能保证下次遇到类似问题的时候，永远不再出错。每次出错必须写出错误分析报告，必须重做，直到一次性做到满分，只有这样做，才有可能彻底掌握这个知识点，慢慢地，就可以彻底改掉所谓的"粗心"的毛病，从而锻炼出认真的能力了。

态度需要端正，能力需要培养。认真是一种能力，需要长期的培养，绝对不是一朝一夕端正一下态度就可以认真起来的！

认真是一种做人的最优秀的品质，有了认真的能力，学习会好，工作会好，做任何事情都能够发挥到最好。

第二节

认真的含义

认真的含义可以由以下三个词语来表达。

一、精心

（一）认真就是在过程中做到全神贯注

认真需要心态平和，不急不躁，把心思全部放到要做的事情上，不三心二意。而且在做事情的时候，做事的每个步骤、每个细节，都要一步步细心照顾到，而不是一扫而过，敷衍了事。

能够在做事情的时候一心一意，是一般人做不到的。人们做事情总是容易走神，很多人根本就没打算专心做事，尤其是网络时代，人们经常同时准备几件事。比如，我们常见到一些人一边走路一边戴着耳机听东西，一边吃饭一边看着手机，甚至一边看电视还一边看着电脑……

现代人总是过得太匆忙！我要提醒大家，不要让“匆忙”偷走我们的生命。很多时候，我们往往在匆忙中做事情，只知道做过这件事了，但没有在做事情的刹那间觉知自己，这样的时间就是被匆忙偷走了。如果我们的时间一直被偷走，我们的生命也就被偷走了。放慢速度，让满天飞的心沉下来，在每一刹那保持着觉知，我们才是真正地活在当下。

这里我们要特别谈谈关于习惯的问题。很多时候，我们都说，教育就是培养习惯。但这句话只对了一半。

（二）认真是在做事情时打破一切习惯

认真的人，会发现熟能生巧的道理。

不认真的人，常常重复却视而不见。

真正的教育，是打破一切习惯，是不断地精益求精，是刹那刹那地觉知。做教育，一开始是培养良好的习惯，让好习惯影响孩子。但慢慢地，要学会打破习惯，因为习惯会使人们不够觉知，做事情不能精益求精。真正的教育，并非是培养习惯，而是要帮助大家打破一切习惯，不断地精益求精。

很多教育专家都说过：教育就是培养习惯。习惯会让人不知不觉地做事情，很多相对困难的事情，可以在不知不觉中就做好了。但同时我们也要看到，正是这种不知不觉，会让我们在做事情的时候墨守成规，不能创新，且不能自我觉知。培养好习惯是培养相对优秀的人的教育方法，但培养最优秀的人却要教育他们打破一些习惯。这就是真正的认真。

二、精进

认真能力就是在做事情的过程中可以精益求精。

认真需要在每个操作的当下保持觉知，并把每个操作做到更好，不断精进。

在我们基地的墙上有我们的核心理念：培养认真的能力，每次进步一点点。

教孩子认真，就是要帮助孩子在每一个当下做到专注，心态平和地面对一切要面对的事情，关注以前关注不到的细节，做到以前做不到的精细，而不是跟着习惯选择。

当我们把事情做到这样的时候，自己现有的能力就发挥到了极致，再往上就达到了自己能力的临界点。临界点是一个人能力的极限点，在此，你会开始觉得没把握，不踏实。突破了临界点，自己的水平就真正得到提高了。

在临界点上，如果有人对这件事情提出任何建议，如果这个建议对这件事情真的能够起到正向的促进作用，我们就会一下子发现自己本身的局限，发现自己能力的不足，并发现自己观察和分析问题的盲点，从而感到受益匪浅！

但人们往往不是这样，这个社会上，很少有人能每次尽力做事情做到临界点。如果他们的潜力是十分，他们往往做到六七分就不再努力了。这时候由于他们的能力没有发挥到极限，他们也就往往对于这件事情没有热情，没有更多的思考，这就阻碍了他们的前进。别人给他们提出建议的时候，他们不能够敏感地发现建议的意义，从而失去成长机会。而且，如果工作时不尽力，他们会做贼心虚，当有人提出建议的时候，他们往往不是考虑改进，而是首先考虑自己的面子，觉得对方不给自己面子，对方在吹毛求疵，从而对他人的建议表示反感或是出于礼貌地敷衍了事。

这就像锯东西的时候，锯必须达到木头缝隙的极限处，否则，你只是在来回徘徊不能取得进展。

做事情做不到临界点的人，尽管可能在一个位置上待很久，但他的能力会一直没有什么提高。他会有很多的经验，但他是平庸的。他素质本来就不高，又不尽力发挥自己的潜能，不提高自己的能力，这样的人就是那种尽管能顶些事情，但只是不求有功、但求无过的人。

我称这种人为“匠人”，生活中有很多匠人，如花匠、理发匠、教书匠、泥瓦匠等。我们看这个“匠”字，上下都是被框着的，只有中间可以活动，也就是匠人做不到突破。

如何提高学习效率？首先就是要成为干净的学习者。干净指的是清楚自己会什么、不会什么。只要会，一定在限定时间内做到满分。且须把临界点题目（看似会但不能得满分的）做到满分。真正高效的学习就是临界点的推移！每天努力学习但成绩不提高，就是因为不知道自己的临界点在哪儿！人生莫不如此！

每一次学习都要有一个深度问题，浅尝辄止无济于事。短时间的学习有一个不好的地方：学生做题目都是在从浅入深的，做相对较浅的题目不会提升自己，但一定会耽误时间。比如每天一个学生有两个小时做数学，往往一个半小时都用在做低于他的水平的题目上，用到真正提高自己水平上的时间不超过半个小时。这样的学习，效率当然不会高。

当我们在锯木头的时候，一开始要空拉几下，一直拉到那个临界点上。这时候再拉一下，甭管下移多少，只要往下走了，就在真正对锯木头起作用了。如果到不了那个临界点，你在那儿锯啊锯啊，也许锯了半天，但只要没到临界点，这个工作就是无效的。

所以说有很多学生，你看着他忙忙活活的，一会儿打开这本书，一会儿打开那本书，但每次的操作都没有真正走到自己学习的临界点上，所以他的学习效率都是不高的。

一个学生的学习如果总是停留在一个很浅的层面上，接触不到临界点，他就在一直做着无用功，成绩当然不会提高。

人的水平提高最好的方法就是在临界点上提高。最好的学习方法就是在临界点上学习。

临界点学习法中的临界点有两个方面。

一是学习内容上的临界点，也就是学生学习的时候一下子进入自己模模糊糊、没有把握，认为会却又做不好的地方，去解决这样的问题。这样的问题解决了，就是把自己能力的临界点向前推进了一块儿。内容上的临界点又有横向和纵向两个说法。横向，指的是在学习很多知识点的时候，一下子找到没有把握的知识点。纵向，指的是在学习一个知识点的时候，一下子找到这个知识点的自己没有把握的难度点。

二是学习时间上的临界点，也就是学生每次学习需要经过一定的时间才能进入比较好的学习状态，要尽快地进入临界点状态上去学习，并在临界点状态上保持长时间的学习，学习效果就真正提上去了。

在我们的“认真能力训练营”上，我们帮学生很快找到自己知识上的临界点，这时候，学生觉得题目似乎会做，但做出来会出现问题，就这些问题帮助学生彻底解决，学生很快就会发现学习蛮有意思的，觉得学习很有收获。只要老师会引导，不论孩子做什么方面的题目，都会得到很大的收获。当每次做题目都会有很大收获的时候，学习就会有兴趣了，所以很多学生会主动连续几个小时学习。一个题目学下来以后，他就会发现，与此相关的内容基本都会了。相关的练习题看一个会一个，学习自信心明显提升。这个工作的根本，就是培养认真的能力。如果没有认真的能力，一个题目去做两天，也没有人做得下去，更不用谈收获了。

收到这样的效果，关键就在于我们会帮助孩子尽快地进入临界点的状态来学习。进入临界点状态后，最有效的学习操作当然就是按照学会的三个标准来学习。这方面的内容后面会有详细的介绍。

三、精湛

认真的能力对于工作来说就是一次性把一件事情做到完美的能力。

一次性，就是在做好一件事情之前不再做别的事情，一次次地做到更好，把自己的缺点一点点地弥补，直到把这件事情做到最好。

完美，指的是如果这件事情有能力做出来，就要坚决做到一丝不苟，不出任何差错，而且要做到精益求精，不断改进，达到对结果要求的最高水平。

所谓能力，就是掌握和运用知识技能所需的个性心理特征，是努力运用各种条件取得预期效果的可能性。能力的培养不是一朝一夕的事情，需要培养者以巨大的恒心和毅力，不断练习和修正，逐渐形成一种稳定的分析问题、解决问题的能力。

认真的能力对于学生来说就是一次性把一个题目做到“学会”的能力。

对“学会”在后面会有专门的讲解，可以暂时把它理解为只要会做的题目就一定要得满分。

认真实在是做学问所不可或缺的能力，它不是一个人单单靠端正一下态度就可以得到的。认真的能力需要经过长期的努力才能获得。

认真就是做到顶峰，持续改进。因为只有持续改进，才可以达到远超过一般水平的精湛水平。

记得我刚刚开始写博客的时候，我把所有应该被一个研究机构称为秘密的学习技术都公开了。有人建议不要把那么多秘密的内容写出来，如果有竞争对手或不怀好意的人，只要好好研究我博客中公布的内容，就可以开出一个很好的教育机构来跟我们竞争。

我告诉他们，如果我们把这些内容不公布，作为秘密收藏起来，也许我们就很容易停留在这个水平上，如果我们公布出来，我们就超越了这个水平。

有很多家长可能因为各种原因，不能带孩子到我的教育基地来学习，公布我们的研究内容，会给这些家长带来帮助。理解这些技术，看出这些方法和操作的好处也许容易，但带着孩子做到就难了。试想一个题目做两三天，居然还能让不愿意努力学习的孩子也能乐此不疲，而且学会一个题目，就能掌握一章或一个知识点的内容，不用说孩子，就是成人又有几人能做得到？这种操作的难度，不是因为我隐藏了什么秘诀，而是要真正做到我公开的那些方法，关键是要有认真的能力和品质。不知道大家是否同意，世上难得见到真正认真的人！所以，我写出的数学学习十步法、语文学习十步法、英语学习十步法中，每次都强调，执行方法的根本在于认真的能力。认真的能力是一次性把一件事情做到顶峰的能力。我们在认真能力训练营里之所以可以很好地帮助孩子们快速提升学习成绩、自信心和学习兴趣，主要原因就在于我们在培养孩子认真的能力。在老师的帮助下，孩子们会发现，每做一个题目都有收获，每次都在发现并改掉他们的不良习惯，他们每做一个题目都觉得在成长，而且从来难以做到满分的自己居然可以对做题目有这么大的自信，居然可以轻松地做一个对一个，甚至自己可以编出一个非常有难度的题目，学习变得自信又很有趣！

公开我们的秘密，是不是损失很大呢？我发现恰恰相反，每次我把我们自认为最高明、最有效的内容公开的时候，我就发现我们已经在超越这个高度了。恰恰是在给予的同时，你会意外地得到更多。这正合了“舍得”的原理。当你义无反顾地舍弃的时候，你恰恰在轻松得到梦寐以求的东西。事实正是如此，在我们不断地公布我们的方法时，我们逐渐在学会的三个标准的基础上创造出了语数外的十步法，又在十步法的基础上创造出各种三步法。

卢梭曾经说过：“人生而自由，但无往而不在枷锁之中。”人们有时候觉得自己是自由的，但每做一个决定的时候，却往往受着各种因素的制约，最根本的一个制约就是愚蠢的制约。人们所拥有的，尤其是人们经过千辛万苦得到的，看似珍贵，但这些珍贵的东西，却恰恰给了你无限的制约。人们一直紧紧抓住的也许不过是枷锁，人们能够给出的，能够放下的，也不过是枷锁。

只要你还沾沾自喜于所拥有的，你就是贫穷的。这就是为什么在2500年前，那位乔达摩·悉达多王子会放弃世人所梦寐以求的那些财富、美女、权力甚至整个王国，而去修道，他放弃的是世间的束缚，获得的是无上的自由，终于获得无上的智慧和自在，成为释迦牟尼佛。

《景德传灯录》第十卷介绍湖南长沙景岑禅师时，提到禅师的一首偈子："百丈竿头不动人，虽然得入未为真。百尺竿头须进步，十方世界是全身。"与大家共赏。

平等思维主要研究两个层次：认真和智慧。认真做到极处就是智慧。认真是体味并回归人本来的清净和智慧的天性，认真的本质是智慧。认真除了让人过程专注，结果最优，持续改进之外，还可以让人心平气和地面对一切。制心一处，无事不办。认真的人可以看到最真切的世界，悟到最直接的规律，这时候认真就上升为智慧。

第三节

怎样培养认真的能力

一般认为，认真是一种态度。态度是什么意思？我们中国有一句话叫端正态度，什么叫端正态度？大家坐直一点，眼睛瞪大一点，坐直了瞪眼了就认真了？像我们小时候老师就是这样，考试的时候老师会跟学生说："咱们这一次是全区统考，各位同学一定要认真考！"那时候我们正在准备考试，一听老师这么说，赶紧瞪着眼睛挺直了腰，但没挺了几分钟，就受不了了，就泄气了，接下来该什么样，还是什么样。上一回是3×3=6了，这回不会犯这样的错误了，但3+3=9了，总会犯类似的错误。有位家长说自己的女儿小学的时候，有一次考试，题目都会做，但粗心扣了 24 分，而且其中有一个相同的计算错了两遍！这就是不认真的毛病，并且屡教不改。

为什么会屡教不改？就在于把认真当作态度，我们常说要端正态度。要解决态度问题，端正一下就行，态度是一个小毛病。但认真不是态度。因为，如果一个人没有经过训练，平时就不认真，考试的时候端正了态度也认真不起来，因为他不能认真，或者说他的认真能力处于浮躁的水平上。

1957 年 11 月 17 日，毛主席在莫斯科大学，面对数千名中国留苏学生和实习生，提出了“世界上怕就怕认真二字，共产党就最讲认真”的名言。但到底怎么认真起来？毛主席没讲。我们今天要补上这一课。

如果把认真当成态度，我们就容易忽视它，就很难真正解决不认真的问题；如果把认真当成需要长期培养的能力，引起我们足够的重视，问题就好办了。所以我提出一个说法，叫作培养孩子的认真能力。认真是一种能力，而不是态度。能力问题要怎么解决？需要长期培养。

如何培养认真能力呢？

总的来说，就是从生活中每项细小的工作开始，每次专心致志，并做到最好。

一、培养认真能力的两个方面

具体来说，培养认真能力分两方面：一是摄心方面；二是做事方面。

（一）摄心方面

我们每个人都有一块心田，如果我们种下的是清净、平和、智慧的种子，就会长出清净、平和、智慧的果实。觉知自己每一个当下的起心动念，觉知自己的每一个言行举止，在觉知中生活，就是在自己心田种下清净、平和、智慧的种子。

每当我们做一件事情时，全身心地投入这件事情中来。我这里不是指那种大的事业，而是一些很平常的事情。比如，我们吃饭的时候，全心地吃饭；喝水的时候，全心地喝水；走路的时候，全心地走路……

这样做，一是要慢下来，二是要保证专注。

就如同正在旋转的风扇，我们想看清楚风扇的样子是不可能的，我们只能看到虚虚的一团。但当风扇慢下来，我们就可以从容地看清楚风扇本来的样子，它的样子并不是一团，而是三个叶片！如果不是慢下来我们根本无法知道。

不能做到专注，一方面是因为人们常常受到外界因素的影响。比如在孩子听课的时候，容易受到周围同学小动作的影响，在家里做作业的时候，容易受到客厅电视、客人来访等的影响。另一方面，不能做到专注，是因为人们自身会产生烦躁的感觉。比如人们不习惯于长时间地专注在某一件事情上。比如等人，我们总会认为等待的时候如果不做些什么，会是在浪费时间。但我们往往会忽视一点，那就是——保持心的平和和沉静，比做很多事情更有意义。

（二）做事方面

在做事方面培养认真的能力可以分五个步骤。

1. 明确目标

我要做的事情目标到底是什么？很多时候人们并未明确认识到自己的目标。

案　例　中考前孩子老说“考不上不如死了”怎么办？

有位家长一直跟孩子沟通不好，孩子学习也一直不好，到中考前，孩子学习已经跟不上学校的课程了。这时候，因为中考前孩子根本不学习，家长就不断地骂孩子，说孩子没出息，甚至有时候气急了，会说去死吧。

据学校的老师反映，孩子在课堂上不能配合老师，跟同学说话，闲话扯不完，总是抱怨父母如何打骂他，以及过去学校的老师、同学如何嘲笑他、辱骂他，课下作业有时几天都不碰，个别科目偶尔写点；时不时在教室里干号，跟老师不停地说考不考就那样，说考不上不如死了算了。

离中考还有十几天的时候，家长遇到我，问我：怎么帮孩子考上好的高中？

我跟家长说，对这个孩子，在现在的情况下，我们的目标不是考虑帮孩子考上什么高中，而是先帮孩子平和地把中考度过。让孩子平和地生活，这才是真正的目标。在孩子表现不好的时候，家长常常会逼孩子，但一旦出现严重的后果，又会后悔。然而没有人卖给你后悔药！

2. 确定达到目标的标准

达到目标的标准有哪几条？心里明确吗？如果不明确，就很难真的做好。比如，什么叫学好？学好的标准是什么？

比如，很多家长都在教育孩子，都知道要帮孩子成为人才，但人才的标准是什么？具备哪些条件就是我们理想的人才？当我们不能全部具备这些条件的时候，要舍去什么条件？

3. 拿出操作步骤

拿出操作步骤即确定做什么才能一定达到所要求的标准。

记住，我们要的是“一定”，而不是“可能”。如果不是“一定”，我们就在做一种不确定的事情，也许就是在碰运气。比如，为了达到我们的学会的三个标准，我们针对数学题目拿出了数学学习十步法，针对英语的学习拿出了英语学习十步法，针对语文的学习拿出了语文学习十步法，实验效果非常好，这本身就是认真。

案例 | 从此告别“差一点”

清澈明亮的眼睛，弯弯的柳眉，那双总是眯眯笑的眼睛给人一种亲切感。这就是招人喜爱的可意同学。可意同学来自苏州，她活泼开朗，喜欢微笑，无论走到哪里都给人带来欢声笑语，和老师们、同学们的关系都很好，非常有人缘儿。

开朗、活泼的“萌妹子”可意同学，2014 年的第 91 期认真能力训练营是她第三次来基地学习了。可意同学当时读初三，在学习上她很积极、认真，只是主动性偏弱些。但是只要给她布置了任务，无论花多长时间，她都会努力去完成。老师给她的评价是执行度很高。

郭志翔老师带着可意同学重点操作了“作业检查三步法”和“定义、定理理解三步法”。

因为是老学员了，可意同学对于“十步法”和各种“三步法”比较熟悉，但是这种“熟悉感”导致可意同学操作这些方法的时候不够细心，有时候没能严格操作到位。

有一次可意同学做完一道题，郭老师让她再好好检查一下。可意同学看了一遍说："没问题了。"郭老师便问："你是怎么检查的呢？"可意同学说："我就看了这几个式子啊、计算啊都没有问题了。"

这个时候郭老师说道："好，咱们看一下。首先，作业检查三步法的第一步，你要读，一个字一个字地去读，一个公式一个公式地去对应。包括里边的计算有没有出错，前因后果、对应关系有没有对应上，由上一个式子到下一个式子之间的严格关系，你能不能给我讲明白呢？有没有写出来呢？有没有出现跳步呢？"这样分析完，可意同学才发现自己的问题"原来我每次认为自己做对的题目，都会在最后出点儿差错。"

可意同学在学习中有过这样的现象，她自认为对很多定义、定理掌握得都不错了，所以她在做题的时候碰到一个题目，一看觉得考点很清晰，就会按照自己的思路去想。但是通常会这想一点、那想一点，导致她在真正做题的时候没有一个很正确、严格的方法去操作。

郭老师带着她用"审题三步法"去一步一步地审题，把条件全审出来，然后根据条件去找条件和问题之间的关系。这样一步步操作下去，可意同学在做题的时候就会有一个很明确的思路，这样操作到位她才能够真正地突破自己，持续进步。

可意同学在总结中这样写道：

"这次是我第三次来到基地学习，以前两次都没有操作过'作业检查三步法'，这次小郭（郭志翔老师）带我操作了'作业检查三步法'，虽然我能操作下去这个方法，但是并没有太顺利，所以我应该回去继续操作好这个方法。

"一开始，我到基地做了题，做错了，是因为我没有用'作业检查三步法'去检查题目，之后我用'错误解决三步法'去写了错误的原因和解决方案，并进行了重做。重做对我的影响很大，让我知道第二遍不能再错，也让我认识到了我错误的原因。

"作为一名基地的老学员，我会严格要求自己操作这些方法，为新学员做好榜样。相信我，加油！"

可意同学确实是一个说到做到的好姑娘，每次学到什么方法她都能贯彻下去，并且在每一个科目中的体现都很好，所以说她后面的进步是肯定的了。相信在可意同学和基地老师的共同努力之下，可意在学习上会取得更大的进展！

在可意同学甜甜的笑脸后面，我们看到了一位温婉、平和、安然的妈妈——可意妈妈。

以下是可意妈妈的分享：

“我是第二次来训练营，托孩子的福。我看到孩子每次来基地之后认真能力在不断提升，自信心也不断提升，孩子越来越安心了，我也越来越安心。

“这次来，我真的是自己来学习的，所以这次家长课感想我打算像孩子一样，把自己的成绩汇报一下。

“第一个，我觉得我这次来更明确了因果关系，知道了‘认账’其实是大智慧。我们平常烦恼的都是结果，我觉得过去我对这些结果的烦恼真的是很愚蠢的，智慧的方法是去接纳它。

“我们其实是没有时间去烦恼的，因为要把过去用来烦恼的时间专心做正因，才能得到我们期望的那个好的结果。

“第二个，这次来特别对‘安心’两个字有了更进一步的理解。我们过去都知道要把心安于当下，说说好像很简单，但是真正能安下来却太难做到了，这一次来我听唐老师讲经就知道了，烦恼来源于我们的贪、嗔、痴。我弄懂了贪、嗔、痴各是什么意思，我也知道了在日常生活中要主动去觉知自己的动心起念，搞清楚究竟是源于贪、嗔、痴的哪一种。我也通过自己的一些小小的体验知道了，一旦看清楚了烦恼的来源，这个烦恼其实就没有了。烦恼没了自己就自在了，自己自在就不会给孩子和家人找茬了。

“第三个，就是我对‘小人自我’这个概念也更加明确了，唐老师说被小人控制的人是‘穷人’，所以我就知道了，原来我那么努力、那么期盼着来基地学习，是‘脱贫致富’来了。对他人要宽容，因为他人有‘小人’是特别正常的，我不仅要宽容而且还要去敌这样的‘小人’。我想我以后一定要好好地做到这一点，做一个会藏污纳垢的妈妈和妻子。

“另外，关于修佛也得到了唐老师的一些点拨，自己也去主动学习了打坐，并且决定开始坚持。

“总的说来这七天我觉得自己的心更加清静了。

“我还特别要感谢老赵老师，我跟您做了简短的沟通以后，觉得您就像一座大山一样，让我感觉特别踏实。我要把这种清静和踏实一直保持下去，带到自己离开基地之后的生活中去。在唐老师等大善知识身边先好好地滋养自己，然后去滋养身边的人。特别感谢基地的所有老师，给孩子灌输了这么多正能量，让她得到了对自己的一种很美好的价值认可。

“最后，最感谢我们家可意，没有你，就没有我现在的学习和进步。所以，谢谢可意！”

我们祝福可意一家越来越幸福、越来越美满！

4. 用简单有效的操作方法达到所要求的标准

要达到规定的标准，还有更简单、更有效的操作方法吗？怎样一次操作就一定能达到标准呢？

案 例 | 如何帮孩子解决做作业慢的问题？

我们来分析一位学员家长的总结。

① 问题是什么

孩子写作业慢一直是我非常头疼的一件事，已经很多年了，也曾试过很多很多的方法，但是效果都不理想。例如，以前也想到答应孩子只要作业完成，10点之前都可以玩电脑，孩子很喜欢玩一会儿。刚开始的时候，孩子也很努力去尽早完成作业，现在想想这么多年过去了，她也就玩过屈指可数的几次。努力几次过后仍然没能在10点前完成作业，慢慢地就对自己没有信心了，觉得周一到周五晚上玩电脑已经成为不可能，写作业自然就没有动力了。

唐老师点评

单靠奖励来调动孩子的积极性，会有两种情况：一是孩子很容易做到，这时候的奖励无效；二是如果孩子很难做到，这时候奖励便会成为镜中花、水中月，这种奖励依然无效。

如果孩子没有能力做到家长提出的要求，就要帮助孩子提升解决问题的能力，而不是单纯地鼓励或奖励。

② 提升孩子的学习能力

从基地学习回来刚开学的一个月，孩子作业完成的质量与速度都比以前要好和快，但是学校的活动也很多，孩子虽然很累，但是刚开学孩子还处于兴奋中，一周中也能在晚上玩 1 ～ 2 次电脑。我开始时心中还在窃喜：北京之行真的让孩子变化很大！

随着课本知识的深入和量的加大，发现孩子数学作业本上的错误开始出现，紧接着又发现作业中不会的题目也渐渐多了起来，只要我会的题目我就尽可能和颜悦色地给孩子讲解，但是当我看到孩子怎么都不明白时，还是会不自主地把音调拔高。当我意识到了以后，我就马上停止讲解（唐老师讲的：一旦发现自己情绪化时，马上停止交流），告诉孩子，我再想想有没有更好的方法，让孩子先做别的作业。碰到自己也不会的题目就告诉孩子先不做，明天上课的时候仔细听，回家后给妈妈也讲讲等。离开孩子的房间就想：孩子是不是上课没有认真听，怎么书本上的知识都感觉没有理解？想到这儿就拨打了孩子老师的电话，才知道：老师暑假去内地学习了，这次开学后一改以前填鸭式的授课方式，让孩子们自己看书，自己学，同学上讲台讲解……我一下子意识到（自己的孩子自己了解，她理解能力本来就不是特别好，因为没有训练过）孩子一定是不能适应这样的授课方式，可能书上的很多基础知识都没有理解透。第二天我就给基地孟老师联系，说明情况，和孩子商量后，及时开了网络视频的模块课。

之后，在基地孟老师的帮助下，孩子的信心在一点一点地找回。解决了孩子作业中不会、不懂的问题，却发现孩子还是每天要写作业写到 11 点多，有时甚至到 12 点。

唐老师点评

拿出具体措施，帮孩子提高学习能力，以胜任其学习。

这时候，孩子做作业慢的问题，依然存在，原因何在？

③ 观察原因

我有意无意地观察了几次，发现孩子在写作业中有时会做小动作，有时思想开小差很严重，而且拖拖拉拉，都要等到快 9 点半时才开始认真写作业。

唐老师点评

如果孩子没有能力做好作业，我们只是去批评孩子不认真，做作业时容易走神，是没有用的，只有解决了学习能力问题之后，才轮到态度问题。

④ 针对孩子喜欢的给予奖励

告知孩子我观察到的情况后，孩子也认可。

孩子马上保证说：以后不会了。

我就说：妈妈明天开始陪你写作业，我不打扰你，在你房间里看书，监督你，行吗？

孩子说：要是我开小差了，你提醒我，不能说我！

我说：好，我怎么提醒你呀？

孩子说：你举手，你一举手我就知道了，如果不知道，你再提醒我！

我说：好，这样省出的时间说不定你又可以有时间玩电脑了！

孩子吃惊地说：真的吗？那太好了！

就这样，到第三天，孩子的作业速度已经明显提升，到第二周，孩子基本上已经都能在 10 点之前完成作业了。甚至有两次竟然在 8 点半就完成了。

唐老师点评

家长提出了一个孩子容易做到的操作，并且给予了一般家长不可能给的奖励，所以，孩子会“吃惊”。效果也很好。

⑤ 进一步改进

之前，我给孩子规定，10 点玩完电脑再去做数学十步法学习包的练习和英语十步法前五步的练习。有一次玩完游戏后，孩子太累了，以至于实在太瞌睡，没有做数学和英语的练习。第二天还要补上，我就建议孩子说：“要不，你还是在作业写完后把每天要做的数学和英语练习也写完，然后再玩电脑，玩电脑可以延长到10点半，10点半必须睡觉！”孩子刚开始没有同意，我就没有坚持。第三天，孩子主动说还是先写完再玩电脑，还说妈妈你要说话算话！就这样，孩子的作业速度有了大幅度提高，而且在不断地有所突破！

我虽然不能坚持每天坐在孩子房间，偶尔去看看，发现她还会有小动作，不过她会立即意识到，并且积极去改善。想想自己也会反反复复，心情也有起起伏伏，何况一个孩子！我现在正在做的是，在孩子需要的时候能保证一定的去孩子房间的时间，直到她能养成好的独立、高效写作业的习惯！

唐老师点评

家长在给孩子增加砝码时，不要着急，要学会以退为进。

这就像唐朝布袋和尚的禅诗所写：手把青秧插满田，低头便见水中天。六根清净方为道，退步原来是向前。

5. 反思并改进

分析自己每次做事情的情况，看是否发挥出了自己现有的最高水平。如果没有，必须重新操作，直到一次性做到自己能力的顶峰为止。记住，可以不会做，但会做就一定要做到最好。

认真是卓越的根本。你能每一次把事情做好，这就是非常卓越的，在这个世上这样的人很少见到。卓越其实很简单，就是你说做到一定做到，并且只要能做到的事情就一定做到最好。认真会让一个人很快成为集体中的拔尖人才，而且会使其不断地提升自己的能力，达成对自己的一次又一次的突破。

培养自己认真的能力，每次进步一点点，每次做到最好，在最好的基础上不断提高，这样就会成为任何圈子中最优秀的人。

我们来看一个帮助小学生培养认真能力的案例。

案例 | 错了重做——如何帮小学生培养认真的能力

在最近的老学员反馈中，我们看到了这样一条内容。

孩子的进步之处有两方面。

生活方面：从“五一”开始会擦地，如果擦得不干净，提出来会重擦。

学习方面：做作业前，先把学习的内容复习一遍再做，也会检查；做错了或书写不好，会重新抄，有一次英语作业抄了三遍才完全抄对。

写来反馈的是小廷同学的妈妈，能够这么好地执行基地学习方法，大家可能想不到，这个孩子今年刚刚八岁，还只是一个三年级的小姑娘。

在两年前，小廷妈妈带着高一的大女儿熊星，参加了基地的“学会”小班课程，熊星在学习上取得了很大的进步，妈妈进步也非常大（见我的博客文章：《让家成为孩子心灵的港湾》）。两年后，小廷妈妈又为小不点小廷，报名参加了基地清明节期间的“学会”小班以及网络模块课程学习英语，希望能帮助小廷在学习以及生活方面，看问题更深入些，做事更有条理、有效率。

小廷现在就读于深圳市外国语附小东海分校。她活泼、开朗，有爱心，喜欢思考，口语好，还喜欢给大家讲英文故事。不过在单词拼写和语法部分，存在一些问题，同时，小廷活泼好动，上课时坐不住，经常是上一会儿课，就需要休息一下。

为了帮助小廷沉下心来，老师带着她严格按照“英语十步法”操作，和她一起分析出错的原因，是单词拼写问题、单词意思记错了，还是时态错误……一步一步地把错误原因细化分析并改正。小廷的整体状态也变得踏实了许多，从原来的坐不住变得能坐住了。在回去后的单元测验中，她的英语考了94分，自己非常开心。

小廷的进步离不开妈妈的帮助。小廷妈妈除了帮助小廷执行基地的学习方法外，自己也积极努力地学习。为了给小廷树立好的榜样，小廷妈妈在学古筝过程中，自己以前也存在不愿意练的情况，现在每天都能坚持练习，并且每天都会看唐老师博客或听平等思维上课的录音进行学习。偶尔控制不好起情绪后，都会及时地去看唐老师的博客，自我反思，让自己尽快冷静下来。

小廷的进步也得到了学校老师的认可，前段时间的平等思维沟通心法课上，小廷妈妈说：“今天老师打电话，说孩子这段时间上课很认真，举手也很积极，也在班上表扬了她。老师说的全是孩子的优点。”

相信小廷和妈妈继续努力，一定会取得更大的进步！

二、培养认真能力的课程化操作

培养认真能力，有两类课程化的操作。

（一）通过活动提高认真能力

认真能力可以体现在方方面面，当然也可以通过方方面面的渠道来培养认真能力。比如，通过写字、读书、听写、手工、游戏、思维训练等方式训练孩子的认真能力。

案　例 | 如何帮孩子开心地认真做事？

有家长问

唐老师，孩子爸爸很爱孩子，但给孩子制定很多标准，以手机游戏威胁孩子听他的安排，写毛笔字、读古诗。学习这些我也都认可，但看到孩子是在这种被压迫的心情下学习，因为有情绪，孩子就是应付了事，反而没有让孩子形成认真做事的能力。我该怎样帮助孩子呢？

唐老师解答

接纳孩子，跟孩子聊，说：如果有人逼着我学习，我也烦。但是如果非要学习不可，那我们是认真学习好，还是敷衍不认真学习好？

如果不认真学习，一是爸爸看到又会生气。你觉得他生气，我们会开心吗？二是花了时间，也耽误了功夫，如果我们把事情做好，把毛笔字写好，多了一个特长，反倒开心。而如果毛笔字没写好，又耽误了功夫，多么可惜！

你说，在你非要学不可的情况下，是开心、认真地学，还是不开心、不认真地学？怎么做好呢？

（二）通过学习提高认真能力

这就是我们的认真能力训练营所采用的方法。在训练营里，我们帮助孩子操作数学、外语、语文的十步法，也带着孩子操作各种三步法。

案例 感谢老师让我开心地重做4遍题，让我多得了4分！

基地的学习方法公布以来，很多家长朋友都希望能带着孩子执行下去，但是谈到“只要有错，一定无条件重做”，家长们就会有疑虑：平时该做的作业都懒得写，还要让他重做，怎么可能啊！

而在基地的认真能力训练课程中，老师们一直都在帮孩子们执行着“只要有错，一定重做”。正像我们标题中说的——“感谢老师让我开心地重做 4 遍题，让我多得了 4 分！”，孩子们不但做得很开心，而且也非常清楚：重做，就是在帮他们一点点捡回丢掉的分数；重做，让他们受益无穷。

“感谢老师让我开心地重做 4 遍题，让我多得了 4 分！”是来自广东的高一女孩琪琪在 6 月的“学会”小班总结会上讲的。琪琪同学活泼、开朗，理解能力强，也很聪明。升入高中后，成绩大幅下降，原本在初三时候热爱的理科，也变得令她一看到就头大，学习变得漫无目标。她曾对基地老师说：“老师，你知道吗？我在学校的时候，上课等着下课，下课等着放学，放学等着放假。”

琪琪妈妈因为孩子的学习问题，自己也很懊恼。妈妈在对孩子的期望中写道：“我非常爱我的孩子，她学习成这样，我真的想死的心都有了，可是我能力有限，只能求助于你们。”

基地老师帮助琪琪同学一遍遍开心地重做，一步步深入地学习，一点点体悟到学习的乐趣。我们来看一下琪琪同学写下的学习感想：

“两天前，我轻轻地来了；两天后的今天我要轻轻地走了。

“我不贪心，我就带走了一朵载着几何题的云彩。

“我会好好保留这朵云彩，不让丁老师两天的劳动白费。在这里，我学会了耐心和认真，无论你是否真的会做或是不会做，都应该耐心地去探索，认真地去思考。只要你摸索到了一个问题，你的脑袋就会被着火的导火线炸开，你‘哦’地一声恍然大悟。但这个开始是痛苦的。我感到很惭愧，老师让我做书上的例题，我粗略地瞄了一眼题目，我知道我不会。但是，丁老师没有对着我喷口水说：‘你怎么连例题都不会，你怎么学的？’而是亲切地说：‘不会做就把答案抄一遍吧，边抄边想是怎么做的。’那道例题我做了4遍，看着每一页红色（错误）的减少，我还是很开心的。但我希望下次遇到这类题的时候我能一次就做出来。我感谢丁老师让我开心地做了4遍题，让我多得了4分！

“最后祝所有基地的女老师美丽动人，男老师英俊潇洒！”

下面是琪琪同学的学习感想原文。

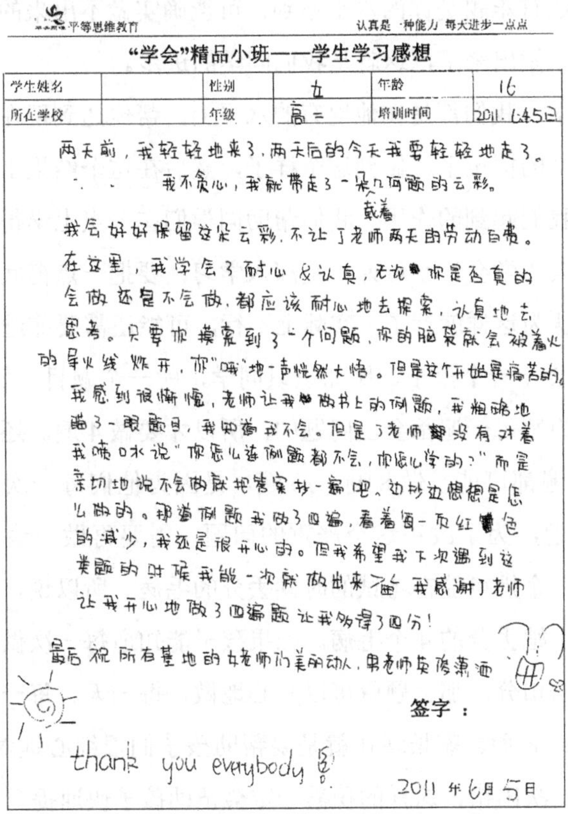

平等思维教育　　认真是一种能力 每天进步一点点

“学会”精品小班——学生学习感想

学生姓名		性别	女	年龄	16
所在学校		年级	高二	培训时间	2011.6.4.5日

两天前，我轻轻地来了，两天后的今天我要轻轻地走了。

我不贪心，我就带走了一朵载着几何题的云彩。

我会好好保留这朵云彩，不让丁老师两天的劳动白费。

在这里，我学会了耐心及认真，无论你是否真的会做还是不会做，都应该耐心地去探索，认真地去思考。只要你摸索到了一个问题，你的脑袋就会被着火的导火线炸开，你"哦"地一声恍然大悟。但是这个开始是痛苦的。我感到很惭愧，老师让我做书上的例题，我粗略地瞄了一眼题目，我知道我不会。但是丁老师没有对着我喷口水说"你怎么连例题都不会，你怎么学的？"而是亲切地说不会做就把答案抄一遍吧、边抄边想想是怎么做的。那道例题我做了四遍，看着每一页红色的减少，我还是很开心的。但我希望我下次遇到这类题的时候我能一次就做出来了。我感谢丁老师让我开心地做了四遍题让我多得了四分！

最后祝所有基地的女老师们美丽动人，男老师英俊潇洒

签字：

thank you everybody

2011年6月5日

资料来源：唐曾磊老师博客 http//tangzenglei.qzone.qq.com

如果学习特别累，特别困难，学习就会是一件很烦人的事；如果做一个题目没有收获，做一个题目就会成为一个障碍，做完以后就会很烦，不想继续下去。

相反，如果做一个题目会有收获，以前无从下手的题目，现在知道怎么下手了，这个收获就会促使学生愿意继续做下去。

很多学生是一看题目，不知道难不难，只要数字很多、字数很多，就觉得这肯定是难题，连看也不要看了。实际上这个题目也许很简单，但很多学生往往是一看就烦，这就是人的浮躁。如果消除了这个浮躁，接下来孩子的表现就是这个题目我总能看下去，看下去了，接下来怎么办？按照十步法，列条件、做题、检查……这样做下去了，你就会发现，做一个题目总能入手。

以前是看到一个题目，想入手也不知道怎么入手，读都读不下去；现在是读得下去，可以入手做，可以去琢磨琢磨。琢磨琢磨后发现，原来很多的题目，没有那么难。当然还有难题是你的水平不到，可能确实做不出来的。但是，有一部分，你是已经可以做出来了，这就是我们同学的进步。

对每一位同学，我们都是在他现有的水平上，帮他达到现在的最好表现。现在就是在能力顶峰的情况下，做到这个样子，然后在这个结果上，我们再帮他突破一些，这就是我们起到的作用。我们帮助同学们在一点上学得更加透彻，一点打透。我们的两天“学会”小班课，是深入学习，要把一点彻底学会。学到一定程度，大家往往认为这样就行了，实际上不行，可能还需要前进好几步。

所以说我们会让一个孩子，比如琪琪同学，就一个题目，她自己要做 4 遍。这个 4 遍，是因为她每一遍都会出问题的，所以才要做 4 遍。还有很多同学，一次要做 8 遍、10 遍都可能。做 8 遍、10 遍，是因为他们每一次都会在题目里面出一个严重的问题，为了改正这个严重的问题，需要再做一遍。实际上每做一遍，都是要改掉一个她可能在考试的时候丢分的毛病。所以说，做了 4 遍，可以多得 4 分，改掉了她丢分的 4 个毛病。如果孩子能知道每一次做题目，每一次重做都在减少自己的扣分，那么题就可以开心地做，每一天、每一次的作业都可以这么做。所以说，老师、家长现在就是要帮助孩子们很细心地对待每一个题目，很认真地对待每一次出错，这样的积累一定会帮助孩子快速提升。

第四节

得高分的法宝：学会的三个标准

很明显，学习的目标就是把知识学会。

学会是我们的目标，关于学会有两个基本的问题：什么是学会？学会的标准是什么？

怎么能在考试的时候准确地考出结果？怎么能在工作生活中很快学会并且发挥出自己最高的水平？这些问题看似不那么重要，但跟着我一点点分析完了，你就知道这个问题是如此重要，以至于我们可以说，只要明白了上面的问题并能够依照来实行的话，每个孩子，只要他不是天生的大脑有问题，都可以进入清华、北大这样的大学。

如果学习到什么程度没有个标准，那么，所有的学习我们不知道什么时候是学会了。如果不知道什么时候学会，就会由于不知道是不是学会了，要么浪费很多时间不断重复已经学会的知识，要么没有学会就停止了。

在学习的时候没有一个检验指标，就不能指导学习过程，使学习过程科学化。

问题不明确就会走很多冤枉路，这种事情非常普遍。

人们在处理问题的时候，很多时候自以为明确问题是什么了，但事实上并不清楚问题到底是什么。这种情况非常普遍，而且不只是知识不足的人，很多世界著名的研究人士也会犯这种错误。

20世纪50年代，全世界都在研究制造晶体管的原料——锗，几乎所有的研究者都在做一个研究过程中必不可少的步骤：如何将锗提炼得更纯。

日本新力公司的江崎博士和助手黑田百合子也在不断进行探索，但每次试验都难免会混进一些物质，而且到了一定阶段后，每次测量都显示出在一定范围内的无规则的数据。显然他们的研究已经进入了一个死胡同。

后来在一次讨论中，他们重新考虑了这个研究的问题：我们到底要研究什么？

经过反思，他们认识到他们原先对问题的定位不够准确，他们把问题局限在如何将锗提炼得更纯这一点上，但真正的问题是让锗在晶体管中起到应有的作用，制造出更好的晶体管。

问题一旦明确了，他们的工作就容易进行了。他们去掉原来的前提，而另辟新途，既然提纯很难，那么可不可以添加一些杂质来达到目的？

于是他们有意地一点一点地添加杂质，研究晶体管随着杂质的增加性能发生的变化，终于他们发现：在将锗的纯度降到原来的一半时，晶体管的性能最理想。

这项发明一举轰动世界，江崎博士和黑田百合子分别获得诺贝尔奖与民间诺贝尔奖。

人们在遇到问题的时候，往往不自觉地想赶紧往前走，赶紧找出答案，但经常忽略问题本身。我们应该从界定问题开始，首先搞清楚“问题到底是什么”。

我们常常要学会知识，但从来没有弄清楚什么是学会，往往把学会当成学习者的感觉来通过询问得到答案，但学习者的感觉从来都不能被当成对学习是否学会进行检验的标准。

所以，我们要拿出相对客观的学会的标准。

根据这个想法，我提出了学会一个题目的标准。

一、得满分

人们在制定目标的时候往往会不敢明确，因为他们希望给自己留有余地，希望到最后完不成目标的时候可以找到借口，不让自己太难受，因此，很多人习惯于把目标定得模模糊糊，而且标准也是尽量低一点。

这里，我们提出的学会的标准就是得满分。如果一个题目 10 分，那么得满分就是 10 分。只有得 10 分才叫学会了，否则，得 9 分、8 分，都叫作不会！怎么办？继续学习！重新做！直到 10 分才能停止。

只要学生没有得满分，就要重新做。

把一个题目学到得满分并不是一件容易的事情，得满分含有以下三层意思：

（一）前因后果绝对不能错

题目中有的前后两步骤之间是因果关系，有的不是。凡是有因果关系的，要考虑第一步是不是一定可以推出第二步。

什么条件下可以推出来，什么条件下推不出来？

因果关系中先因后果，次序是否有错？

题目的整体思路为什么是这样的？

除了这种思路，还可以有什么样的思路？

为什么要选择这样一条思路？

第一步为什么要这么做？

不这么做行吗？

最规范的做法应该是什么样的？

画辅助线的说法有没有问题？是不是标准的说法？

每一步骤与后一步骤之间是什么关系？

这一步是不是必然推出下一步？

这一步还可以推出什么结果？

因为有什么条件才能推出下一步？条件明确了吗？

这一步用了什么概念、公式、定理？还是自己觉得想当然就写出来了？

每一个概念我是不是完全掌握了？

这个概念中的关键词语我都很清楚了吗？

公式的前提条件是什么？这个题目符合公式的前提吗？

所用定理的前提条件是什么？这个题目符合定理的前提吗？

定理中的每一个关键概念是不是清楚的？

题目做完了，有没有发现比较容易出错的地方？

有没有什么地方比较啰唆？

什么样的答案既简练又准确？

……

把上面的问题都想明白了，这个题目从道理上来讲就基本掌握好了。

（二）采分点一个都不能少

每个大题都会有几个关键步骤，这些关键步骤都分别承担了一些分数，只要某一关键步骤出现错误，就一定要扣分，不论其他部分做得是否正确。所以关键步骤也叫采分点。很多同学在考试的时候，答案写了好多，但得不了几分，原因就在于写了半天没把采分点写出来。

当我们把题目理解透了的时候，看到一个题目，就需要明白以下问题：

这个题目在考什么？

什么地方是真正的考点？

出题老师的意图是什么？

根据这个考点，答题的时候需要注意什么问题？

什么地方应该作为答题的重点？

采分点在哪几步？

……

（三）解题格式字符不能错

很多时候，一个人在做一件事情的时候，他总会想着赶紧把这件事情做完，再赶去做另外的事情。这就是典型的浮躁。

人们总是不能停留在当下，不能在做一件事情的时候全身心地投入当前的事情之中。几乎每件事情都是如此。

所以，人们总是活得不真实，总是没有在生活，而是在奔波，在急匆匆地往前走。走到前面去干什么呢？其实没有干什么，就是再往前走，一直没有意义地往前走！

问题是人们错过了当下，他们做的每一件事情几乎都不够完美，他们不能享受现在的时光，他们的心不是在追忆从前，就是在畅想未来，唯独没有现在。

在这种心理支配下，人们总是想着赶紧做完手头的工作，在着急着做完的时候，就会出现很多不应该出现的错误，更不能逐渐改善走向最好。

一个有智慧的人是一个活在当下的人，也就是说，他有活在此时此地，而不活在其他时空的能力，他会全身心地做手头上的这件事。

所以，只要没有完全正确，哪怕错一个字都要全部重做！

这是体罚吗？

不是，我们这么做的目的是给学生一种刺激，让学生形成一种认识：只要我会做，不可以做错，因为做错了就会扣分。明明会做的，考试还要扣分，冤不冤枉？所以，只要会做，一定做到满分，没有得满分，就一定要重做。平时重做，也许是一件很讨厌的事情。但考试的时候会做的题目扣分，就不是讨厌的事情，而是恶心的事情了！另外也要提醒学生，与其匆匆忙忙地做错了重做，还不如稍微慢一点，只要会做的全部做对呢。

当学生们有了这种心理状态的时候，他们就踏实多了。他们就会安安稳稳地坐下来，不急不慌地把题目仔仔细细地做完，并在上交前认认真真地检查好，争取不出现任何错误。

有人可能会不满意：只错了一个字就让学生重做，会不会太耽误时间了？

我们要强调的是：既然这个题目会做，为什么要错一个字？为什么不一次性做到满分？尤其要提醒的是：为什么没有在上交之前把这个错字自己检查出来？

所以，在这里，只要做错了，就要重做。

什么是做错？

不得满分就是做错！

一般第一次用这种方法训练的同学，从不会到一次性做到满分，需要重复至少 5 次。有的同学甚至需要做十几次、几十次才能真正把一个题目做到满分。因为他从来没有这么真正学会过一个题目。

北京蓝靛厂中学有一位同学名字叫贾伯松，他第一次来我们基地补习课程的时候，上完两个小时就来投诉我的老师，说老师耽误时间，两个小时时间，居然连一个问题还没有讲完。我问他："你能够做到满分吗？"他不好意思地说："尽管我还做不到满分，但是我可以回家做啊！"我马上接口："如果你能够回家好好做，今天就不用来我们这里补习了！"

学生在我们这里学习的时候，老师们会根据学生做题的情况，提出不同的问题，通过问题引导孩子发现自己的不足，发现课本基础知识学习中的漏洞，从而回归课本。很多学生在学习的第一天的晚上，会大发感慨：一直不知道，原来知识都在课本上！很多同学会发现课本原来真的是字字珠玑，读课本会大有收获，甚至会捧着课本读，停不下来。通过老师的提问，孩子还会发现，自己以前一直以为很明白的问题，其实不一定真的明白，这就是为什么一直认为自己会了，考试却总是考不好的原因。每次做题只要有错误就重做，听起来似乎很吓人，但过来学习的同学都会很有收获。有一位叫魏东来的初二同学就这么跟我说过："只要有错误就重做，这个办法太好了！这么做很有收获，以前做题有错误了也想重做，但一时偷懒，就过去了，本来该有的收获，就没有了。"

案例　休学一年，高考602分——"变态"的八遍带来的欣喜

2011年寒假后开学不到一个月，参加了寒假第二期认真能力训练营的小洋同学和妈妈又像从天而降似的来到了基地，让留在基地学习的几个小姐妹欢呼了一阵子。

小洋同学来自河北，高二，是文科生，各科成绩都很好，尤其是政、史、地，只有数学一直令她头痛。小洋同学的数学成绩一般在90分左右，很难突破。上次期末考完试，母女俩出去玩，两人相约不去问老师成绩，但忍不住发短信询问后，60多分的数学成绩还是影响了两人的心情。为了彻底解决数学问题，小洋专程参加了基地的认真能力训练营。

这次过来，小洋妈妈跟我们讲了孩子这次考试的进步情况。开学不久，小洋数学考试就得了107分的好成绩，比上次高出了40多分，即使跟平时的成绩比，

也要高出十几分，并且妈妈开心地说，这次考试的题目比平时都要难一些。

为了进一步巩固，并取得更大的进步，小洋准备每隔两周就来基地学习一次。她说："虽然我不在北京，但是接下来我每两周周末来基地多学习一次，也和北京的学生差不多了。"

小洋同学有一句经典的话："幸福就是发现在累的时候离梦想近了一点点。"她的进步也是她的"八遍"精神和努力换来的。

下面请大家看一下在训练营期间，小洋同学的具体学习情况。

基地老师对小洋同学了解后，决定将独立思考、图形观察、定义理解三方面作为提高重点，带她重点操作错误分析、重做、找节奏这三步。

一开始，老师鼓励小洋去独立思考，那时她最多独立思考 15 分钟就会进入"大脑不转"的状态，题目基本就无法继续做下去了。这时，老师就缩小题目间的难度跨度，逐渐减少提示数量，来一个台阶一个台阶地带着她进行思考。例如：一个正六面体中有一个三棱锥的题目，小洋先从一个明显的面出发观察图形；等她能够做出题目之后，老师又改变了几个点，这就需要她从另一个角度观察图形了；等她又能够解决之后，老师再改变几个点；再能够解决之后，再改变几个点……直到问题达到高考难题的程度，小洋能够迅速解出之后，老师再加上进一步的问题，再一步一步变化……这样从一开始直接可以从明显的线面垂直得出条件，到后来需要延长、补型、做切面、找垂直，小洋都可以独自应对了。到第六天，她已经基本上实现整堂课（1 小时）都能独立思考、研究问题，而且很出色地解决好几道题目了，她也做出了几条非常出色的辅助线，独立研究题目的能力明显提升。

不得不提的，就是她那印象深刻的"八遍"。那是一个不算晴朗的上午，那是一道曾经对于她来说难到令她"崩溃"的题目，那是一个在深呼吸之后才能勉强面对的境地。小洋在细细品读答案后，深吸一口气，重做一遍，出现计算错误；第三遍，计算错误完全纠正，可是步骤顺序还是不行；第四遍，还有书写错误，步骤间结构关系也需要纠正；第五遍，发现描述不符合数学语言规范；第六遍……直到第八遍，一切问题都解决了。八遍中，她不断沉静，越来越踏实，对知识的理解越来越清晰，对定义的认识越来越透彻，图形的识别越来越流畅自如，逻辑关系也越来越清楚，可以说后面几天所取得的巨大进步，完全是建立在这八遍的基础之上。

这是来自小洋同学的好消息：小洋同学在休学一年后，用基地的方法，凭借自己的努力，取得了602分的高考成绩，高出一本线53分！小洋同学在2011年寒假来基地参加认真能力训练营后，不但在学习方法上有很深的体会，通过看问题角度的转变，对母女亲情也有了深切的感悟。对于高考前的复习工作，小洋也进行了总结，希望对即将面临高考的同学们有所帮助。

以下是她的学习总结。

当看到高考成绩602分出现在眼前时，我与妈妈同时喜极而泣。休学一年后，我以高出文科一本分数线53分的成绩为高中生活画上了圆满的句号。

与平等思维结缘在高二寒假，期末考试中数学只得了60分，让我从年级前十名中狠狠地摔了出来。在基地的学习也并非一帆风顺，从质疑到信任，在与老师们的交流学习中，我成长了许多。在此，再次感谢唐老师以及各位基地老师的智慧与耐心，你们的陪伴见证了我的成长。

在基地学习的是数学，那么就和学弟学妹们分享一下我的操作。

在高二的学习中，我首先规范的是自己的作业。以前经常不拘小节的我开始坚持作业重做到全对为止，在小考中实行考后一百分，就是在考试过后一定再做一遍卷子，无论在考场上取得了多高或者多低的分数都要在考试后做到正确率百分之百，这样，才算不辜负与这一套卷子上题目的“缘分”。通过一次次的训练，在120分满分的卷子中，我基本提高到了100分以上。数学的提高帮了我的大忙，我终于冲回了年级前十名，还在一次考试中得了年级第一。在高二下半学期中，我和父母共同决定放弃国内高考，放弃国内大学，准备出国留学，追求国外教育。我们的目标定位在美国。我的备考时间只有半年，又是普通高中学生，与其他国际高中备考两到三年的同学无法比拟。基地教会了我脚踏实地、不服输的精神，在这半年中，我马不停蹄地奔赴各场考试，在失败与进步中一点点地前进。2012年春天，我收到了4所美国排名前50名的大学的录取通知书。

在备考美国大学预修课程微积分的过程中，数学又让我犯难，用英文学高数，对我一个文科生来说简直是难于上青天。我想起了平等思维教育基地的方法，找来了近十年来的高考真题，一道道地剪下来贴在本子上做，哪里不会就翻课本看，再不会的就问老师，要和老师保持密切的联系，遇到困难时一定要向他们求助，信任你的老师，相信他们一句话的点拨会让你受益匪浅。我不再无视小错误，把每一道题都做了好几遍，一个月后，发现一个崭新的活页本都已经翻不动了。

微积分考试过后，发现已经是5月，此时，我休学已将近一年，而高考的6月即将到来。做一模的卷子，只得了70分（150分的卷子），真的很失望。我的心态也经过了一段小小的波动。适应现实很难，我发现卷子里的90分是我现在就会做却丢分的，120分是我经过知识点的熟练和温习典型题目有可能达到的。再没时间浪费了，我用了10节课的自由复习时间看了同学的一轮复习笔记，然后开始拿出了各地模拟卷子。这时候我发现很多题目开始有思路了，尽管模糊，算不到最后一步，但进步总会给人惊喜。我知道自己的敌人现在只有自己的浮躁粗心了，好吧，那就让重复的练习打磨掉粗心。那些天，我每天都会第一个写数学作业模拟卷，有时候一张卷子就会花费我四节晚自习。演草纸塞满了桌子。在高考考场上，我似乎格外镇定，我知道我不是来拿150分的，那些极难的题不是我的菜，我的目的只是分分秒秒都在前进，都在拿分，珍贵的时间不要浪费在过难的题上，很可能用最后的时间检查出一个小计算错误，就抢来了10分，我确实检查出了！当时心里特别庆幸。尽管有几道难题我不会做，但是最终取得了115分的成绩，虽然不高，但我自己也无遗憾。

其实平等思维教会我很多，高考前最后的日子，是我最充实愉快的时光。我好像开始享受知识了，我不再为我还有什么不会的而纠缠自己徒增不快，我开始关注我今天又多学会了什么，做着题的时候，有时候就笑了：哦，原来这个知识是这样的。这种感觉真好！专注于我已走了多远，而不在意目标离我多远。当年听唐老师讲经让我受益匪浅，整理思绪，写下的文章《生命随想》让我在全国征文比赛中获得省级一等奖，同时获得了多所学校的自主招生资格。再次感谢唐老师的启迪！

我的高中生活就这样和我挥手说再见了，这三年来我成长了许多，感谢基地老师的关怀指导，感谢平等思维。希望学弟学妹们享受校园生活的过程，在砥砺自我中成长。

祝学弟学妹们学习顺利，梦想成真！

祝福我们的未来！

附 小洋同学获奖文章《生命随想》

生命随想

小　洋

提及生命，突然间心头一震，我在面对的是怎样一个神秘圣洁的词！每一个生命在世间停留或长或短，留下了印记，然后匆匆地离开。这些印记像印在沙上的划痕，渐渐地模糊，某一天，生命的印记消逝，又有什么能够证明一个美丽的生命曾经怎样地活过？

生命是没有名字的，但他有发现惊喜的慧眼。

生命是没有名字的，不是吗？护士手中抱出来的婴孩们哪一个是带着名字或带着头衔来的？我们因生命的独特而沾沾自喜着，可是，谁又能说清楚你的生命在哪里？206块骨头构成的躯体就可以叫作生命吗？佛家讲：本来无一物，何处惹尘埃。既然寻觅不清生命在何处，就更不必寻一件件华丽的外衣来禁锢它了。很多人奔忙一生，一无所获，正是因为他们只见得到生命中华丽的外衣，却忘记了生命本来就是一个惊喜。试想，如果我们的父母没有相识，没有相爱，没有在那个时间决定建立起一个家庭，那么，呱呱坠地的生命还会是我们吗？每一个婴孩来到世界上总是要啼哭的，那啼哭不是悲伤，而是欣喜，是一种条件反射一样的感恩，感恩如此多的巧合带来了这样一个特定的生命，原来我们刚刚到达这个世界的时候就学会喜极而泣了。静静地躺在婴儿室中的孩子们，从此一别，站在了相同的起跑线上。几十年过去，无论他们在地位上闯出了怎样的不同，他们的本质还是一样的，仍是那个无数巧合串联的惊喜。

生命是孤独的，但他有谱写伦理之美的音符。

生命是孤独的，上帝可能是因为担心人类这个神奇物种过于孤独，所以创造了伦理之美来温暖人间。翻开历史书，看着宗法制，突然觉得这不仅仅是统治阶级的政治手段，也是古人对伦理之美的阐释。千年之后，我们依然能在生活之中感知着伦理之美，这种美在今天表现得更加亲切，更加温馨。一家人坐在一起吃饭，孩子的旁边是爸爸，爸爸的旁边是爷爷，爷爷的旁边是奶奶，孩子的这一边拽着妈妈。这是一个最普通的家庭，也许很多年后爷爷奶奶会离去，于是爸爸妈妈变成了爷爷奶奶，孩子也找到了伴侣，孩子会和他的孩子讲述这个家族遥远的故事。血缘关系、婚姻关系维系着这样一个家庭，生命就这样一代代地传递下去。一片森林中的大树小树，大树为小树遮风挡雨，大树老了，小树成了大树来替它遮风挡雨，就这样，一代代，于是，就有了抚养与赡养；于是，就有了呵护与孝顺；于是，就有了天伦之乐。

生命是偶然的，但他有不贪恋于生的勇气。

前几天在网络上看到了作家史铁生逝世的消息，不由自主地默哀良久。一个遭遇了更多挫折的生命，一个承载了更多苦难与使命的生命，在痛苦之余把自己在痛苦中的所悟写成文字，毫无保留地献给了社会。他鼓舞了无数的青年，他笔下流出的文字发出震耳欲聋的呐喊，珍爱生命，珍爱生命，任何一个人没有权利挥霍生命。史铁生走了，他的精神还在，他的精神在整个社会中形成了一面旗帜，召唤着迷途中的人，召唤着懈怠中的人，召唤着挥霍生命的人。我们的社会之所以会和谐，正是因为这些厚重的生命，他们扛起命运的苦难却将感悟毫无保留地奉献给社会，这样的生命怎能不让人肃然起敬？

史铁生走了，我们会悲悯这一个伟大的生命的逝去，可是转念一想，谁又能逃得出死亡，哪一个人不是被判了死刑？生是偶然，死却是必然，看得透生才能活得精彩，看得开死才能活得淡然。珍惜生命，却不贪恋于生，这是多么理智的人生境界。一位父亲在写给孩子的信中说："无论爱与不爱，来生不会再见。"带着些悲伤的话语，道出了智慧。看得开死，不是为了消极避世，而是为了以更积极的心态入世，因为不惧怕死亡，所以站得比庸人高，所以知道什么不可以做，什么必须要做得最好。我终于明白为什么智者都是安然地走完生命的最后一程，因为他们同样心怀感恩地面对死亡，感恩死亡结束了奔波，死亡让生命圆满。"凡所有相，皆是虚妄。"生命也是一样，看得开死亡可以让人更加敬畏生命，更加宽容生命。因为敬畏生命，所以不做有违本心的事；因为宽容生命，所以包涵别人的过错。看得开死亡的人往往更早地觉悟，更早地跳出物欲追求，去寻找更深层次的精神享受。

生命，赤裸裸地来，赤裸裸地离开。不该执着于生，也不该畏惧于死。生是巧合，是偶然，但却缠绕着甜美如甘露的伦理亲情，生命没有名字，却并不因此而没有社会责任；死是必然，但如果终日纠结于死，生便毫无意义。正是因为人的生命是多元化的，是有思想力的，我们的世界才如此精彩。带着精神去继续充实地生活吧，思考生命，让我们的心更加敏感，更能感知幸福。即使没有印记，生命的充实记载着我是如此精彩地活过。

很多同学都是在浮躁、粗心中长大的，要让孩子认真起来是很难的。毛主席说过，世上就怕“认真”二字，但是他没说怎么做到认真，而我们现在就在解决这个问题。认真不是态度，而是一种能力。认真的能力怎么培养？轻轻松松地磨是磨不出来的，要重锤。长期的经验、长期的习惯，会使一个人顽固得跟铁一样，只有重锤才能给他留下痕迹。轻轻地擦一下，没有用，所以我们会拿出很“变态”的方法来。小洋是做了8遍，我们有的同学翻译是做10遍、20多遍，一位同学创下的纪录是36遍，可以想想多么“变态”！而在这种“变态”下，这个孩子原来的状态肯定是要整个“颠覆”的，也是这种“变态”，让一个个的孩子有了“脱胎换骨”的改变。

经过这样“脱胎换骨”的改变，小洋同学再把“八遍”精神用到接下来的学习中，我们相信她一定会取得一个又一个的进步！

二、熟练化

有机会在清华读书，有一个很大的便利，那就是，你有机会接触到各省各市的状元。

记得朱镕基总理在清华大学综合体育馆为经管学院全体师生和清华其他各院系学生代表做的辞职讲座中就说过这样一则故事：

谈到为学，坦率地说，我不是一个好学生，我不喜欢工程，因为英文好，喜欢文科，老想着转系，不过没转成。有人说没转成是对的，因为国家后来还是重视工科的。我那时候在班里不是最好的……我说我在中学时是班里的第一名，现在跟班上那些认真学习的人相比也没有怎么不用功啊？张（一位师兄）告诉我说：在来清华之前，哪个不是第一名？清华竞争的确非常激烈，人才出了不少，我们班里（指电机系）就出了三个院士。

……

接触到这么多的第一名，就有机会学到很多自己不具备的能力。

一个人的成功可能出于偶然因素，但 100 个人的成功中一定存在必然因素。

我研究了很多名清华、北大各省市状元和各学科学习尖子的学习方法，经过统计分析，在摒弃了这些学生天生的智力因素的基础上，总结影响这些学生学习的可以复制的非智力因素，从而形成了目前的三倍快速学习技术。

在这些非智力因素中，我发现大多数学习尖子都有一个很明显的共同特点，那就是：他们在学得最好的那门课考试时都有一种非常接近的感觉——试卷发下来后，他们会感到试卷中的题目大多数是很熟悉的，有一部分甚至不需要计算都可以保证写出准确的答案，只有最后的一两道题目是没有十分的把握的，但也基本上有信心可以做对。

有这种感觉的学生往往成绩都会达到 147 分左右（150 分满分）。他们之所以没有得满分，往往不是因为有什么题目做错了，而是因为有的答案与标准答案不一样而扣去了几分。

基于这种调查，我才提出一个要求：一个题目不仅要做到满分，而且要非常熟练地做到满分。具体标准：如果一个题目需要 10 分钟做出来，在这个学生学会这个题目以后，这个同学必须能够达到在 8 分钟之内做出这道题并得到满分。否则，就不能说会。

熟练化是精益求精的过程，是将一个题目的各个部分节奏化的过程，是将每个步骤精练化的过程，是将知识内化为能力的过程。

熟练化的一个很常见的操作就是限时训练。限时训练就是在限定时间内完成该完成的工作。这一方面可以帮助学生更加专心地学习；另一方面也可以使他们在做题的时候越来越熟练。

案例 | 令人刮目相看的小皓

小皓同学来自四川成都，现在已经升入初中一年级。他积极、阳光、活泼，而且很独立。小升初暑假他曾到基地来参加认真能力训练营，小小年纪的他，当时就能抵挡参观世博对他的诱惑，在一期学习结束后，自己主动跟妈妈打电话，要求推迟去世博的计划，再留下来连续学习第二期，妈妈听到后也很开心、很欣慰，看到孩子能够主动要求学习，自然是大力支持。

这次小皓是跟基地老师通过电话后自己从成都飞过来的，而且在来基地的前一天也是自己刚从澳大利亚飞回家。

见到小皓后，我们也看到了小皓这半年来的巨大变化，活泼、阳光依然，但已经增添了几分沉稳。小皓首先告诉我们，上次学习回去后，妈妈真的改变了。他玩游戏时，妈妈就像唐老师说的，和他约定好玩多长时间后让他玩，不会中途去管他。相对而言，以前看到孩子玩游戏，刚玩十几分钟，妈妈就会着急地催他去学习。现在妈妈的转变，小皓都能感觉到，所以他也会在该学习的时候，自己主动按时去学习。以前每次到周末，小皓早上就会睡到10点或11点，现在起床没那么晚了，妈妈一叫他，就能起床了。

……

小皓在学习上的改变也让老师感到惊喜。暑期训练营中，小皓学习英语时开始有畏难情绪，在做英译汉的时候，很多单词都不认识，翻译起来比较吃力，进展很慢。而这次过来复训，老师感觉小皓变化很大，学英语的畏难情绪都没有了，能够积极投入，整个学习状态都非常好，进步也挺快。

老师为小皓准备的文章是初一最难的一篇文章，包含初一所有的语法，词汇量也不小，小皓都能够非常踏实地去做。按照限时训练要求标准时间是15分钟，老师以为小皓可能会需要20～30分钟，但是让人大感意外的是，他10分钟就做完了，并且翻译完后，除了语句、语序的问题外，其他都是比较准确的。汉译英环节，小皓也能非常踏实地去做限时训练，按照标准时间把文章翻译出来，并且错误相对暑假训练营时要少很多。书写方面也取得不少进步，比以前整齐多了。

小皓自己也感觉到，在写错误报告时，自己能够更沉下心，写得更细致了。在文章汉译英翻译环节，他翻译了24遍才通过。每次出现错误，小皓都会在老师的提示下，去认真分析单词哪儿拼写错了，语法到底是哪个点，冠词、时态不清楚的，他还能查语法书，把它写出来，确实不懂的就问老师。

在翻译第十几遍的时候，小皓一模一样的错误出现了两遍，仅仅是定冠词the和不定冠词a的问题。小皓用了“搞笑”这个词来形容这件事，可见他对因为这么一个小小的错误要重新翻译已经能够非常坦然、轻松地面对了。

翻译过程中，小皓也有很纠结的时候，他说："到了第十五遍时，看到老杨老师的笔，我心里就很纠结。老杨老师用笔一个一个地对着检查，我就觉得他要每个字都给我画个圈，我干脆就让他把手放到背后，有错了再放到前面。"

上课遵守纪律也能很好地保持了，对于一个整天像小猴子一样上蹿下跳的孩子来说，能够做到这样，真的是很大的进步。

小皓已经开始计划自己以后的学习了，他说："我是第二次用十步法学英语，上次回去，在家里嫌麻烦，没有用。老唐说，等翻译得越来越熟练了，回去后每篇文章最多翻译 10 遍，就是最多英译汉、汉译英翻译 10 遍。我一次最多用 20 分钟，现在我翻译那篇文章 10 分钟左右就翻译完了。如果说每次用 20 分钟，我翻译 10 遍，一篇文章就是 3 小时左右。我们是一星期学一个单元，一个单元学一篇课文，一个星期拿出 3 小时就能把这一周的内容学会了。回去后就做前五步就好了，做完后就会印象很深了。"

三、举一反三

经过前两步的学习，一个题目的正确性和熟练程度基本上已经没问题了，进一步的做法是举一反三。

举一反三，出自孔子《论语·述而》："举一隅，不以三隅反，则不复也。"反：类推。这个成语的意思即从一件事情类推而知道其他许多事情。比喻善于学习，能够由此及彼。

当对一个题目已经能够熟练地做到满分的时候，就需要进一步问自己：

这个题目可以有几种解题思路？

哪种思路最快，而且最容易让人接受？

这个题目曾与以前的哪个题目比较相似？它们之间的差别和相似点分别在哪里？

这个题目实质是什么问题？

这个题目的前提条件可以有几种变化？

每一种变化怎么做出来得满分？

问题可以有几种问法？

每一种问法通常的解决方案是什么？

这个题目解决方案的关键是什么？

什么地方容易出问题？

出题人考的是哪个点？

如果有隐含的条件，那么隐含的条件是什么？

还可以怎么给出隐含条件？

考官设了什么陷阱？

他出题是不是够妙？

如果我出题的话，怎么出题会更能够考出学生的水平？

显然，要做到上面提到的三点并不容易，所以很少有学生能够自己主动地把知识学到这个程度。

难以执行的原因在于几乎所有的学生都没有认真的能力，也就是说没有“一次性把一个题目做到满分”的能力。

案 例 | 由浮躁到深入学习、举一反三的女孩

北京某中学的高一学生小娇同学来参加我们的快速学习提高班。她是个很安静、头脑灵活，但不爱主动问问题的女孩。她的成绩中等偏上，如果不改掉一些浮躁习惯，难以达到顶尖水平。

一开始，我们给她出了一道以前做错过的题让她做。在做题目的时候，大约20分钟时间，她只是盯着看，没有动笔，用了很长时间才做出来，结果题目还是做错了。这说明她在改正做错的题目方面做得不够踏实，对做过的题目总结消化不够，而且，她还没有深入分析问题的能力和习惯，考虑问题不够全面。

这两天我们以立体几何的题目为例来辅导她。第一天下午，她基本上没有怎么问问题，只是自己闷头想和做。她的立体想象能力很不错，但做立体几何题目不够灵活，对于举一反三很难做到。

第二天，她做了一道立体几何中求立方体内三棱锥体积的题目，她先以两种

方法做出了这个题目。然后，老师引导她思考：出题者在考什么？这个问题还可以怎么出？三棱锥的顶点可以怎么变换？……

最后她把三棱锥可能出现的变化画了一整张纸，再问她时，她明显地对解这方面的问题有非常强的自信了。通过这道题目，她对举一反三的理解开始具体了。

下面是她自己的学习总结。

“在考虑问题的时候要全面，做很多题目变换一下条件，就能创造出一种不同的题型。而且，做完题后若能自己解释出步骤是怎么做出来的，则可以做到举一反三，然后这种题型就全会了。以后学习时，要及时总结经验，并总结出好的做题技巧，在做自己认为很复杂的题目时，要不时地往自己会的地方引导，这样一定能答出来。对每种题目不同的变换，一定要抓住它的本质，从自己会的地方入手。在做题目的时候，一定要注意细节，不能因为马虎或字不清楚而被扣分，否则那就太冤了！”

我们的基地并不是在教孩子做会几个题目，而是教会孩子更加踏实、更加深入地看待问题，是要培养孩子认真的能力，是要把孩子改变成一个认真的人。一个具有认真能力的人，一定会学习好，将来也一定会工作好。

我给小娇同学的建议：学会向别人请教，然后利用你在我们这里学到的举一反三的方法，深入研究题目；认真做题，每次一定要做到满分。

上完课后，她很认同我的方法，也觉得这种做题的思维方式很好，但对自己有多大提高，她心里并没有太大的把握。

在回到学校几天后，她就感受到了自己的进步。班里进行了一次测验，试卷的前半部分是基础知识，后半部分是综合性的大题，她就用我教她的方法，把试卷中的题目一个个做完了。她没有想到的是，在这次考试中，全班只有她一个人把后半部分的大题全部做对了。而她在平时的成绩不过是中等偏上！

经过这次考试，小娇同学的信心陡然增强了，同时也认识到了“学会”的重要性，她表示会按照我教的方法好好学习，她的妈妈也非常开心。

接下来，我分别以中考学生、高考学生参加我们的训练营后的学习情况，以及自学学会的三个标准成功的同学为案例，帮助大家更多地体会学会的三个标准的执行。再次强调一下，本书中所有的案例，都是真实的案例。请大家参考。

案例 | 中考前，怎样帮学生更有效地学习？

离中考还有5个月左右的时间，很多面临中考的学生和家长都在“备战”中。怎样才能更有效地利用好这段时间，让进步最大化？这是大家都关心的一个问题。尤其是基础薄弱的孩子，以前可能落下了很多知识，怎样在这几个月里尽快补回来？

在学习三部曲中，我们曾经提到过浮躁是导致学生学习成绩不理想的根本原因，而只要帮助学生做到每学一个知识点，就达到“得满分”“熟练化”和“举一反三”这三个标准，我们不需要教孩子什么知识，他们的成绩就能大幅度提升。

我们通过下面这个案例来看。

玉婧同学是一名初三女生，性格开朗，待人热情、大方，不管是和女同学，还是和男同学，都能成为很要好的朋友。

面对中考，学习问题给玉婧和妈妈带来的压力越来越大。上初中以来，玉婧同学的学习成绩波动很大，在班里有时可以考到第9名，有时能到30名，升初三后成绩下滑更明显。玉婧自己也非常希望学好，但浮躁问题成了她前进中最大的障碍：数学计算错误多，从小学就不过关，物理计算错误百出，英语单词常常会错一个字母，语文也是错字百出等。浮躁问题已经严重影响到了她各科的学习。

玉婧妈妈也意识到了浮躁问题的严重性，去年“十一”期间带着玉婧参加了基地的“学会”小班。

在一开始的“过河”系列思维训练过程中，同学们需要按老师的要求先把题目抄下来。玉婧同学是第一个将狼、羊、菜过河的题目抄完的，正当她准备做题的时候，老师提醒她：“检查一下题目的条件是不是全抄对了？”通过检查，她发现抄错了一个字，将“它们”抄成了“他们”，虽然只错了一个字，但是，老师提醒她：“以前的学习中有没有出现过看错条件的时候？”她不好意思地笑了。老师又提醒她：“题目拿来就做，没看清条件就做，这正是浮躁的五种表现之一。”于是，在老师的提示下，玉婧同学主动将题目重新抄了一遍。

在接下来的数学学习过程中，老师带着玉婧同学从分析基本定义入手学习。有些题目，玉婧同学如果按照书上规定的定义、计算法则等去做题，原本都是可以做对的，但她往往不去考虑前后步骤之间的因果关系，就直接写出结果，这也正是她的数学成绩一直不能提高的原因所在。她以前一直把原因归结为粗心，但是问题却一直没能解决。

针对玉婧同学的这种情况，老师带着她严格执行“得满分”过程中的“前因后果”，每做一道题，都要把每一步的前因后果讲清楚。经过训练，玉婧同学做题的准确率大大提升了。做完题目后，玉婧同学自己有一种很踏实的感觉。

准确率提升了，玉婧同学对学习也更有兴趣了。在接下来的“限时训练”过程中，原计划 4 分钟做完的题目，玉婧同学只用了 3 分 15 秒就做完了，而且完全做对了，做题的速度也大大提升。

达到“得满分”和“熟练化”之后，老师带着玉婧同学开始操作“举一反三”，体会如何把一个题目不断变化并且深入，把研究目标从一个单项式，到改变单项式的系数、指数分别进行变化，再变化到多项式，由整式再变化到分式，不仅根式里套分式，还要分式里套根式，不管题目怎样变化，玉婧同学都能抓住题目的本质，从基本的定义入手将题目一个个攻破。在化简二次根式的过程中，她还能结合二次根式有意义的条件进行出题，她出的题目最后已经达到了中考的难度，并且自己能够轻松地做出来。

玉婧同学说：“从一道非常简单的二次根式题，到含有隐含条件的中考试题，这是我从没想过的。我从心里涌起了一股自信。”

以下是玉婧同学的小班及复训学习感想。

“在这里学习的几天中，我懂得了很多，也学到了很多。

“以前数学成绩不好，总是在 60 分左右徘徊，于是数学成了我心上的一个结。几个月前妈妈和我提起了唐老师的这个课，我一直在犹豫，直到中秋那几天。在经过了无数次的思考后，我同意了，来到了这里，认识了这里的老师、朋友。我在这里由衷地感谢各位老师！

“在了解了‘学会’思想之后，我开始上这几天的课。从一道非常简单的二次根式题到含有隐含条件的中考试题，这是我从没想过的。我从心底涌起了一股自信。我知道，自信心是很重要的，是老师们的帮助让我变成这样。

“在这里学到的方法，我会运用到回去的学习生活中。我要‘学会’，要‘得满分’，我会把‘举一反三’运用到解答题目中。

“我在这里，再一次表示感谢，谢谢你们！”

下面是玉婧同学的学习感想原文。

全国养成教育实验基地　　认真是一种能力 每天进步一点点

“学会”精品小班——学生学习感想

学生姓名	玉婧	性别	女	年龄	14
所在学校	中学	年级	初三六班	培训时间	2010.10.1—10.3

在这里学习的几天中，我懂得了很多，学到了很多。

以前数学成绩不好，总是在60左右徘徊，数学成了我心上的一个结，几个月前妈妈和我提起了唐老师的这个课，我一直在犹豫，直到中秋那几天，在经过了无数次的思考后，我同意了，来到了这里，认识了这里的老师、朋友，我在这里由衷地感谢各位老师！

在“学会”思想的了解之后，开始了这几天的课，从一道非常简单的二次根式到含有隐含条件的特试题，这是我从没想过的，我从心里涌起了一股自信。我知道，自信心是很重要的，是老师们的帮助让我变成这样。

在这里学到的方法，我会运用到回去的生活中，我要“学会”要“得满分”，我会把“举一反三”运用到题中。

我在这里，再一次感谢：谢谢你们

签字：玉婧

2010年10月1日

资料来源：唐曾磊老师博客 http://tangzenglei.qzone.qq.com

为了让玉婧同学在中考前能更快、更有效并且尽可能多地解决问题，玉婧妈妈不但带着孩子参加了12月的“学会”小班复训课程，每周还定时安排基地老师的网络模块课程。

前两天期末考试刚刚结束，玉婧妈妈就告诉我们一个好消息：玉婧同学的数学从原来的60分进步到了89分！

母女俩正在准备好好利用这个假期，进一步学习物理。在跟基地老师谈到向学校请假的问题时，妈妈非常肯定地说："请假也无所谓的。以前来基地也请过假，不但没有影响学习，反而进步了。"

案例 | 一篇文章怎么帮一个同学从30分提到76分

很多网友在网上说没有条件来参加我们的认真能力训练营，但自己看文章和案例，又不能起到很好的效果，为此我不断地写出更多的案例，不断地对我们的方法做更多更深入的解释，但仍然有很多朋友说不能执行。在此，我介绍一篇网友自学有很大改进的案例给大家，请大家参考。为了减少我的偏见，我尽量对网友的来信不做任何修改。

署名为"她"的网友来信：

唐老师你好！

我在这给你留言不知道你什么时候才能看见。一个偶然的机会我在网页上看到了你的文章题目就点击进来看了，当时说真的没有太多的感触，因为现在的市场上有很多关于介绍学习方面的东西，大多都是一样的，你抄点我的，我抄点你的。因此看完你的文章之后，我并没有太在意。在接下来的学习中一件事情改变了我的看法。

那天我们在班里做数学卷子（我现在是高二的学生了，所以每天都有很多的试卷），一边聊着，一边写着，那张卷子也是差不多编完的，因为真的有好多的不会做，后来老师把我叫到了办公室，我看着满是叉的试卷突然有种想哭的冲动。那天具体和老师说了些什么，我现在记忆很模糊，只是觉得一定要好好地认真学。回去后我就想到了你写的文章，仔细地看了5遍后，按照你说的去做。昨天数学发卷子，从前只考30多分的我，居然考了76分，真的好激动。拿着我的卷子，我趴在桌子上哭了，我觉得我把自己感动了。

但是真的很谢谢你。你真的给了我很多的帮助，虽然我们从未直接交流过，但那是感动的结果。真心希望在接下来的一年里，你能给我更大的帮助，我将感激不尽。明年的高考，我定会充满信心。

——她

这位网友来自青海西宁，在此我衷心地祝福她能够更好地按照学会的三个标准好好学习，取得更大的进步。也预祝更多的网友能够从她的学习案例中得到启示和鼓励，更快地提高成绩。

案　例 | 一个月高考数学成绩如何提高30分

这是一位高考同学的博客日志。

看到高考发下的答案，我带着急切与些许期待估了数学的分数后，心中便萦绕着欣慰的感觉——我终于成功了一步。

当时最想干的事是告诉爸爸妈妈和唐老师，高考数学我有把握的得分是100分，而以往的考试中基本在七八十分，还有几次三十来分的记录；更高兴的是，虽然我不能全做齐，但做了的步骤和答案全对。这样的成绩得益于高考前一个月为期两天的“学会”小班，是因为得到并实践了一种方法。这些话怎么看都像专业广告，其实不然，这是我内心真切的感受，写出来是想为帮助接触不到这个方法的人和由于种种原因在它面前徘徊甚至对它抵触的人了解、接受且能学以致用该方法尽己之薄力。

这个小小的成功，其实是每个环节成功的累加。首先是进入学习时的心态，由于我有过几次遗憾的经历，这次的学习又颇“坎坷”，所以特别地珍惜。我先自己静下心来，把它当作唯一一件大事来完成。跟着老师的指引，一步步地深入，一点点地体会，而自身的主动积极是提升这次学习价值的关键。只有全身心地配合，才能体味到其中的奥妙，知识的完善事小，领悟的加深却是不可多得的。如果真正执行了“学会”的做法，在第二天的时候自己就会有感觉，我自认愚笨，形容不出。其实对两天一题学会学习，我们都会不以为然，可回头想想，却发现自己对于学习是什么、什么是学会从来都不知道。实际上学习是一种能力，学会学习并不在于学到多少东西，而是能够把一个东西学到什么程度。两天的学习当然不是把所有的知识都学了，而是用一个题引路，逐步体验学会的感觉，逐步找到能深入解题的途径，是拿到一种工具并学会操作它。“授人以鱼，不如授人以渔”，用在这儿，再合适不过。当然了，再好的鱼竿终究只是鱼竿，只有用，才会有所收获。

在剩下一个来月的时间，我知道全面已不可能，于是选择只用在数学上，其他功课尤其是理综只好搁浅了。我选了八份题做，从第一份的第一道题开始，努力要求自己认真地做，严格按“学会”的三个步骤走，基本上一个题能做五遍，可不是机械地重复，每次都是有目的、自发的，到不想做的时候就开始做下一道。不管这个题看起来多么简单，都要把它拆开来看，直到把和它有关的每一个知识点都准确地弄清楚，不会就查书或问别人，而对那些确实难度不小的题，考虑到整体成效和时间，我选择暂时放弃。一开始，这是个相当费劲的事，第一份题做了十四天，过程记录用了整整一个本子，书也翻着看了不少回，可是就在这个过程中我在一点点进步。做完这份题回头看时，心中有种晴空万里的感觉，而且当把每一个题都伸展开来时，看题的心态也不一样了。

当我用第一份的方法做第二份时，却意外地发现根本不是一回事，好多题在第一份的题的延伸网络里已经包括了，是我已经研究过的，很轻易且清楚地就做出来了，于是第二份、第三份题就当作个补充做过去了。到第四份时，每做一道，我都会很自觉地想到这一类题的方法和延伸，到再后边做题就是在不断完善我脑中不知什么时候形成的网络了，五、六、七份是合起来做的，就是把同一种题集合在一起做，体会它们的异同，感受它们的形变神不变，从而找到做这类题的感觉。

最后一份卡住时间做，是个总结和测试。在这个过程中，总结是一直不断的，这些自发的思考很能提升自己。当然，困难也不少，比如得满分，不是想认真就能认真得了的；还有就是有的题想半天都没办法，其实换个角度还是可以的，我曾放过去几道题，但做到后边又实在舍不得，就回头做，总会以有新的大发现告终，而这些发现是自己得来的，与被动接受的东西根本不一样。

最后，做完八套题，大概归纳一下，把脑海中已形成的知识网和做题时的心得整理一下，就差不多要考了，其实只有第一份最费劲，其他一份比一份用的时间少，越来越轻松。总之，我在逐步地做到专心入题，会做，得满分，变题，总结。这是我学习的一点心得，毕竟学习的时间少，定会有很多不足之处，望指正。诚心希望更多学子受益，了解并学习好这个方法，给自己和身边的人带来喜悦。当然，对唐老师的敬爱和感激就不必言表了，这将是永远激荡在我内心深处的动力，策我前行。

这位同学的名字叫小霖，关于她的情况我曾经写过一篇文章，请参考。

一名教育工作者最大的欣慰是什么

作为一名教育研究工作者，最大的欣慰就是自己能够帮助到更多的人。

就在前几天，有位家长带着女儿来解决问题，经过一番交谈，她们的整个状态都改变了。那位妈妈当时举例说：唐老师说要成为自己的光，我们娘儿俩就像飞蛾循唐老师的光而来。

我笑：不是飞蛾扑火。借用禅者的一句话，叫作以灯传灯。一灯能除千年暗，一智能灭万年愚。就是每个人要点亮自己，成为自己的光，让自己成为有智慧的人，然后用自己的灯点亮他人的灯，让更多的人亮起来，帮助别人成为有智慧的人，并且让更多的人能够再点亮更多的人。有智慧的人自然会帮助到身边的人离苦得乐。

她的女儿小霖说自己希望将来能够帮助更多的人脱离苦海，但她自己却每天苦不堪言。后来她终于明白，要想帮助别人，只有一颗善良的心是不够的，还需要有超越他人的智慧。

下面是小霖参加认真能力训练营后在我博客上的留言：

2009年4月4日，是我毕生难忘的日子。这一天，我生命中所有的朦胧消失，所有的疑惑释去，所有的等待终结，所有的愁苦淡去。只因为我遇到了他——唐曾磊老师。当时我执拗地要离开，是妈妈的无措，是那里好多朋友的劝导，更是唐老师的“连劝带骂”，我才勉强留下。不想，我却在这里获得了自己的新生。想起来真后怕，如若不是恩人们的促成，我可要在自己的地狱待到几时？执拗如我的人竟在两个小时中从坚决抵触到折服、到喜欢、到感恩、到极力想让他使更多人受惠，是唐老师的智慧和真诚使然。唐老师的存在，让时光与思维飞速地穿行，难道它们也与我一样感受到了唐老师的魅力了吗？坐在电脑前，我脑海中滑过两天来唐老师对我说的话，它们无序地涌来，却句句那么清晰，而后款款淡去，如一条甘甜的溪流抚过我平静的心。现在唐老师应该回北京了。想起今天上午分别时，我没说什么，因为我知道用什么话语也不能说尽心中无限事，除了不说。不说就是什么都说，什么也没说就是什么都说了。我不让自己恋恋不舍，发现忘拿书包我又跑回去拿时，唐老师还在给一些人讲着些什么，只打个招呼，我便离开了，因为我相信我们会再相逢，因为我要去度自己了，因为我知道这次离别不是结束，而是个开始。

愿普天下的家长和孩子都能脱离心中的苦恼，得到成长的快乐。

附 小霖同学的学习感想

一个迷者，一个痴人。当他以心中远大理想自诩时，却陷入了一潭沼泽，心灵的矛盾，意志的打击，探索路上孤孤凄凄准备放弃时，竟遇上了这样的幸运！

眼看学习就要结束，心中无限地留恋。再想想开始时自己执拗地要离开，不禁感谢这里每一位朋友、老师，是他们的留下，我的人生才重新开始，走上了我一直期盼着的路。

以往的我，真的确实不知道什么是学习，总以为学习方法是一种虚华无用的东西，总是略略嘲笑它。然而这次我真实地体会到了学习方法的重要性、高效性。两天来我只做了一道题，只一道，却是变化万千的。它本着一个不变的公式，任表象复杂地变动，然而归根到底，它还是一道；做，我的概念里却有了不同的含意。做一道题，便做通了所有这一类题，做出了做一切题的法则。这个做字有了分量。略谈一下我的做题过程及感受。

拿例题，先看条件、问题，看出是由哪几个条件得出哪几个问题。这个问题的背后必是一些公式定理等围绕着这个中心，去求解，把它分解成最基本的量，再从条件中找到这些量就行了。条件有直接有间接，只需寻找即可。这样看来，世上无难题。这只是第一步。接下来，本着这个中心，去变化它的条件，每一个条件都去变化它，从很多方面变，变了去求新的答案。在变化中，其中已经不是做题了，而是在玩题，横纵俱变，从一点到线、到面、到空间，思维便随着这个题展开，这时也就超越了这个题，可居高临下地对待它了。然而，可以感到任再多的变化，那个中心还是原样，本质不变。每一道题这样弄下来，把题真正地驾驭，就像孙悟空落入如来手中，从容地看待所有表象万千、实质终一的题目是很容易做到的。

有所不足的是自己对公式定理的理解，做题到这个境界，我发现自己对基本的公式等，看似知道，实则含糊。所以接下来要去搞清楚所有的知识点，即基本工具。说是所有，其实不多。

两天，一题，小数字中我却受益终生。不说心理的、人生的大收获，小小一题便已让我如痴如醉了。这种感觉无以言述，只能亲自体会了。不去说谎，慎重考虑后，我诚愿更多学子受益！

道不尽的言语终道不尽，只借此一纸，略写写对一题的感受了。

下面是小霖同学的总结原稿。

全国养成教育实验基地　电话：010-82641582

“学会”精品小班——学生学习感想

学生姓名	纪金霖	性别	女	年龄	18
所在学校	平遥中学	年级	高三	培训时间	09.4.4—09.4.6

一个迷者，一个病人，当他以心中远大理想自翔时，却陷入了一滩沼泽；心灵的矛盾，意志的打击，摸索路上孤孤凄凄准备放弃时，竟遇上了这样的幸运！

眼看学习就要结束，心中无限地留恋。再剩刻开始自己执拗地要离开，不禁感谢这里每一位朋友老师，是他们留下了我，我的人生才重新开始，走上了我一直期盼着的路。

以往的我，真的确实不知道什么是学习，总以为学习方法是一种虚华无用的东西，总是略略嘲笑它，然而这次我真实地体会到学习好方法的重要性，高效性。两天来我只做了一道题。题，只一道，却是变化万千的，它本着一个不变的公式，任表象复杂地变动，然而归根到底，它还是一道；做，我的概念里却有了不同的含意，做一道题，便做通了所有这一类题，做出了做一切题的法则。这个做字有了分量。略结一下我的做题过程与感受。

拿到题，先看条件问题，看出是由哪几个条件得哪几个问题，这个问题的背后又是一个公式定理等，围绕着这个中心，去求解，把它分解成最基本的量，再从条件中找到这些量就行了。条件有直接有间接，只需寻找即可。这样看来，世上无难题。这只是第一步，接下来，本着这个中心，去变化它的条件，每一个条件都去变化它，从很多方面变，变了去求新的答案。在变化中，其中已经不是做题了而在玩题，横纵俱变，从一点到线到面到空间，思维便随着这个题展开，这时也就超越了这个题，可居高临下地对待它了。然而，可以感到任再多的变化，那个中心还是原样，本质不变。每一道题这样弄下来，把题真正的驾御，像如来手中的悟空，从容地看待所有表象万千，实质终一的题是很容易做到的。

有所不足的是自己对公式定理的理解，做题到这个境界，我发现自己对基本的公式等，看似知道，实则含糊。所以接下来要去搞清楚所有的知识点，即基本工具。说是所有，其实并不多。

两天，一题，小数字中我却受益终生，不说心理的人生的大收获，小小一题便已让我如痴如醉了。这种感觉无以言述，只能亲自体会了。不去说谎，慎重考虑后，我诚愿更多学子受益！

签字：纪金霖

道不尽的言语终道不尽，只借此一纸，略写写对一题的感受了。2009年4月6日

第三章

帮助孩子建立自信

自信来自实力。

实力就是认真的能力，就是做事专注，并能每次做到自己最优的能力。

第一节

什么是自信

自信，就是自己相信自己有实力。没有实力，不谈自信。没有实力，还相信自己有实力，叫作自大。有实力，但不相信自己的实力，叫作自卑。

要想自信，首先得提高实力。

自信和实力之间，实力是自信的基础，没有实力，很难自信，有了实力，往往自信，这就是人们常说的艺高人胆大。自信又反过来会影响实力的体现，没有自信，学习考试时会心里没有力量，遇到问题不能深入，本来凭自己实力可以解决的问题，也不能坚持深入思考，导致解决不了，不能体现出真实的实力。

第二节

培养自信的三个步骤

一、建立虚拟自信

虚拟自信，是指有经验的教师、长辈或教育心理方面的专家，通过与孩子的沟通，打掉孩子心中自以为自己无法学习好的理由，帮孩子重新建立起“自己一定能够学习好”的信心。

这种信心是通过谈话来达成的。这时候，孩子的心态发生了改变，但孩子的学习能力并未发生实质性的改变。所以，这时候孩子看似信心十足，但这份信心就如美丽的肥皂泡，表面好看，但内在却非常空虚，如果不去或不能扎扎实实地提升孩子的学习实力，这种自信很快就会再次破灭。每一次自信的破灭都会大幅度地增加下次建立自信的难度。很多家长在鼓励孩子的时候，发现自己是心虚的，有些话连自己都不相信，说出来自己都脸红，怎么可能对孩子起作用？

所以，根本的解决方案在于父母怎样去帮助孩子切实有效地提高学习成绩，让孩子在真实的成绩面前重新走向自我。

二、提高学习实力

自信，就是自己相信自己有实力。没有实力，不谈自信。

要想自信，首先得提高实力。对于孩子来说就是要提高孩子的学习实力。

很多家长和教师发现孩子学习不好的时候，都期待着先提升孩子的自信，然后再帮孩子好好学习，这个过程的因果关系搞反了。

要提高孩子的学习能力，就要帮助孩子打掉浮躁，培养孩子的认真能力。具体做法则是按照本书后面的学会的三个标准、语数英的十步法和审题、检查、改错、总结、举一反三等各种三步法认真操作，操作到位，孩子的学习能力就会大幅度提高。

案 例 | 将认真能力贯穿于字里行间

孩子的学习时间是不可复制的，让孩子拥有最正确、最适合他的学习方法才是最重要的！

2015年暑期，振宇同学来到平等思维教育基地学习。聪明、机灵、时尚，这是振宇同学留给老师的第一印象。深入接触下来老师发现，这个外表酷酷的小帅哥性格随和、内敛，非常懂事。

振宇同学所学的科目是数学。在学习中老师发现他有一个问题，就是看到一个题目，拿来就做，甚至没有读完题就已经急着动手解答了，等到题目做错了，才恍然大悟：有个条件没看清楚。他的学习积极性是高的，但是这样的学习习惯导致他答题的准确率低下。

平等教育总结，学生学习不好的原因，根本在于浮躁。浮躁有五种表现：

第一，上课一听就懂，其实没有真懂；

第二，看书一看就会，其实没有真会；

第三，题目拿来就做，没看清条件就做；

第四，做完题就上交，没检查好就上交；

第五，发现题目错了，以为粗心不改正。

浮躁是学生学习进步的头号大敌，不解决浮躁问题，学生的学习很难进步。振宇同学在学习中所体现的问题“题目拿来就做，没看清条件就做”正是浮躁问题。针对他的问题，老师带他着重操作了“审题三步法”的前两步。

第一步，读题目。

老师要求他一边读题，一边将题目的条件和问题按照从前往后的顺序标上序号，并且要求他读题目的时候一定要读出声音。

刚开始，振宇读的时候会出现漏字的情况，之所以出现这个情况是因为他学习时心态是急躁的，读题的速度很快。这个时候，老师和他沟通，帮助他逐渐放慢速度，把题目中的每一个字、词、符号都看到。

第二步，找关键词。

当把整个题目准确无误地读下之后，老师提示振宇在题目的关键词语下面画上横线。如果遇到不理解的词语，也在下面做上标记，然后查阅课本，把不明白的词语查清楚。

经过一段时间的训练，振宇读题的认真能力明显提升，老师在设计题目时专门在其中设计了陷阱，比如单位不统一、增加“最大”“分别”等词语。他在读题的时候都会很敏感地感受到并且很精准地找出来。随着读题认真能力的提升，他做题的准确率也有着质的飞跃！

随着学习中认真能力的提升，振宇在生活中做事的态度也逐渐平和专注。振宇妈妈在和老师的反馈中说：“孩子现在上课比以前认真多了，情绪也少了，上课前的准备工作特别及时！”

有一次上完课老师问振宇：“你喜欢基地不？喜欢基地老师给你上课不？”振宇毫不犹豫地说：“喜欢呀，因为我进步了！”

事实确实如此，振宇在基地学习的过程中，各方面的进步都非常大！

在成绩方面，振宇下册期中考试比上册期末考试进步了 30 多分！并且期中考试之后振宇学习更踏实了！

在书写方面，振宇的书写更规范了，每一次老师要求在本上做题，他的书写都非常好，步骤也很完整。

在纪律方面，振宇的上课纪律比之前明显好很多，之前有时候会离开座位，现在上课跟老师配合得非常默契，很少离开座位了。每次老师要求做什么，振宇都很配合。

在学习主动性方面，振宇之前上课时常迟到，课前需要老师提醒，现在振宇每次课前都早早地在电脑前等着，并且提前做好了上课准备，学习主动性非常高。

跟随基地老师学习半年来，振宇一直很努力，有一次感冒了还坚持上课，并且那一节课做题的正确率非常高，并没有因为身体不适而放弃，赞叹振宇坚韧不拔的学习精神！

我们相信，振宇有这种勤奋的学习精神，继续扎实操作在基地学习到的方法，认真对待每一道题、每一个字，一定会给我们带来更多进步的好消息！

三、建立真实自信

当一个同学学习能力提高，做题目只要觉得会做就可以轻松得满分，连续3个、5个、10个题目都能做出来且得满分的时候，当他有把握获得好成绩的时候，他的自信自然就来了。这种基于实力的提升，基于实力创造出的成绩的提升的自信，才是真实自信。

只有建立起真实自信，这种自信才能稳定，才能给孩子的学习以巨大的力量，才能在遇到困难时帮助孩子挺胸昂头大步向前，孩子才算真正走向自信了。

下面是我们对同一个孩子学习情况的几次追踪分析。

案　例｜帮孩子真真正正学会

2010年寒假认真能力训练营中有几位小朋友，在和这几位小朋友的沟通中，我发现，这些孩子的小脑袋瓜里和成人一样装着很多的烦恼，比如小月同学。她来自河北，上小学5年级。她两条长长的辫子会时常随着脑袋的扭动而在肩膀上一会儿跑前，一会儿跑后的，人看上去很是机灵。就是这么个小家伙，也是心事重重。

小月妈妈跟基地老师反映：小月很在乎学习，很想把成绩搞上去，考不好会非常伤心；寒假过后学校要分班，她很害怕被分到差班，所以思想包袱很重。从孩子那里我们还了解到，她还不只担心开学后马上面临的分班问题，还有小升初考试是不是可以考入一所重点中学的问题。一方面是想学习好的强烈愿望；但另一方面是影响她学习好的问题——浮躁。妈妈比较困惑如何引导孩子并带着孩子执行好方法，于是来到基地参加认真能力训练营，希望好好利用寒假的时间，尽快帮助孩子解决问题。

以下是小月在训练营几天里的表现情况。

——小月同学今天表现得十分活跃，在包饺子活动时，主动担当擀面皮的任务，虽然擀出来的面皮像个小兔子，但小月同学非常努力，不仅擀面皮，而且包饺子。同学和面的时候，还主动帮助同学运水。

——小月同学学习的知识点是平行四边形的面积（计算时结合小数乘法），十步法操作到第五步。在计算方面，刚开始的时候，她忘记了乘十位上的数字，到最后一节课时，已经做到没有漏乘数了，还能将小数点后有两位小数的乘法计算一次性做对！虽然加法有忘记进位的情况，但检查的时候，能够做到主动检查是否漏乘的问题了，这是严格执行错误报告的结果，这也是小月同学的努力所取得的进步。明天将要进行“得满分”的操作，重点针对乘法计算时，加法进位方面进行改进。

——小月同学今天学习的知识点是平行四边形的面积。在计算小数乘法的时候，小月同学将题目（连续 3 道）全部做对！小数的乘法计算，一直是小月同学学习上的拦路虎，但这次，她胜利了！

——在计算平行四边形中的阴影面积的时候，小月同学开始图画得不够标准，老师指出这个不足后，她主动将图重新画了一次，而且画得非常准确！在“得满分”的训练过程中，老师问：“图中阴影部分的面积为什么是平行四边形面积的一半？”刚开始的时候，小月同学没能说清楚，于是与同组的小涵同学讨论，讨论的时候，将自己的想法讲给小涵同学听。小涵同学提出了自己不理解的地方，小月同学就再给小涵同学解释一遍，小涵同学还不明白的时候，小月同学就找到了课本，自己看完课本后，再给小涵同学讲解，直到得到小涵同学的认可。这种不达目的不罢休的精神，值得每一个组员学习！

——小月同学今天学习的知识点是求三角形的面积。刚开始的时候，她不知如何找到钝角三角形的高。通过与锐角三角形和直角三角形进行对比，再通过自己的努力，她能够准确找到钝角三角形的高了。

接下来，小月同学又做了一道比较两个三角形面积大小的题目。刚开始的时候，因为找错了三角形，她没能将题目做出，经历了两次挫折后，她着急得哭了，这说明她积极上进，对自己要求比较严格。要表扬小月同学的是，通过老师的开导，她迅速调整情绪，很快进入了解决问题的状态。通过比较两个三角形的底和高的关系，她准确地将题目做出了。接下来，小月同学自己编了一道比较三个三角形面积大小的题目，而且完全做对。再后来，小月同学能够将比较多个三角形面积大小的题目完全做对！

还要表扬小月同学的是，她如果发现题目做错了，会主动写错误报告！

——小月同学今天学习的知识点是三角形的面积和组合图形的面积。在一整天做题的过程中，她的计算没有出现错误，在此提出表扬。小月同学还利用四种解法解出了同一道题目。

在求组合图形面积的时候，有一道题比较复杂，但小月同学不怕困难，自己独立思考，开始的时候，将多边形进行分割，但她发现无论怎么分割，分割出来的三角形都不能找到底和高。老师提示她："除了分割还有其他的方法吗？"这时候她脱口而出："补！"于是，她又将多边形补成规则图形，最后将题目做对了！

在晚间"60 秒不 NG"的游戏中，小月同学表现积极，在"有钱捧个钱场，没钱捧个人场"的环节中，表现出色，没有出现任何失误！为小组的顺利过关，做出了很大的贡献。

经过这几天的学习，小月同学自己认为挺有收获的，而且还清晰地说出了自己进步的几点：

① 计算不出错了；

② 进度也比在家里要快（效率高），在家里做题时间长，会磨蹭，在这里和大家一起做题就很快；

③ 基本功扎实了，越练越熟了。

小月同学说，自己最大的感受就是心里踏实了。原来总是担心小升初考试，怕考不上重点中学，现在心里踏实了，因为自己知道怎么做了。只要每一步明确前因后果，就能把题目做对，而且列出式子来，自己都能讲清楚因果关系。以前自己很浮躁，现在觉得自己能够认真踏实学习了。在当天的学生收获中，小月同学还写道：

“计算准确率又提高了，比中了百万大奖还高兴！

“每做对一道题，就想蹦起来！”

2011年五一节，冬令营的小老学员小月同学又从河北来到北京，参加复训。她一来就给我们带来了好消息，也让我们大家着实感动了一把。这次考试，小月从原先班里二十多名，进步到了第七名。

120分的试卷，小月同学前面错了两个小题，后面的附加题全部做对。下面是小月写的自己考试前后的感受：

“星期二，数学考试开始了，我把前面的基础题做完了，检查了一遍，开始做附加题了。我想出了两道题，还有两道题不会做，怎么办？心里越来越急。‘算了，不做了’，我重新检查了一遍，我看着那两道不会做的题，仔细地看，大约读了8遍的样子，画了一个线段图，心里有一点想法了，又读了3遍。慢慢地、慢慢地，式子在脑子里浮现。我把式子写到卷子上。卷子发下来，我第一个看的就是附加题，那两道题对了！我仿佛坐在幸福的云朵上遨游，开心极了！”

一道本来不会做的题能够耐心地读11遍后做对，小月得到的是自信；看到了自己这么大的进步，小月自然也更开心了。而在这个令人欣喜的成果背后，是小月坚持不懈地努力。

第二次来到我们基地，小月同学一早就跑到我的办公室来，开心地告诉我，这次成绩怎么提高了，自己是怎么把那两个附加题做出来的，自己多么多么开心，五一节是自己主动要求过来学习的……她眼睛在放光，你会发现，这孩子已经完全拥有自信了。

当时，看着她开心的样子，我在想，做教育真好！我在微博上写了两段：

“我很幸运选择了教育作为我人生的事业，有机会帮女人们变得智慧幸福，帮孩子们变得认真开心。然后，我会不断地收到反馈，哪位女士哪个孩子又有进步了，哪个家庭变得更加和谐了。我这人很自私很傻，我会觉得这些都是自己的功劳，所以开心得不得了！

“成为自己的光，点亮别人。”

下面我们通过一个案例来看如何帮孩子提高自信。

案 例 学习的四种境界对孩子自信的影响

一般学习往往要经过四种境界：第一，无意识无能力，即不知道自己不懂，这时候孩子懵懵懂懂，都意识不到自己能力不强；第二，有意识无能力，即知道自己不懂，这时候孩子知道自己不会学习了；第三，有意识有能力，即知道自己懂了，并努力做到，这时候孩子通过学习，知道小心翼翼努力学习会提高成绩；第四，无意识有能力，即不知不觉懂了，并无意识地使用，这时候孩子非常自信，可以轻松学习好。

比如小孩子学骑自行车的时候，一开始看到别人骑车，似乎很简单，就认为自己也会，这就是无意识无能力；等上了自行车摔几次之后，就发现自己原来不会，这就是有意识无能力；再往后，经过努力学会骑车了，于是小心翼翼地骑，不敢说话，不敢扭头乱看，这就是有意识有能力；慢慢熟练了以后，骑车就开始放开了，可以在骑车的时候全身乱晃，不但可以大声叫喊，而且可以追打嬉闹，根本不用考虑怎么骑车，这就是无意识有能力。（学习开车也会经过类似的四个阶段）

那么学习知识的时候，学会的三个标准是如何贯彻到学习的四种境界中的？是如何帮孩子提高自信的？我们来举一个实际案例说明。

小苗同学来自石家庄第十七中学，人很聪明，但比较马虎，性格比较开朗。

这时候的小苗是无意识无能力，人是不自信的。

他跟妈妈一起先跟我做了一次平等思维对话。

下面是他参加平等思维对话后的感想：

“在来这儿之前，我一直认为学习是一件容易的事，但和唐老师谈完话后，我感觉我的想法是错的。

“我明白了一句话‘法不孤起，必有所为’，万事都有其道理。（凡事有因有果，无因之果是错的，因果对应就不会错了。）

“我也明白了做一道题必经三步：①得满分；②熟练化；③举一反三。而且以后必须坚持实施这三步，只有这样学习才能提高。

“对我影响很大的还有一句话：‘越是聪明的人越要下笨功夫。’

“通过这次授课，我感觉从未有过这样大的感受，我受益太多太大了！

“谢谢唐老师！”

可以看出，他原先认为学习很容易，但成绩不理想，经过平等思维对话，他已经发现学习不再容易。他从原来的“无意识无能力”走向了“有意识无能力”。这时候，他好像蛮自信的，但他只是虚拟自信。这种自信很不牢靠，一旦考试成绩不好，马上就会烟消云散。所以要真正帮孩子提升学习能力，把虚拟自信转换为真实自信。

到了下午，他用三个小时的时间做了一个题目。

我首先问他最没有把握的是哪一部分。他说是几何。于是我就从他的课本上找了一道他最没把握的圆方面的题目。他说老师讲过，自己会做了。我要求他尽快做出来，并提醒他，会做了就要一次做对。结果，他的浮躁表现出来了。过了大约二十分钟，他根本做不出来。他自己承认不会做。

于是我引导他从不同角度一步步深入考虑这个问题。先从两个条件（两个角）出发，不断变化，每次变化都发现一种新的解决方法，最后他发现这道原先不会的题目，他居然可以轻轻松松地用十几种方法做出来。我进一步提示他，让他明白：一道题目，如果会做了，怎么做都能做出来；一道题目，如果会做了，就会发现根本没有什么值得记住的，因为所有的结都打开了。

一下午，三个小时，他连厕所都没去一次，一直趴在那里做题。

三个小时很快过去了，下课后，他妈妈问我：“孩子学得怎么样？”我说：“您不用问我，直接问孩子吧！”

孩子脱口而出三个字：“好死了！”

以下是他下午学习后的感想：

“在上课之前我万万没想过，一道题能有超过十种解法。

“一章的题全部能体现到一道题上，而且能体现成这样。太让我惊叹了！一道题把人的智慧全部体现出来。

“这种教学方法是我从未体验过的。

“看来，学习并不是一件难的事，只是你是否有开创的眼力。

“谢谢您！唐老师！”

从小苗同学的感想中我们能够看到他学习后的喜悦，我们相信他已经从“有意识无能力”走向了“有意识有能力”。这时候他的自信有了坚实的基础，在这个基础上，持续用我们的方法学习，他的学习能力就会越来越强，继续这么学习，他的成绩一定会突飞猛进！

如果不理解透学习，学习是一件很不容易的事情；如果能够抓住根本，学习就是一件很容易的事情。

从“自以为容易”到“发现不容易”再回到“在能力支持下容易”，小苗同学已经从“无意识无能力”到“有意识无能力”，又到了“有意识有能力”，在学习进程中深刻体会到了什么叫“学会”。这时他已经在慢慢地走向真实自信。

接下来，小苗同学要做的就是熟练使用我们学会的三个标准，把得满分、熟练化、举一反三三个步骤一个个严格深入地执行到底，并逐渐养成习惯，从而达到学会的第四个境界：无意识有能力。

这个境界往往是通过我们的十大知识模块做到的，但由于他的时间很紧不能继续学习，我再次提醒他回去以后要踏踏实实地下“笨功夫”，继续在学习中严格执行学会的三个标准，并养成习惯，早日功德圆满，达到无意识有能力的境界，快速提高成绩！

到那时候他才算是真正有自信了。

第四章

如何培养孩子的学习兴趣

帮孩子提高成绩，使其体会到成绩提高带来的成就感，他就会对学习感兴趣了。

学习好是提高学习兴趣的原因。

如何培养学习兴趣可以说是一个公认的教育难题。

学习兴趣是指孩子们心里产生的趋向于从事学习活动的倾向。孩子们如果发现，自己愿意去学习，并相信自己在学习过程中会得到快乐，就说明他们有学习兴趣了。

第一节

培养兴趣的重要性

很多老师和家长都来信问怎么培养学生的学习兴趣。因为如果有了兴趣，也许现在的教育会发生天翻地覆的改变。很多名人对兴趣做过很迷人的描述：

爱因斯坦说："兴趣是最好的老师……"

孔子说："知之者不如好之者，好之者不如乐之者。"

苏联教育学家斯卡特金说："教育效果取决于学生的学习兴趣。"

……

可以说，只要让孩子对学习感兴趣，学习的问题就已经解决了 90% 了。只要有兴趣，就没有学不好的。

从什么时候开始我们的孩子对学习没有兴趣了呢？

对此我曾经写过一篇文章，也许对大家有些启发。

学校的起源——老师的故事

在很久很久以前，这个世界上没有学校，孩子们不需要每天上学，没有老师，也没有学生。

孩子们每天吃饱了饭以后，就跑出去玩，又快乐又自由。

很快，他们就发现有一个孩子特别聪明。每次，大家一起讨论一件事情的时候，他总是能够说得更有道理，每次大家都不由自主地听他的。每次辩论的时候也都是他讲得更有道理，都是他赢。每个孩子都羡慕他，大家一打听，才知道他的名字叫求知。

有一天，求知不在，孩子们聚在一起讨论：

为什么求知会比我们更聪明？

为什么很多事情他都知道，而我们不知道？

他是不是吃了什么可以使人变聪明的补药？

有一个孩子就说：我要是也能像他那么聪明就好了！

很多孩子都附和：是啊是啊，我们要是能那么聪明就好了！

其中有一个名叫模仿的孩子比较有心计，就出主意：我们能不能把求知请出来，请他讲讲他所知道的那些东西是怎么得到的？那样是不是我们也可以得到了？

孩子们一听，都说：嗯，真是个好主意！

等求知来了以后，孩子们都问他到底怎么会知道那么多别人不知道的东西。

“这个嘛，”求知故意卖关子地沉吟了一会儿，看其他孩子着急了，才回答说，“除了跟你们一起玩，我还会经常去找一位老爷爷听他讲故事，他住在一个叫学校的地方。很多东西都是从他讲的故事里得到的。”

孩子们一听，都来了兴趣，就问求知：“学校在哪里？我们能不能去听他讲故事？”

求知说：“可以啊。”

于是，每个孩子都跟着求知来学校了。

老爷爷的故事果然有趣，孩子们听得都入了迷。听完后，孩子们都要求经常过来听，但老爷爷说自己太忙，经常没有时间。孩子们只好求老爷爷，老爷爷实在拗不过他们的请求，于是就答应他们，每天给他们讲故事。

孩子们听说每天可以来学校听老爷爷讲故事，都高兴坏了。那时候，学校没有任何的制度，只要你想来，就可以来。如果不想来，就可以不来。但学校就意味着快乐，学校就意味着趣味，学校就意味着充实，如果哪个孩子不去学校，自己就会自卑，别人也会瞧不起他，所以孩子们都争着要来。每个孩子在离开学校的时候，总是舍不得。

当时对一个孩子来说最严重的惩罚就是不让他去学校。如果一个孩子被罚不能去学校，一来听不到老师讲故事，二来还很丢人。因为能够上学校是无上的荣光，又有浓厚的趣味。

每次老爷爷讲故事的时候，很多孩子都会提前过来占位子，希望能够离老爷爷近一点，听得更好一些。

过了一段时间，孩子们的见识果然都大有长进，孩子们的父母听说了都来感谢老爷爷。他们问起老爷爷的姓氏，老爷爷说："我姓师，你们都叫我老师好了！"从此人们就都尊敬地称他为老师。

很快老师的事迹被传开了，更多父母听说了，都把孩子送到老师这里听故事。

慢慢地，孩子不断增多，很多孩子来得早晚不同，有时候老师讲的故事，有的孩子已经听过了，而有的孩子没有听过，出现了矛盾。于是为了提高效率，就把孩子们按听过故事的多少分了班。

这样，老师有点忙不过来了。于是他就找了几个年轻人来帮他一起给孩子们讲故事。

但很快他发现，孩子们还是更喜欢听老师自己讲故事。于是他就把他讲过的故事写下来，编成书，让后来的年轻人先学习这些故事，再讲给孩子们听。这本书被称为课本。来学校听故事也慢慢地被称为上课了。

由于很多慕名而来的孩子都听说老师是个很受欢迎的"名师"，只愿意听他讲。于是老师就把所有的讲故事的人都称为老师。从此所有的在学校里讲故事的人都被称为老师，而不论他的年龄有多大。这就是“老师”这个名字的来源。为了方便称呼，就在老师前面加了姓，就出现了张老师、王老师、唐老师等称呼。而那位老爷爷，人们尊称他为老爷爷老师。

后来，老爷爷老师上山采药，发生了雪崩，被埋在了大雪下面，再也没有回来。

但学校仍然在继续。

过了很久以后，又出了一个很聪明的姓庸的老师，这位庸老师很受欢迎，人们都亲切地称他为庸师。庸师觉得老爷爷老师写的那本故事太简单，知识含量少，而且讲故事的方式太过松散，目的性、针对性不强，于是就锐意改革，把那些故事情节全部删除，只留下故事中的知识，而且慢慢在改变讲课的方式。这么一改，内容果然更加精练，知识含量大幅度增加，很多老师和家长都拍手称好，觉得他们自己要教的书更精了。但孩子们却并不开心，因为他们发现老师们再也讲不出老爷爷的感觉了。

慢慢地，老师们都不会讲故事了，他们在干巴巴地讲知识、讲理论。

同时，孩子们不愿意来学校了，因为他们根本就不愿意听这些老师的课。

父母们看到学习知识对孩子是有益的，尽管学校已经变成了一个不好的地方，但他们没有能力或者不愿意自己教育孩子，于是仍然逼着不愿意来学校的孩子继续到学校学习。于是，孩子就变成了现在的学生。有了学生就产生了逃学现象。为了防止学生们逃学，学校建了高大的院墙，只留一个校门，还要有人把守。

后来，听说有人从一个大山的雪堆里发现了一个白胡子老爷爷，他已经在雪里埋藏了不知道多少年，人们把他送到了医院，没想到医生居然把他救活了。

他醒来后就急着去看他的孩子们。当他回到这像监狱一样院墙高大的学校一看，可怜的老爷爷老师，在雪山下埋了不知道多少年仍然活力十足的老爷爷老师，居然一下子被活活气死了。从此再也没有醒过来！

在此，仅以本文吊唁老爷爷老师。

第二节

培养学习兴趣的三个步骤

我们先来看看什么样的学生需要培养学习兴趣。往往需要培养兴趣的同学，都是所谓的学习不好的同学。他们往往学习能力不强，不会学习，成绩不好，使得老师、同学、家长都不喜欢他们，甚至往往害怕学习，所以，学习带给他们很大的压力、恐惧和厌恶，他们根本就不相信自己会学习好，更不用说有任何的兴趣了。

一、培养学习兴趣的三个步骤

要培养学习兴趣，需要三个步骤：第一，树立信心；第二，提高学习能力；第三，因成绩提高而产生兴趣。

（一）树立信心

一个没有兴趣、学习不好的同学往往已经经受过很多的打击，他们很难相信自己能够学习好。而且他们有很多理由可以证明这些，所以，要树立信心，首先要把他们心里深信不疑的这些自己不可能学习好的证据彻底打掉。

案例 | 从放弃数学到对数学感兴趣

翕元是一个高二的女孩子，她曾来基地学过英语，也取得了不小的进步。在大家眼里，她善解人意、性格好，充满东北女孩子的豪爽，甜甜的笑容，看起来特别亲切。她五官端庄，有淑女风范。她细致体贴，很会替人着想，同时又有种小妹妹的感觉，让人想保护她。她还有好多好多优点，温柔、诚实、冷静、聪明、口齿伶俐……“世界上这样的女子真是少有！”

就是这样一个近乎完美的女孩子，竟然想放弃自己的数学学习。来基地之前，她数学学习情况很糟糕，自己学不会，以前也没有学，结果导致基础不好，后来上课也听不懂了，之后就想放弃了。

她十一来参加了“认真能力训练精品课程”，学习“数学十步法”。老师对她进行了几步的训练。

第一节的学习，从课本例题开始，一个式子一个式子地去解释、找原因、说明为什么，把例题都读懂、做会，这样她开始能做一部分课后习题了。

接下来做第二节，她能更多地自己去把例题弄懂，而第一节老是需要老师帮助才能把例题弄懂。第二节课后习题她大部分都能做了，只有一两道题做不了，而看答案之后也能弄明白，这就开始学进去了。关键是能学了，以前不能学、没法学。能学进去了，这对她来说是一个突破。

做到第三节，例题她已经可以自己变换、去思考，并开始去研究这些定理，对各个概念的认识也开始清晰，课本上课后习题做起来基本没有困难了，能很容易做对。这时候她就很有信心、很有兴趣了。

翕元以前对数学没信心、没兴趣，就是因为根本不会做，没法做。其实她是想学的，只要能学了，能弄明白了，她就能学进去了。以前放弃的学科，现在自己觉得有意思了。用她自己的话说：“我现在对数学特别有感觉！”说这话的时候，脸上自信的微笑昭示着她对数学学习的信心和憧憬。

（二）提高学习能力

有很多优秀的老师或心理学家都有一些办法帮助学生树立起信心。信心在很大程度上支持着学生们的学习，然而，没有实力做后盾的信心，在短时间内只是靠语言树立起的信心，就像无本之木、无源之水，当然很不牢固。

如果没有实力的支撑，当学生发现自己在一次次的学习中继续不断失败的时候，信心很快就烟消云散了。

所以，信心必须要靠实力来维持和加强。

案　例　信心源于实力

钦杭，是来自浙江台州的一名小升初的同学，在基地老师的眼里，他开朗阳光，脸上总是挂着微笑，是一位格外具有亲和力的帅小伙儿。

钦杭是个很有灵气的孩子，在与他的接触中，老师感觉到他的学习潜力非常大，只因浮躁问题阻挠了他在学习中的进步。在学习中，钦杭的主要问题有两个：第一，做题时追求做题速度，着急下笔做题；第二，做题时会出现抄错数、计算错误、单位漏写、答不完整等情况。

针对钦杭的问题，老师着重带他操作了“审题三步法”“题目解答三步法”和“作业检查三步法”。

在开始辅导之前，老师首先和钦杭沟通了做题速度快的利与弊，帮助钦杭认识到，要想真正提升做题的速度，必须先提升自己的学习能力。

老师带着钦杭操作的第一个方法是“审题三步法”。拿到一道题目时，不着急动笔去解答，老师让钦杭先把题目通读一遍，找出题目中的条件，并一一列出，把数字逐个圈出来，当遇到不理解的词语时，查阅课本，必须将相关词语完全弄清楚。然后去思考条件与问题之间的关系，看它们可以用哪个公式、定理进行求解。

按照“审题三步法”，钦杭把题意完全审清楚了再去解答，正确率有了明显提升！尝到了一次性把题目做对的甜头，钦杭在下一次做题时就非常愿意去审题了，不再拿来题目就着急动笔，抄错数的问题也随之迎刃而解。

通过分析钦杭的解题过程，老师发现，很多时候钦杭对问题的理解还不是很到位，只是在根据自己原有的记忆对新的题目进行思维上的拼凑，并没有自己重新思考的过程。在很大程度上，这也体现了钦杭本身分析问题的能力还不是很强。

根据此问题，老师带钦杭操作的是“题目解答三步法”。通过这个方法帮助钦杭理清解题思路并规范做题格式。

审完题之后，老师引导钦杭去根据已知条件分析已知与求解求证之间的关系，找到解题的思路。然后整理这个思路，预计解题过程将分成哪几部分，每一部分大概有多少行，如果是在考试时，还要预估一下字写多大才合适。

接下来明确并规范做题的格式，解答题必须先写“解”，证明题必须先写“证明”，一旦出现漏写、写错就重做。在这个操作中，钦杭严格按照老师的要求去做，毫不懈怠！正因为钦杭积极而严谨地配合，他在解题时经常出现的单位漏写、答不完整的情况得到了明显的改善！

通过“审题三步法”“题目解答三步法”的训练，钦杭的审题、解题能力有了非常大的提升。这个时候，老师带着钦杭操作了“作业检查三步法”。

通过操作“作业检查三步法”，帮助钦杭重点检查自己的易错点，保证采分点一个都不丢，文字、字母、格式一处都不写错。在随后的操作中，钦杭能够把“作业检查三步法”融入解题的过程中，而不是像之前做完题再检查，这样的运用帮助钦杭节省了做题时间，并起到了很好的学习效果！

现在的钦杭在做题时，已经能静下心来，不再一味地追求做题速度，而是安心做好当下的每一道题。在上个学期最后一次模考中，钦杭取得了 117.5 分（满分 120 分）的好成绩，班级第二名，全校第三名！

在问及钦杭在平等思维有着什么样的学习感悟时，他自信满满地告诉老师：“只要有锲而不舍的学习态度，坚持不懈的发问和追问的精神，就能学好想学的东西！”

钦杭的信心来自实力。一个能踏踏实实学习、取得优异成绩的孩子，当然会在学习上充满信心。

（三）因成绩提高而产生兴趣

当学生的学习能力提升，学习就变得轻松了，学生的心思会更多地放到享受攻克难题的快乐上，而且由于成绩的提高，老师开始给予肯定，家长的态度也明显改善，同学们也开始另眼相看了。这时候，学生就开始产生学习兴趣了。

下面我们结合案例来看如何培养学生的学习兴趣。

案例 如何帮数学很差的女孩对数学产生兴趣

① 孩子的基本情况

小欧同学是某师大附中初一年级的学生，她本是一个聪明乖巧、活泼开朗的女孩。但自从小学三年级开始，她的数学成绩就一直是她和父母的心病，她的成绩经常排名到160名以后（全年级共180人左右）。虽然她每天都在“认真”听课，努力做作业，父母轮流辅导她，但她的成绩始终不理想。她跟父母之间因此产生了隔阂，父母之间也因孩子的教育问题经常吵架，一个本来和谐的家庭经常弄得乌烟瘴气的。

进入初中以后，一开始，很多同学都很喜欢聪明漂亮的小欧，但期中考试以后，她的数学成绩只有17分，很多同学就不再理她了，她非常伤心。

她甚至开始厌学，每天早上总是想找理由不去上学……

② 建立虚拟自信

当小欧同学的父亲真正弄明白我们的理念的时候，就赶紧报名参加了我们的认真能力训练营。由于小欧来到基地时距我们最近一期的“学会”小班还有十几天，小欧同学的父亲迫不及待地在某天放学后带小欧来基地先做了一次平等思维对话。我根据她的情况，先给她树立了信心，告诉她，她根本不笨，只是没有做对事情，只要执行好学会的三个标准，她的成绩一定会快速提高。让她相信她自己一定可以学习好，可以考出好成绩。

以下是小欧同学平等思维对话后的感想：

“听了唐老师的话后，我对学习有信心了。人是高级动物，但我从来没有跟这么高级的人对话过。

“唐老师说：‘法不孤起，必有所为。’它指的是任何事都不是孤立的，都有它的内因和外缘。我的内因就是渴望得到好成绩，自信地成长。外缘就是我的爸爸为我做出了这样的选择。

“唐老师说：‘你一定能学好的。’我从来没有听老师对我这么说过。我相信唐老师！我相信我自己！”

对话结束后，我问小欧：“有信心吗？”

“有！”她回答得干净利落。其实这时候，我帮小欧同学建立起的是虚拟的自信，并不是真正的自信。

小欧的爸爸在跟孩子一起做完平等思维对话后写了下面的感想：

“听了平等思维，感触很深，反思我以前的教育方法，我感到很惭愧。以前，我一直在怪孩子，怪老婆。现在我感觉到了一点点的启发，孩子和老婆的做法起码动机都是好的。我一直在用我自己的价值观约束她们，这是不平等的。我决定在和孩子和老婆说话时总先说：

“我可能是错的，你可以不听，好吧？

“听唐老师说，培养好了孩子的学习习惯后，不需要家长一直跟踪初高中的课程了。这是我听到的最美妙的一句话！”

信、愿、行，也许小欧的命运从此改变！

③提高学习能力，建立真实自信

接下来我们为小欧同学安排了6小时的课程。在短短的6个小时的学习后，小欧越做题目越有信心，做着做着，从来不爱做数学题目的小欧居然会不自觉地高兴得哼起歌来！因为她发现，她只是做了一个题目，但书上这一章的题目她居然感觉都会做了！而且经过检验，她真的做到了做一个会一个！这种扎实的感觉已经久违了！

所以，当我问她“如果下次考试，你觉得自己能考多少”的时候，她脱口而出：“我能考80分！”

在接下来的一段时间里，小欧同学开始了在基地小孟老师引导下的“夯实基础”。孟老师带着她严格按照学会的三个标准，一点一点地补回落下的知识，小欧爸爸也常跟我们基地的老师反映：这些天小欧的课堂笔记和作业有明显改善，整齐了，看上去思路也清晰了。

后来，小欧同学又参加了两天“学会”小班。以下是她的学习感想：

“这次是我第二次来了。第一次是和唐老鸭老师一对一谈话，受益那是相当的大，这次来有更大的收获。‘法不孤起，必有所为’‘妖魔鬼怪都是人’都是第二次听了，没什么新鲜的了，但这一次记人名，倒很好玩。但我的故事不想再提，实在是太想吐了。这只唐老鸭，小心我吃了你！

“这次来比上一次来，做的题不多反而少，但每一道题都理解透了，翻开课本‘有理数’这一章实在是太简单了。没想到呀没想到，原来一看数学书就想睡觉的我却说简单……

“一开始‘有理数’这章自以为学透了，其实不是真的学透了，真是应了唐老鸭老师的那句话，厉害呀。现在上数学课，不发呆、发愣了。我还要谢谢孟老师和唐老鸭老师！

“这一次来，主要是把每一道题真的是学透了，不但拿到了满分，还举了一、反了三（何止是三呀！），厉害吧！

“回家写数学作业，还真不发愁了，看来原来的我和现在的我，是相反关系。

“哦，对！胖胖的杨老师，别忘了请我吃饭！

“我保证，这一次期中考试，我一定会有进步（肯定不小）！”

我们看到孩子在这次总结中表现出来的语气，已经非常轻松活泼了。

在一个月后的 11 月 21 日，小欧同学带来了好消息：数学成绩由原来的 17 分快速提升到了 68 分。她的数学老师在她的试卷上专门批了两个字：“不错。”这两个字看上去没什么，但对于小欧这个长期得不到表扬的孩子来说，却如同天籁之音！

小欧的爸爸知道后情不自禁地说：“幸福来得太快了吧！”

这时候，孩子的真实自信已经在逐渐建立。

④ 由成绩的提高产生对学习的兴趣

小欧同学成绩提高以后，我们问她现在学习数学时是什么感觉的时候，她不假思索地说：“数学挺好玩的！”

一句“数学挺好玩”，道出了小欧同学对数学的兴趣。

当她变了时，她的世界也变了。

小欧同学发现原来很“讨厌”的数学老师居然是个很有趣的幽默老师，只是自己以前很讨厌学数学，就连带着讨厌数学老师了。我要问各位读者朋友：是数学老师变得幽默了，还是她的成绩进步了，开始有心思体会老师的幽默了？我想各位读者一定清楚。

其实，一个学习不好的同学，哪有心思听老师的幽默？幽默很好，但要看幽谁，如果幽默幽到自己什么，就没什么好幽默的了！

有一天，小欧同学来到我的办公室，兴奋地告诉我，昨天晚上她做了一套考题，居然得了满分！

在替孩子高兴的同时，我提示孩子：不要翘尾巴！

可以说，兴趣不是可以简单直接产生的，当学生有信心、有实力学习好并能从学习中感受到快乐的时候，自然就会有兴趣了。

接下来的学期期中考试后，小欧同学来到我办公室，告诉我一个好消息，这次数学考试她得了 89 分。

我问她现在学习情况怎么样，她满怀信心地告诉我："唐老师，您不用担心，我现在很有信心学好，而且对数学很有兴趣。"

听到小欧的这句话，看到她自信的样子，我心里感到十分欣慰。

这孩子长大了！她已经从一只不起眼的丑小鸭变成了一只美丽的白天鹅。

通过上面的案例，我们可以看到，经过提升信心、提高学习能力的帮助，小欧期末考试就考了 61 分（她学校的考试非常难，大家的成绩都很低），自信心一下子就起来了。第二个学期，她的学习又上台阶，在父母和老师的鼓励与帮助下，她的学习已经进入了一个良性循环：

建立自信→能力提高→努力学习→成绩提高→兴趣提升→信心增强→能力更好→更加努力学习

我们基地的孟老师告诉我，小欧说过："谁要是给我提出错误来，我就高兴，因为我又要进步了。"这句话已经成为基地的名言了。

小欧的学习在进步，她的平等思维水平也在大幅度提高。她不但用平等思维解决自己的问题，听她父母说，他们惊喜地发现，很多时候，孩子开始用平等思维在帮助父母分析问题了。

第五章 学生类型测评、三大学习规律和破题法

深入学习，达到一定的学习密度，高效学习才是提高成绩的关键。

第一节

学生分析的小模型

我们要因材施教，就是要分析清楚学生到底属于哪种材，这样才好进行施教。

有学者依孩子们的课外学习时间和考试成绩做了一个散点图（如图 5.1 所示），以考查学习时间和考试成绩之间的关系。从下图中可以看出，考试成绩跟课外学习时间的多少几乎没有什么明显规律性的关系，没有我们想象中那种“越是成绩好，花的业余时间越多”的结论出现。差不多在每个学习时间段，都同时存在成绩高的与成绩低的学生。

为了更好地分析学生的特点，图形被划分为四个区域。

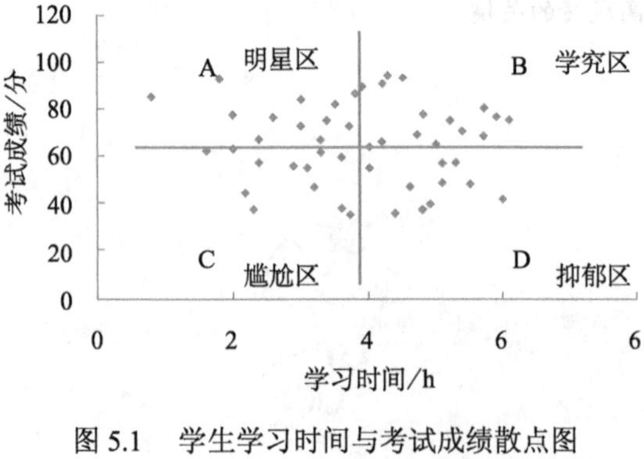

图 5.1　学生学习时间与考试成绩散点图

把图 5.1 分成四个区，通过分析，我们知道这四个区把孩子们分成四种特征各异的学习类型。

一、明星区

明星区就是A区，根据图形我们可以看出，这个区的孩子在课外花费时间很少，但考试成绩非常好，是学校和班级里人人羡慕的孩子，总有人夸他们聪明，而且这样的同学往往有足够的时间搞一些课外活动，除了学习好，其他方面也不错。这样的学生学习好，脑子灵活，爱好广泛，就像明星一样，所以我们称A区为明星区。明星区学生的特点：自信，自恃聪明，不愿下笨功夫，如果不加以精心引导，这个区的学生未来往往难成大器。而且，明星区并非一成不变，随着学习内容逐渐增多，学习难度逐渐增大，竞争强度逐渐增强，明星区的孩子如果没有好的学习方法，往往会向学究区和尴尬区转化。所以，我给明星区孩子的建议：挖掘学习潜力，按照我们学会的三个标准、各科的十步法学习，轻松应对目前的学习，达到只需花七成的潜力就可以轻松学习好的目标；学会下笨功夫，越是聪明人越要懂得下笨功夫，当今这个时代，只靠聪明，不可能有大的成就。

二、学究区

学究区就是B区，根据图形我们可以看出，这个区的孩子在课外花费时间相对较多，你会发现他们永远在学习，他们的考试成绩也非常好，是学校和班级里公认的好孩子，因为他们既努力又成绩好，也就是既听话又表现好。学究区学生的特点：虽然学习好，但不够自信，担心成绩会下滑，容易嫉妒别人，肯下笨功夫，然而学习能力有限。这样的同学一般没有时间搞一些课外活动，除了学习好，几乎没有什么别的特长，是人们常说的书呆子型的学生。这些学生学习努力，“两耳不闻窗外事，一心只读圣贤书”，除了学习什么都不关心，所以我们称B区为学究区。有一次我给北京三帆中学的家长们讲课，有位家长就问我：“孩子太着急学习怎么办？”她孩子成绩也不错，周末根本不出去玩，家长让她出去跟朋友玩一会儿，她总是不出去，偶尔带她出去吃个饭，她也带着作业。家长劝孩子说成绩差点没关系，但孩子不听。这个孩子就是典型的学究区的孩子。我给学究区孩子的建议：挖掘学习潜力，按照我们学会的三个标准、各科的十步法学习，轻松应对目前的学习，达到只须花七成的潜力就可以轻松学习好的目标。

三、尴尬区

尴尬区就是C区，根据图形我们可以看出，这个区的孩子在课外花费的时间相对较少，但考试成绩也往往不佳。由于有很多的课余时间，他们往往会有一些业余爱好之类的，在学校里不学习的时候比较多，老师们会不太喜欢这样的同学，因为他们学习不好又不知道努力，也就是既学习不好又不听话。但这样的同学往往人缘不错，自我感觉也良好，而考试成绩往往不够理想，学校和班级不够重视他们，所以他们经常受到打击，不够自信。可以说，他们不笨，但又不能证明他们的聪明。他们往往胸怀大志，但经常会被认为是夸夸其谈，所以说他们是尴尬的一类群体，我们称C区为尴尬区。尴尬区学生的特点：学习成绩不好，不够自信，但往往表现得满不在乎，自以为聪明，从来不努力，身上懒虫严重，懒散，坐不住。这类学生想学习好，但由于基础或习惯不好，难以取得好成绩，心里焦躁。对他们，教师应该帮助他们建立对学习的兴趣，并帮助他们形成良好的学习习惯，从而让他们彻底改变学习状况，并从学习中获得快乐和自信。我对尴尬区孩子的建议：找到权威的老师或长辈，帮孩子建立学习信心；帮助孩子找到好的学习方法，让孩子感觉到通过这种方法学习，确实效率更高了；如果落下功课了，要帮孩子慢慢补过来，家长要有足够的时间和心态帮孩子补课；孩子长时间不努力学习，身上的懒虫严重，即使给孩子好的学习方法，也不能保证他可以坚持用这个方法学习，所以，家长或老师要学会鼓励孩子，发现孩子身上出现的任何进步的苗头都要及时鼓励，让孩子开心地学习。

四、抑郁区

抑郁区就是D区，根据图形我们可以看出，这个区的孩子在学习上花费时间相对较多，但考试成绩却往往不佳，每天努力学习，却考不到好的成绩，所以他们往往很郁闷，老师和家长对他们也往往觉得很可惜，会觉得这是个好孩子，但就是笨了点。抑郁区学生的特点：学习成绩不好，明显不自信，态度不积极，敏感多疑，自卑，看似努力学习，但心思往往不在学习上，身上懒虫严重，但很隐秘。这样的孩子一开始会觉得自己不笨，只是没有找到窍门，但时间久了，每次都花很多时间但仍然学习不好，就会慢慢相信自己也许真的是笨的。于是他们就在心里给自己一个定位，不断给自己一个暗示：我是笨的。老师和家长对这样的孩子往往不会太多地苛责，但难免有时候会忍不住说几句贬低或者刺激孩子的话。这样的孩子往往会特别敏感，他们很愿意学习好，为妈妈、为老师争口气，但他们一次次地失望了。他们小时候也会有一些什么爱好，但由于学习不好，老师、家长都不再支持他们的“不务正业”，于是他们也就没脸再坚持什么爱好了。这样的同学往往有自卑情绪，封闭自己，对学习不感兴趣，对未来没有希望，所以我们称 D 区为抑郁区。对于这个区的学生，教师应该以建立他们的自信为主，让他们真正看到自己的努力能够起作用，但他们身上有长期积累下来的学习不深入、不踏实、效率低下等问题，而且他们的心态消极，很难专注于认真学习，所以要有非常大的耐心。他们的优点在于非常想学习好，所以只要善加鼓励，从方法上多加引导，他们是会快速转变的。我对抑郁区孩子的建议：找到权威的老师或长辈，帮孩子建立学习信心；帮助孩子找到好的学习方法，让孩子感觉到自己通过这种方法学习，确实效率更高了；如果落下功课了，要帮助孩子慢慢补过来；家长要给孩子足够的时间补课，在这个过程中要多鼓励，让孩子不因成绩短时间内没有提高而放弃；因为孩子迫切想提高成绩，给孩子好的学习方法，他就会很积极地用这个方法学习；孩子虽看似努力学习，但注意力不集中，容易走神，需要有人提醒帮助；所以，家长或老师要学会鼓励孩子，发现孩子身上出现的任何进步的苗头都要及时鼓励，并帮孩子找到学习过程中开窍的感觉，让孩子开心地学习。

显然，上面四个区的学生各有优点，也各有缺点，作为老师或家长，要针对不同学生的特点来制定针对特定学生的教育策略。

您的孩子是哪个区的？您知道怎么帮助孩子了吗？

第二节

三大学习规律

什么样的同学会学习好？怎么样才能学习好？同学学习好的根本原因在于他能够进行有效的学习，有效学习的意义在于每天学会自己应该学会的知识。很多人在很努力地学习，把要学会的知识一遍遍地复习，但关键是最终没有学会就停止了，或者当时学会了，很快又忘记了。学习是个漫长的过程，比如有10个台阶，如果不是学习到最后一个台阶，而在任何一个台阶停下来，都表示没有学会，这个过程就等于做了无用功。

无论你学了多长时间，如果每次都没有学会，那么每次做的就是无用功，成绩就不会好，时间也就白白浪费掉了。

比如，打井的时候，如果100m深能够见到水，那么，必须打井达到100m深以后才能出水，否则就一定失败。

很多人打到60m的时候，发现没有水就停止了，然后换个地方重新打；又一次打到60m发现依然没有水，就又会放弃……

可以想象，这么打井，打一万次都见不到水。打井人只是在不停地做无用功，这就是很多学生每天很努力却总是考试成绩不好的原因。

常见的实用的学习规律有三个。

一、学习成绩与有效学习时间成正相关

学习好靠的不是学习时间多，而是效率高，不是看你学了多长时间，而是看你的有效学习时间是多少。

有效学习时间，是指学习者在生理和心理状态不受干扰的情况下全神贯注学习的时间，也可以说是把学习的内容真正学会的时间。

有效学习时间取决于以下几个方面。

（一）保证睡眠

充足的睡眠时间是保证有效学习的生理基础。

睡眠不足会对人们的身体健康状况和大脑的活动状况带来负面的影响。

英国医学杂志报道，研究人员发现，一个从早上 6 点醒后 17 ～ 19h 没有睡觉的人，其行为能力与一个血液中酒精浓度为 0.05％的人相当，甚至更差。血液中酒精浓度超过 0.05%，可影响所有驾驶员的驾车能力。统计表明，若驾驶员的血液中酒精浓度为 0.05% 或以上，将极大地增加发生交通事故的概率。

即使 1 周内每天少睡 2h，疲劳也会累积起来，并在不适当或危险的场所引起不可抗拒的睡眠倾向，从而引起事故。

有研究表明，长期睡眠不足、失眠可能带来一系列的机体损害，包括眼睛疲惫、神经衰弱、食欲不振、血压异常、思考能力减退、警觉力与判断力下降、免疫功能低下以及内分泌紊乱等。

充足的睡眠会对人们的身体健康状况和大脑的活动状况带来积极正面的影响。

美国康乃尔大学的心理学家经过研究指出，高效率的睡眠，应该经历 4 ～ 5 轮的熟睡过程，才能够完成体力和脑力的恢复，提高免疫能力，并有助于加强记忆和学习能力。

睡眠充足的人，往往会精力充沛、思维敏捷、办事效率高；相反一个睡眠不足的人，一般更容易表现出烦躁、精神萎靡、注意力不集中、记忆力减退等症状。这是由于长期睡眠不足，脑供氧就会缺乏，脑细胞就会受伤，脑功能就会下降。而大脑的工作需要充足的氧气和能量供给。

在脑部缺氧的时候，我们就会容易感到困乏，常常会不自觉地打哈欠。进入睡眠状态后，身体和大脑的活动量明显减少，基本处于基础代谢状态下，大脑耗氧量大大减少，大脑就会储存下更多的能量。

因此，睡眠有利于大脑能力的恢复，保护大脑，提高脑力。

学生每日的合理睡眠时间：高等学校 8h；中等学校 9h；小学生 10h。夏季酌量增加午睡时间。

学生每日的合理学习时间（包括自习）：小学不超过 6h；中学不超过 8h；大学不超过 10h。

事实上，我们的孩子一般都在超负荷学习。

（二）集中精力

很多孩子学习的时候不能够专心。孩子学习不专心的原因一般有以下三个。

1. 外部环境干扰

外部环境干扰，如在家学习时，客厅电视节目声音过大，邻居或家中父母发生争吵，以及其他噪声等。这些与学习不相干的因素容易在大脑皮层建立新的兴奋点，干扰注意力的集中。

2. 自身生理和心理素质影响

（1）身体原因

有些孩子由于身体不舒服，学习时无法专注于学习的内容，如皮肤瘙痒、肠胃不适、感冒咳嗽或疲劳、困乏、饥饿等。

（2）心理原因

有些孩子由于父母或老师的期望过高而产生压力，因遭到讽刺挖苦导致心烦意乱，由于对别人的谈话敏感而自尊心受到伤害，或由于与家长发生矛盾而心情不畅，这时候他们心理就会不平衡，导致分神，从而很难把精力专注于学习中。

3. 对学习内容没兴趣

所学内容过深或过浅，学习负担过重，孩子就会感到索然无味，厌烦学习。同时，非常吸引人的课外内容，比如游戏、网络、课外小说等，导致学生在学习上注意力分散。现在不少孩子学习负担过重，家长望子成龙心切，让孩子参加各种没必要的学习班、辅导班，导致学生无心学习。

（三）聚精会神深入学习才能把知识学好

“聚精会神”一词出自汉朝王褒《圣主得贤臣颂》：“聚精会神，相得益彰。”会：集中。该成语原指君臣协力，集思广益；后形容精神高度集中。

荀子在他脍炙人口的《劝学篇》中说：

“故不积跬步，无以至千里；不积小流，无以成江海。骐骥一跃，不能十步；驽马十驾，功在不舍。锲而舍之，朽木不折；锲而不舍，金石可镂。螾无爪牙之利，筋骨之强，上食埃土，下饮黄泉，用心一也。蟹八跪而二螯，非蛇蟺之穴，无可寄托者，用心躁也。是故无冥冥之志者，无昭昭之明；无惛惛之事者，无赫赫之功。”

意思是：

不一步步积累行程，就没有办法达到千里之远；不积累细小的流水，就没有办法汇成江海。骏马一跨越，也不足十步远；劣马拉车走十天，也能走很远，功夫就在于不断坚持，不停地走。刻一下就停下来，腐烂的木头也刻不断；不停地刻下去，金属和石头也能被雕刻。蚯蚓没有锐利的爪子、牙齿和强健的筋骨，却既能够向上吃到泥土，又可以向下喝到泉水，就是因为它用心专一啊。螃蟹有八只脚，两只大爪子，却只能住在蛇、蟮的洞穴，这是因为它用心浮躁啊。因此没有刻苦钻研的心志，学习上就不会成绩显著；没有埋头苦干的努力，事业上也就不会有巨大成就。

学习也是如此，没有长时间专心致志地学习，就出不来好成绩。

二、学习成绩与努力密度成正相关

（一）学习成绩与努力密度的关系

努力密度是指在学习一种知识期间平均每单位时间内用以学习这种知识的有效时间。努力密度一般用学习某种知识时每天学习该知识的有效时间来表示。有效时间是指能够高效率学习该知识的时间。

$$努力密度=\frac{学习一种知识的有效学习时间}{学习一种知识的总天数}$$

比如，一位学习者可能连续 10 h 在看数学，但他能够保持高效率理解的时间只有 30min，则该学习者学习数学的努力密度是 0.05h/ 日。

根据艾宾浩斯遗忘曲线：越是及早进行复习，越会减少知识的遗忘。我们看以下数据（见表 5.1）。

表 5.1　复习时间与知识遗忘量的统计数据

时间间隔	重学节省诵读时间 /%	遗忘数量 /%	最佳复习密度 / 次数
20min	58.2	41.8	1
1h	44.2	55.8	2
8h	35.8	64.2	3
1 日	33.7	66.3	4
2 日	27.8	72.2	5
6 日	25.4	74.6	6
31 日	21.1	78.9	7

根据表 5.1 提供的数据可以看出，学习 20min 内复习的话，知识的遗忘数量占 41.8%，但一天后复习的话，知识的遗忘数量会达到 66.3%，所以，越早进行复习，复习效果就会越好。

学习越是尽快复习，需要的时间会越少，学习效果也越好；如果科学地安排复习，学习效率会大幅度提高。

从记忆曲线可以看出，很多因素都会影响记忆曲线，我们的学习者和学习研究者都希望通过改变某些因素从而使记忆曲线上移。

连续学习的不利之处在于可能会导致学生心里产生厌恶感、精力不支等问题。但根据我们的研究可以看出，如果学习时间在 4h 左右的话，学生的学习效率是最高的，根本不会出现厌恶感、精力不支等问题。所以，连续 4h 的学习要比 4h（学习同样的内容）分 4 天来学习，效率更高，效果更好。

连续学习的益处可以通过艾宾浩斯遗忘曲线，以图形的形式来更加形象地表述，如图 5.2 所示。

从图 5.2 可以看到，每次在知识遗忘最迅速的时候及时复习，可使记忆曲线重新恢复到 100% 的记忆数量，再经过相同的时间，尽管仍然会产生遗忘，但这时候的遗忘速率下降了，我们看到每一波下降的斜率都在明显地减小。也就是说，每次复习都会使遗忘速率下降。

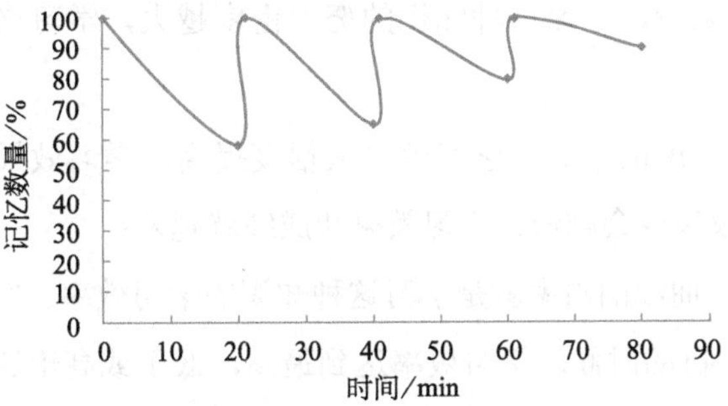

图 5.2　不断复习改变遗忘曲线的关系曲线

从上面的分析我们知道：

做同样时间的努力，努力密度越大，学习效果越好。

（二）以最佳努力密度学习

一段时间内学习某种知识所用的有效时间越多，则表示努力密度越大，反之，则表示努力密度越小。上面所说的“有效时间”是指学习者在这段学习时间内能确保自己的头脑保持相对清晰并能够有效地学习。

努力密度与掌握内容的关系，如图 5.3 所示；努力密度与学习效率的关系，如图 5.4 所示。

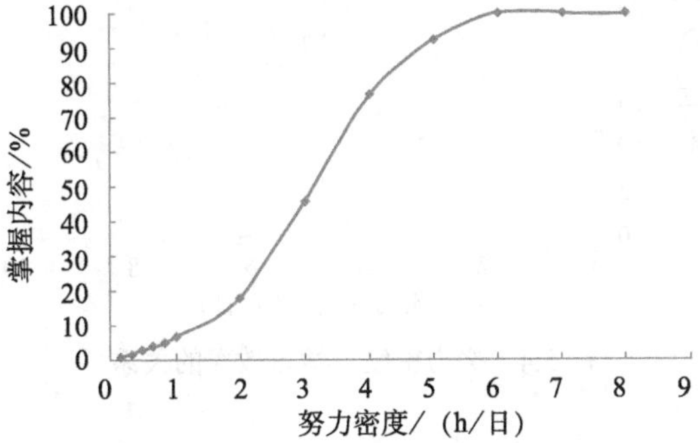

图 5.3　努力密度与掌握内容的关系

从图 5.3 和图 5.4 可以看出：

① 在学习密度很小的时候，学习基本上没有效果（原因在于学习密度太小的时候，学习得不到有效的积累，遗忘的速度接近于学习的积累速度，所以效果不明显）；

② 从整体上来看，学习一种知识的努力密度越大，学习这种知识的效果和成绩就越好；

③ 随着努力密度的增大，学习效率大幅度提高，学习效果快速变好，努力密度越小，学习效率也会越低，学习效果和成绩就越差；

④ 图 5.4 中，曲线的斜率就是学习这种知识的学习效率。容易看出，当学习密度达到 4 ～ 5h/ 日的时候，学习效率达到最高，低于或高于这个努力密度都会使学习效率有所下降。经过调查我们发现，学习效率提高的原因，部分是因为学生看到有较长的学习时间，想到了要利用一些学习计划和方法改变学习状况。而低于这个努力密度的时候，学生会认为制订学习计划和考虑某些方法会浪费太多时间而不去制订，从而会导致学习效率的下降；高于这个努力密度，学习效率也会下降，原因在于当人们利用过长的时间来学习同样的内容的时候，会引起心里的厌烦，导致注意力不集中，而使学习效率下降。当然这是一般规律，对于不同的人有不同的具体情况。有的人学习比较深入，并且能够打持久战，就不会出现努力密度过高、学习效率下降的情况。

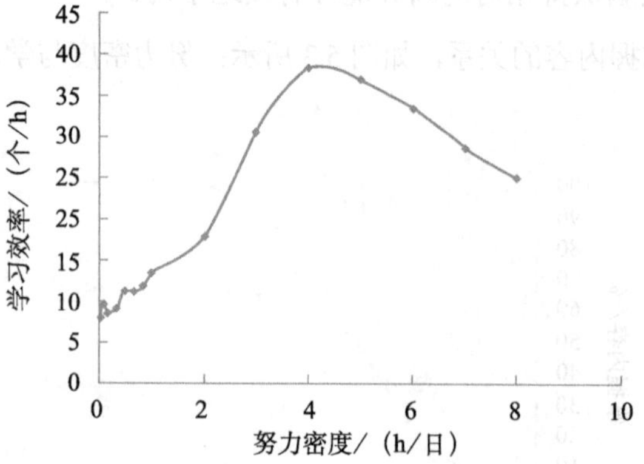

图 5.4　努力密度与学习效率的关系

（三）在最短的时间内采取最大量有效的行动

这个定理要求我们：学习要求以最短的时间采取最大量有效的行动。

有很多人曾经问一位著名的演说家道："请问，你怎么变得这么成功？你是如何成为如此优秀的演说家的？"这位演说家回答说："要成为最优秀的演说家实在太简单了！我以前在帮我老师工作的时候，我每天讲三场演讲，而我的同事呢，每天只讲一场演讲，所以我一天，就有我同事三天的经验；我做一个礼拜，就有我同事三个礼拜的经验；假如我做一个月，我同事就需要做三个月；我做一年，他就需要做三年；我做十年，他们需要三十年才可以打下我这样的经验基础。"

有些事情只有达到一定的努力密度才有可能做成。比如，冬天烧开水的时候，如果烧水的火提供给水热量的速度不如水散热的速度，那么这壶水就永远烧不开。

很多人学习外语也是这样。他们学了十几年，决心下了好多次，但依然没有学好外语。他们前前后后加起来学习外语的时间也不短了，按说应该有些成效了，但却基本没有什么提高，原因就在于他们总是三天打鱼两天晒网，学习外语的速度还不如遗忘的快，所以，他们每天的学习量是负值，也就是说，按这种学法，他们永远也学不好外语。

三、学习成绩与学习知识的深度成正相关

学习成绩与学习知识的深度成正相关。学习成绩随着知识学习深度的加深而提高，而且学习深度越是加深，成绩提高的速度就越快。

（一）对知识肤浅的理解无济于事

学习成绩与学生学习知识的理解深度成正相关。

很多时候应该考的知识内容老师都会讲给学生听的，所以在考试这方面，大部分学生的知识面都是相似的，很少出现有的学生学过，有的学生没有学过的现象，但考试成绩却大相径庭。原因就在于考试往往不是考知识面的广度，而是考对知识理解的深度。对知识理解得越深，成绩就会越好。

在给很多学校的教研组长或老师讲课的时候，我往往会遇到很多提问。要知道，很多听课老师都是有二三十年一线教学经验的老师，问的问题也都有一定的难度。

但对这些问题一般情况下我都可以轻松地做出解答，原因不在于我能够比他们有更多的经验和相关知识，而在于在某些点上我理解得比他们深一点点而已，此即“闻道有先后，术业有专攻，如是而已”。

我曾经认识一个朋友，他的地理、历史知识在理工科的学校里是非常不错的。

很多朋友跟他聊过，都觉得他知识渊博，在他面前没法说话。后来有朋友介绍我们认识，他见到我后就开门见山问：“你是哪里人？”

“山东。”我老老实实地回答。

“噢！”他拿出一张纸一支笔，一边画一边嘟哝，“山东在鸡嗉子这里。”我看他画出了中国的地图，然后把山东地图画了出来：“山东什么地方？”

“淄博。”

“嗯，淄博是个好地方，有博山，有淄河，山清水秀，人杰地灵……”一边说，他一边把淄博的位置在山东地图内画了出来，就开始说什么淄博东临潍坊，北临东营，西临济南……淄博盛产陶瓷，中国最大的铝厂也在淄博……淄博历史上出过什么名人，一朝一代几乎说了个遍。

我发现他对我的老家比我清楚多了。

而且我还发现，他说话抑扬顿挫，朗朗上口，后来才知道他熟读了《三国》，很多段落都可以背诵。所以，讲起话来，语言铿锵有力，几乎可以出口成章。

我发现确实插不上嘴，于是就老老实实地听他讲。

结果我很快发现了他的问题：由于他知道的知识点比较多，但却显得很凌乱，所以他对知识的系统性没有把握好，而且由于他急于表现自己的知识点，往往舍本逐末，常常出现跑题的问题。

于是，每当我发现他跑题的时候，就问：“你在说什么？”

“嗯？”他会突然停住，冥思苦想一阵，想不起来，就换个话题接着说。

如此这样三次以后，他说话就变得非常谨慎了，但他还是会出现跑题的问题，且不断被我揪住。

这是一方面的问题；另一方面他对很多知识虽然知道，但很多地方他“知其然而不知其所以然”，所以有几个地方深入一问，他就答不上来了。

到后来，他干脆不讲了，于是我开始讲。

……

我们看到，这位朋友的知识了解得不算不多，但他总会被问住，原因就在于他思路不清楚，他对知识的深度掌握得不够。

他就像天上的一朵彩云，看起来五颜六色、绚丽多彩。但他脚下没根，所以会随风飘荡。

如果一个人被他的多彩所迷，就会眼花缭乱，跟着他飘到远方去了。

但如果你能够稳稳地扎根，就不会被他带走，反而，当他要飘走的时候，你可以提醒他：别跑远了，赶紧回来！

但往往这时候，他已经迷失了方向，自己找不回来了。

考试也类似，如果学生学习不够深入，老师出的题目就会把学生引走，让学生迷失方法，看不出题目的核心，解不出题目；如果学生学习深入，则无论老师出什么样的题目，他们都可以轻松地看出题目的核心，然后从容解题。

（二）深入问题才能真正提高水平

学习成绩体现的并非是一个人知识面的广度，而是对规定知识掌握的深度。

学习的过程是训练学生思维能力的过程。所以，学生在做题目的时候，要训练在“无问题处发现问题”的能力。

什么叫“无问题处发现问题”？无问题指的是学生学习比较浅薄的一个层次，在这种情况下，他们学不会但又不能发现问题；发现问题指的是学生没有学好，一定存在问题，通过不断深入，找出自身存在的问题的过程。

学生学习不够深入，最容易体现在学习简单的内容上，比如说学习课本，很多同学不屑于学习课本，觉得课本上没有深入的内容，大多是一看就明白。但就是因为他觉得一看就明白，所以，他明白了却做不出难题。其实他不是做不出难题，而是没有把那些简单题目真正弄明白、弄扎实。

我提倡平等思维，平等思维是一种击穿式思维，就是要把每个问题彻底突破，彻底突破的意思是把一个本来不理解的问题彻底分解到公理、最基本的假设或实验结论上面来。

所以，学习一个问题的过程，就是把这个问题分解掉、破坏掉的过程，一个问题被分解了、破坏了，就会成为自然而然的结果，即不需要任何记忆就能获得的结果。

案例 “学会了”就像“挨了一个耳光”

有一名学生来问我问题，说有个问题，老师给她讲了好几遍，自己觉得明白了，但换一个方式出题，她就又不会了。这种现象在学生中是非常普遍的，很多学生和家长在咨询过程中都提到过这个问题。

我给她解答了以后，她说她终于学会了！

我：你真的学会了？

她：真的学会了！

我：我要考考你！

她：随便考！

经过检查，她果然能够举一反三了。

我：学会了是什么感觉？

她：就是……反正比一般的明白更加明白……

我：你能够记住这个感觉吗？

她：嗯，应该能记住。

我：好，你能描绘它吗？

她：不好说……

我：嗯，学会就是这样。

我用书轻轻打了一下她的脸。

她：啊……

我：说说看，什么感觉？

她：这……就是稍微有点疼，好像……

我：你觉得你能够说明白吗？你能让没有接受过耳光的人通过你的描述清楚地感受到打耳光的感觉吗？

她：……嗯，不能……

我：但你自己很清楚是什么感觉，对吗？

她：嗯。

我：跟打你手的感觉一样吗？

她：不一样。

我：你说不清楚，怎么知道不一样？

她：但我能感觉到啊！

我：对！尽管你说不清楚，但你心里特明白，对不对？

她：对，太对了！

我：记住，每次学习就要学到这种程度。

她：学到就像“挨了一个耳光”？

我：你有感觉了吗？

她：嗯，“学会了”就像“挨了一个耳光”！

我：还有什么问题吗？

她：唐老师，为什么学习要到“挨了一个耳光”的程度？

我：这种程度，不要你记住什么理论，也不要你掌握什么解题技巧，但需要你把要学的知识消化到“感觉”的程度。这时，知识已经内化为你的一部分，你不会再忘掉它，而且你能够应用它来轻松地解决很多问题。

她：那为什么我前面听过好几遍，都觉得懂了，却没有达到这种程度呢？

我：人的学习大部分都停留在逻辑的概念、推理、判断等头脑层面，这个层面的学习由我们的左脑掌控，左脑有一个最大的缺点就是每个问题需要经过意识的分析，这种分析有些时候听起来似乎有用，但实际上是没有真正悟透的。而且左脑是串联的，如果有一个环节断掉，整个过程就无法继续，并且一次只能处理一个问题，处理能力相当有限。比如打乒乓球，当对方打来一个球，如果这时候你要通过左脑的意识来分析这个球的速度、角度、旋转等因素，然后再得出如何打球的结论，那么，也许我们永远也见不到现在这么精彩的比赛了！如果我们学习利用右脑，右脑是形象的、直觉的、并列的。右脑可以同时处理海量信息，比如乒乓球运动员靠自己的右脑可以轻松地完成对一个来球的分析并马上作出准确的判断，这种处理能力是左脑根本不能比拟的。你想想，如果我们能像右脑那样处理问题，我们是不是会非常轻松自如？

她：要是真能这样就好了。可唐老师，怎么能每次做题时都找到“挨了一个耳光”的感觉呢？

我：呵呵，下一回，我们就讲解找到“挨了一个耳光”感觉的操作法——破题法。

她：好，我一定来听。

第三节

破题法——国王的问题

一、国王的水池中有多少桶水？

从前，有个有智慧的国王在大臣们的陪同下，来到御花园散步。国王瞧着前面的水池，忽然心血来潮，灵机一动，出了一个题目考问身边的大臣：“这水池里共有多少桶水？”众臣一听，面面相觑，全答不上来。国王发旨：“给你们三天考虑，谁回答上来就重赏！”

各位聪明的读者，您怎么回答？

如果您回答不出来，请继续往下看。

大臣们用桶量来量去，怎么也量不出一个确切数据。很快三天到了，大臣们仍一筹莫展。就在此时，一个少年走向宫殿，向国王声称自己知道池塘有多少桶水。国王命令那些满头大汗的大臣带少年去看池塘。少年轻松地笑道："不用看了，这个问题太容易了！"国王乐了："哦，那你就说说吧。"少年眨了眨眼说："这个问题关键取决于桶的大小，如果和水池一样大，那池里就是一桶水；如果桶只有水池的一半大，那池里就有两桶水；如果桶只有水池的三分之一大，那池里就有三桶水；如果……""好，完全正确！"国王重赏了这个少年。

一般的故事到这儿就圆满了，大家一定认为自己明白了。其实也许您没明白。请回答我的问题：

为什么少年能够想出这样的答案？

下次遇到类似的问题该怎么解决？

什么样的方法和思维习惯可以让我们真的能够解决此类问题？

您能够回答吗？

下面我帮您解决上面提出的这些问题。希望这部分内容能给您启发。

在这里我要介绍一种思维方法，叫作破题法，这种方法无论是对分析这类题目，还是对学生解决他们的学习问题，都非常实用。

破题有两个含义：一是破除"紧箍咒"；二是解剖问题。

我们先来看解题的障碍。

毕加索说过："创造之前必先破除。"破除什么？破除思维的路径依赖，破除传统的观念束缚。我们的传统思维中，什么是桶？您一定想到了家里的桶或电视上演的木桶，对不对？就是这个"紧箍咒"把您一下子锁住了！

我们要破掉所有的"紧箍咒"！

我们再看如何解剖问题。

破题最重要的就是破开我们日常生活中司空见惯的问题，从无问题处发现问题。

我们看待事物的时候，总是会忘记事物的相对性，经常会局限于某一角度钻不出来，而看不到另一面，如果换个角度，一下子就可以海阔天空！

所以在分析问题的时候，我们要用破题法。

要做到破题，需要做到以下两点。

一是停在当下。比如在上面的故事中，当国王问大臣们问题的时候，大臣们没有好好分析问题，而是着急着赶紧解决问题。试问，如果问题看不清楚，怎么回答问题？

很多学生都很浮躁（成人其实也这样，只是程度有不同而已），最典型的表现是他们不能把心安定下来。他们总在想着往前走，没拿到题目希望赶紧看到；看到题目了，还没看清楚就赶紧想解题；解题的时候，还没有解完心就早已经飞出去玩了；而出去玩的时候，又在担心作业和学习。

把心安下来，是最关键的一个问题。这个问题不解决，生活中的任何事情都解决不好。

二是把问题中的每一个关键词要破解开来。

上面故事中，国王问了问题之后，一个有智慧的人首先应该就国王的问题考虑以下问题：

第一，水桶有多大？一个桶到底多大本来是模糊的，所以，要明确桶的大小；

第二，水有多少？显然水池中的水的多少也是模糊的，所以，要明确水的多少。

上面是模糊对模糊，所以无法判断，要想判断首先就应该先确定桶的大小和水池中水的多少。

所以考虑到这里，问题也就很明确了。

这样分析，答案是不是就出来了？

那么，对于学习的问题，一般的问题要破解到什么程度呢？一般来说，要破解到以下的程度：

一是破解到公理的程度；

二是破解到基本假设的程度；

三是破解到基本常识的程度。

到这里，问题就可以迎刃而解了。

二、国王的桌子有几个角？

话说那位有智慧的国王在大臣们的陪同下，来到御花园散步。国王看到了一张长方形的桌子，忽然心血来潮，灵机一动，出了一个题目考问身边的大臣：

“一张桌子四个角，一刀砍去一个角，剩下几个角？”众臣一听，呵呵，这个题目容易，他们的科技大臣是数学博士出身，脱口而出：“3个！”

“不对！”马上有人反对，大家一看，原来是老谋深算的财政大臣，他是哈佛商学院回来的“海归”，“应该是5个。”

“高！实在是高！”众大臣争相巴结这位财神爷！

这时国王说话了：“谁还有别的答案？”

大臣们这一回又是面面相觑，全答不上来。

国王发旨：“给你们三天时间考虑，谁回答上来就重赏！”

各位聪明的读者，您是不是想到了？

上回那位少年又来了，见到国王，说：“答案至少有三个，请看图5.5，如果按细实线切去一角，那么剩下5个角；如果按虚线，剩下4个；如果按粗实线，则剩下3个。”

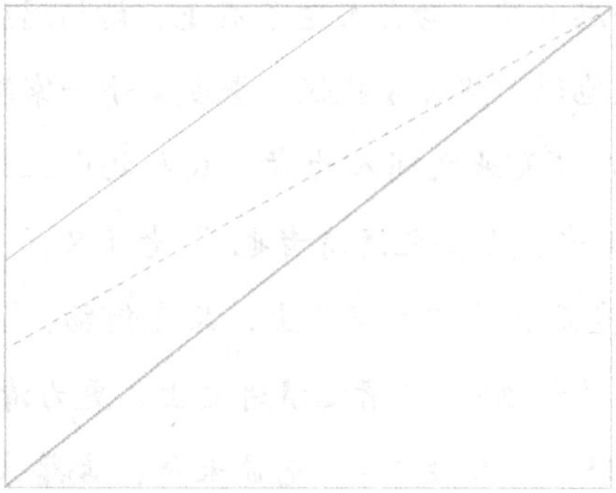

图5.5　四角桌子切去一角的不同方法

国王大喜，又重赏了少年。

这一回，大臣们学乖了。他们凑过来问少年：“你怎么能老比我们想得多？想得周到？”

少年哈哈一笑说：“上一回我让老唐给你们讲破题法的时候，你们就没有认真听，以为这种方法没什么，这次当然还是用这个方法。”

在大臣们的一致要求下，少年对此作了分析。

“这个问题的关键是在哪里下刀，选择下刀的位置决定了剩下的角的个数。

但我们的头脑中只会认为切一个角就是按实线的位置切。实际上，是可以任意变换位置的。而且，这个题目还有更多的答案。”

“还有更多的答案？三个答案还不全？”大臣们好奇心又上来了。

“当然不全！刚才只考虑了砍桌子的位置，却没有考虑刀的情况。如果刀自身带角呢？比如一把刀的刀刃是锯齿形状的，那么，有多少锯齿，就会多产生出多少个角。所以这个答案实际上是不确定的。

“还有，你怎么可能只砍掉一个角呢？如果刀是直的，你一刀，最少也会砍掉三个角，这里我就不展开了。”

……

案　例｜善于深入思考并深入提问的老子

老子自幼聪慧，静思好学。老夫人望子成龙，请精通殷商礼乐的商容老先生教授老子。商容通天文地理，博古今礼仪，深受老子一家敬重。

一日，商容教授道：“天地之间人为贵，众人之中王为本。”老子问道：“天为何物？”先生道：“天者，在上之清清者也。”老子又问：“清清者又是何物？”先生道：“清清者，太空是也。”“太空之上，又是何物？”先生道：“太空之上，清之清者也。”“之上又是何物？”“清之清者之上，更为清清之清者也。”老子又问：“清者穷尽处为何物？”先生道：“先贤未传，古籍未载，愚师不敢妄言。”夜晚，老子以其疑惑问其母，母不能答；问家将，家将不能言。于是仰头观日月星辰，低首思天上之天为何物，彻夜不能寐。

又一日，商老先生教授道：“六合之中，天地人物存焉。天有天道，地有地理，人有人伦，物有物性。有天道，故日月星辰可行也；有地理，故山川江海可成也；有人伦，故尊卑长幼可分也；有物性，故长短坚脆可别也。”老子问道：“日月星辰，何人推而行之？山川江海，何人造而成之？尊卑长幼，何人定而分之？长短坚脆，何人划而别之？”先生道：“皆神所为也。”老子问道：“神何以可为也？”先生道：“神有变化之能、造物之功，故可为也。”老子问：“神之能何由而来？神之功何时而备？”先生道：“先师未传，古籍未载，愚师不敢妄言。”夜晚，老子以其疑惑问其母，母不能答；问家将，家将不能言。于是视物而思，触物而类，三日不知饭味。

又一日，商先生教授道：“君者，代天理世者也；民者，君之所御者也。君不行天意则废，民不顺君牧则罪，此乃治国之道也。”老子问道：“民生非为君也，不顺君牧则其理可解。君生乃天之意也，君背天意是何道理？”先生道：“神遣君代天理世。君生则如将在外也；将在外则君命有所不受。君出世则天意有所不领。”老子问道：“神有变化之能，造物之功，何以不造听命之君乎？”先生道：“先圣未传，古籍未载，愚师不敢妄言。”夜晚，老子以其疑惑问其母，母不能答；问家将，家将不能言。于是求教相邑之士，踏遍相邑之土，遇雨不知湿，迎风不觉吹。

一日，商老先生教授道：“天下之事，和为贵。失和则交兵，交兵则相残，相残则两伤，两伤则有害而无益。故与人利则利己，与人祸则祸己。”老子问道：“天下失和，百姓之大害也，君何以不治？”先生道：“民争，乃失小和也；失小和则得小祸，然而君可以治也。国争，乃失大和也；失大和则得大祸，大祸者，君之过也，何以自治？”老子问：“君不可自治，神何以不治？”先生道：“先哲未传，古籍未载，愚师不敢妄言。”夜晚，老子以其疑惑问其母，母不能答；问家将，家将不能言。于是，遍访相邑之士，遍读相邑之书，遇暑不知暑，遇寒不知寒。

从上面的故事可以看出，老子自幼勤学好问，对问题的深入洞察能力远胜于常人。他能够成为中国古代的大圣人确实有他的独到之处。

案例 | 很努力却得不到好成绩的高二女生

来自山东菏泽的张晗是一名高二的女生，她的学习情况很典型，就是很努力，但成绩总是上不去。过来跟着我学习了两天，回去后她的成绩发生了巨大的变化。她来之前数学经常只能考五六十分，回去后第一个月的月考她考了106分，第二个月月考她考了116分，总分第一次突破500分，得了547分。

下面我把她来学习的过程和她在过程中的感悟详细地介绍出来，希望对大家有更好、更多的启发。

学习案例分析张晗之一：两天找到“学会”的感觉！

有些网友问我：怎么培养认真的能力？怎么做到能力的顶峰？怎么做到学会？我说文章不是写出来的，但网友往往很难理解。下面我以张晗的学习过程来说明这个问题。

张晗的妈妈经常看我的博客，她跟我联系，希望我能够给她的女儿一些指导。我和张晗通了电话，并帮她分析了她存在的问题——她就是不会学习，比如有题目不会做，让她看课本中的相关内容，她看了半天，依然不会，也就是学习不能深入，不能做到真正学会。对此，她非常认可。但电话结束时，她依然不知道该怎么操作。我说：“你好好看我的文章。”她说：“文章都看了，还是不知道怎么操作。”我说：“确实是这样，很多问题不是一篇文章就可以解决的，慢慢地你就知道了，很多文章不是写出来的，而是一种存在的流露。如果你想要真的有所改变，如果你确定我能够帮助你，那你就来北京吧！”张晗和她的妈妈真的是很有魄力，当天晚上就下定决心来北京。

张晗来北京只能有两天的时间，她很担心能不能学到东西。我告诉她，学太多东西不大可能，但她的学习状态会有大的改变。她来了以后，第一天，我总共给她讲了半个小时左右，就让她选了一个例题做。她做了十几分钟就做完了，我问她，第一步为什么这么做？她一下子怔住了，张口结舌答不出来。我让她去弄明白。过了大约两个小时，她又来找我了，接着介绍这个例题，她说这个题目分三步。我问，为什么分三步？她说如果不分三步就证不出来！我说这是你看到答案才知道的，你告诉我一开始做题你怎么能想到要分三步？于是她又去考虑……

就这样，一个例题她做了整整一天，她感觉不一样了，开始寻找深入学习和学会的感觉，对于我说的“学会了就像挨了一巴掌”的感觉也慢慢找到了。

来学习的第二天，她写出了收获感想。我们现在就来分享她当时的感想：

“来唐老师的全国养成教育实验基地学习才一天多点，不过我的收获很大，也学会了很多东西。

“开始来学习的时候，自己很疑惑：这么短短的几天，来到这里，能够使我的成绩提高吗？我自己也会学习啊，记定义、公式、定理什么的，然后再去运用，运用到题目当中，不就是这样反反复复的过程吗？唐老师难道还有多么神奇的方法？

“刚来基地学习时，我是比较浮躁的，一开始我以为自己都记住了，而且都学会了，可是唐老师一问我关于这方面的问题，我就不会回答了。其实，我还是没有明白，只是死记硬背下来了。可能让我再背一遍，我是没问题的，但如果一提问相关问题，我就傻眼了！通过唐老师的提示，我认识到，这些问题看似懂了，其实我并没有真的懂，我逐渐发现了自己平时学习的时候存在的一直无法解决的学习问题和隐患。唐老师的学会的三个标准中的很多小步骤在我学习的过程中都得到了很好的领悟。比如得满分中的前因后果弄清楚，我以前总觉得自己明白了就行了，其实我所谓的明白，跟唐老师说的前因后果弄清楚是不一样的。以前觉得做一个例题就是把这个例题弄明白，但现在做一个例题才知道这是对一节内容，甚至一章内容做一个深入的剖析！一天多的时间，我只做了一道例题，还没有做完，从来没有过这么充实的感觉，从来没有过这样深入一个题目的感觉，从来没有发现一个例题居然可以有这样的做法！

“学会其实就是一种感觉，就像唐老师说的挨了一个耳光的感觉，就是那样真切的感觉。一道题目全部弄明白了，没有疑问了，不是记住了，而是感受到了，这是一种战胜的感觉，是一种喜悦的感觉，让你有信心再接下去做一道又一道的题目，让你快乐地学习着。我已经从一个不知道怎么学习的学生变成了一个知道怎么学习、怎么深入、怎么学会的学生。我相信我的成绩一定会快速提高！

“学会了就是一种感觉，是一种很真实的感觉。”

学习案例分析张晗之二：没有记住才是真正掌握

真正的掌握不是记住。因为只要是记住，未来自己的水平将取决于你的记忆，如果当时想不起来，这些知识就白学了。真正的掌握是不需要记住，只需要把这些问题破解掉，让破解这些问题成为你的本能，当下次遇到这样的问题的时候，你便可以轻松地创造出一个解决这个问题的方法。

我给几个同学讲了一个题目。讲完后，山东来的女孩张晗说：“唐老师，我本来做出来了，后来擦掉重新想了一遍，就又记不起来了。”

我问："什么是记不起来了？"

她说："就是想不起来了。"

我说："这个回答跟刚才的一样，都是没有用处的回答。我问你什么是记不起来了，不是故意为难你，而是我看到了你这么说的时候暴露出的一个很重要的问题。记住，回答一个问题要有建设性，而不是重复。

"记不起来了，前提是记了，因为你记了才会记不起来，如果你不记呢？……"

她问："那不记忆怎么学会？"

我说："好，不记忆就不能学会吗？尤其是数理化方面的问题，绝大部分都不是需要记忆才能学会的，真正掌握这些知识，去记忆反而学不会。一方面，当你记住了，你就会认为学会了，这反倒阻碍你进一步学会；另一方面，当下次遇到类似问题的时候，你会一下子进入一个非常不好的努力——回忆，因为你记得老师曾经讲过，所以你在努力回忆到底老师是怎么讲的，只要回忆不起来，你就是不会做了，而不是仔细分析题目，看看自己是不是有能力解决这个问题，从而想出解决方案。

"要掌握一个问题，需要把问题破解开，这就是我所说的'破题法'。破题法就是把所谓的难题、复杂题一个个彻底地解剖，最后发现那个所谓的难题没有了，最后什么都没有了。"

学习案例分析张晗之三：学会简单问题是搞清复杂难题的前提

张晗同学具备了学习好的非常重要的两个因素：一是真想学习好；二是肯下笨功夫。她以前的问题是找不到出路，不知道怎么学好。现在她已经认识到：扎实的基本功是学习好的关键；学会是一种能力，是一种做人的品质。

她也是悟性非常好的一个同学，相信她未来的前途不可限量！

张晗同学回到家之后，给我发了一个三天学习的总结，我把她的整个总结都发出来，对大家也许会有些启发：

"唐老师，您好！我是张晗，我写邮件是要发给您我的学习总结！

"在唐老师的全国养成教育实验基地学习了三天，我自己清楚地感受到了我的改变，我知道了以前自己身上存在的问题，知道我以后该怎么样去学习，找到了学会的感觉。我好像感觉到自己特别的充实！

“以前的我在学习时，总是糊里糊涂的，学什么都是看个差不多就行了，总是不能深入去看。例如，看某一章节的内容，我都是把有关的定义读一遍，背也懒得去背，读了一遍就这样过去了。回想一下只知道有这么一个定义，具体什么内容不是很清楚！总是这样稀里糊涂地看完一个又一个，心里也在想反正这些根本不重要，考试也不会考这些东西。稀里糊涂地看完定义就去做例题了，其实很多时候都是不会的，总是连着题和答案一块看一遍，在纸上画几下，哦！原来这个题是这么做的啊！会了，这么简单！但再碰到类似的题还是不会做，只有再挖空脑子去想！很多时候都在想这些最基础的东西哪有这么重要啊！考试又不会出这么简单的题，还是难点的题重要，就拿来一个又一个的难点的题去做，一个接一个地去做，一个接一个地不会做，总是四处碰壁，渐渐地就失去信心了！就越来越不会，一直堆积着！

“现在呢，知道了不把这些最简单最基础的东西弄透彻，想学好基本不可能！基础的东西就像是盖楼房需要的地基一样，地基打不好怎么能接着往上盖楼呢？基础的东西很多不是只靠记住就行的，记住的东西你会忘，如果不是记住呢？把它变为自己的东西，把它拆开了，看透彻了才行！如果只靠记忆那我们会学到崩溃的！在基地学习时，唐老师让我用一天多的时间去做一道例题，在这一天多里，终于找到了自己最大的缺点，原来这些简单的问题并不简单！基础的知识才是重中之重！我们只有把基础的东西学好了，才能进一步使自己的成绩有所提高！

“虽然在基地学习时，唐老师没有教我怎么样去解这道题，怎么做下一道题，我也只是拿着一本数学书去的。但是我知道了那道题怎么解，下一道题怎么去做，更知道其他科目该怎么去学！用最简单的东西，去解决最难的题！

“唐老师，谢谢您！我已重拾信心，相信我会学好的！谢谢您对我的指导！”

学习案例分析张晗之四：高分是怎样炼成的！

祝贺张晗同学数学考了106分！

跟大家分享一个好消息：

一个月前参加我们基地认真能力训练营的同学，就是我在《平等思维：两天找到学会的感觉》《没有记住才是真正掌握——什么是"记不起来了"》以及《三天快速提高学习能力：学会是一种做人的品质》里提到的那个女孩张晗，她的月考成绩有了明显提高，数学成绩以前非常差，一般都提不起来，而这次一下子提高到了106分！

下面是张晗同学的妈妈给我的留言：

"唐老师您好！

"张晗从您的中心回来，已经一个月了，上个星期刚月考完，她的每科成绩都有所提高，数学居然考了106分，就这，数学老师还少加了2分。我对她的这次成绩非常满意，她自己的心态、情绪也很好。再次谢谢唐老师！对您的感激，用谢谢是表达不完的。这次来北京真是不枉此行啊！"

下面我们就来分析一下张晗的成绩是怎样提高的，以让更多的跟她一样的学生能够快速提高成绩。

第一，她有强烈的想提高成绩的愿望。

在我们第一次通电话时，我帮她分析了存在的问题——不会学习，看课本看了半天依然不会，学习不能深入，不能做到真正学会。她说我的文章她都看了，特别相信我说的那些方法，也相信我说的那种学会了的感觉，但还是不知道怎么操作，非常期望自己也能找到那种学会的感觉。听她说话的语气，就能知道她的心里多么渴望得到帮助。

我告诉她：单纯写文章，无法真正教会一个人找到学会的感觉。要做到学会，需要有认真的能力，需要真正体会到"学会"是怎么回事！就如同南方有一种水果叫枇杷，北方很少有人吃过，即使一个南方人告诉你枇杷是什么味道，但只要你没有吃到过，你一定还是不知道枇杷的真正味道。我就是要帮你亲口尝到枇杷的味道。如果你确定我能够帮助你，如果你真的想要有所改变，那你就来北京吧！

她和妈妈当天晚上就下定决心来北京。

第二，她踏踏实实实践"学会的三个标准"，找到了"挨了一巴掌"的感觉。

很多人非常浮躁，他们来我这里学习，总是期望我能给他们一包"灵丹妙药"，回去他们吃了，就知道怎么学习了，学习成绩一下子就好了。

所以，很多人来我这里学习，学的时候就不够踏实，我的助教们总是跟我一起做工作，不断地用各种方法劝导，他们才会好好学习。

但张晗来了以后，基本不需要劝她什么，只要提示她做什么，她总是能主动地把该做的做完，并且一次次地发现问题，进而主动重做，从无怨言。

正是这一点才让她有更多的感悟，更深的体会："……我把这道题做了很多遍，一遍不理解再做，还是不行就再做，边看着前面的定义边做，逐渐理解了，直到最后真的做完这道题时，我才感受到了那种感觉，那么的真实！'学会了就像挨了一巴掌'的感觉也慢慢找到了。真的是说不出来是怎样的，但是我感受到了，唐老师就说这种感觉只可意会，不可言传！真的是这样！"

而且她也找到了自己浮躁的根——不能深入学习基础知识，基本理论不扎实。她悟到：原来这些简单的问题不简单！基础的知识才是重中之重！我们只有把基础的东西学好了，才能进一步使自己的成绩提高！

教孩子做题目只是手段，真正教孩子学习的关键不在于教孩子做题目，而在于教孩子学会怎么深入思考，怎么能够把简单题目中的深刻道理领悟到。她总结道："虽然在基地学习时，唐老师没有教我怎么样去解这道题，怎么做下一道题，我也只是拿着一本数学书去的。但是我知道了那道题怎么解，下一道题怎么去做，更知道其他科目该怎么去学！用最简单的东西，去解决最难的题！"

……

学习成绩快速提高的秘诀何在？我们不是神仙，学生成绩快速提高靠的是学生自己！

我想告诉每一个人：不是我有多么大的神通让学生成绩在 3 天或 10 天之内迅速提高几十分，而是他们本来就已经接近这种水平，只是不知道怎么把这些知识学得更扎实，淋漓尽致地考出来。我们只是让学生顺利地发挥出了他们自己原有的水平而已。

看得出来，张晗同学的学习已经进入一个良性循环，因为她已经找到了学会的感觉，而且心里有了自信。这份自信会给她无穷的力量，这份自信会帮她走向一个又一个的成功！

在此我衷心祝愿张晗同学，轻松学习，再创佳绩！

学习案例分析张晗之五：学习能力提升的持续效果

学习能力，是一个学生能够持续提高成绩的核心能力。一旦学生的学习能力提高了，就会产生持续的效果。

高二女生张晗同学，通过两天的学习找到了“学会”的感觉，在上一次快速提高成绩（数学成绩达到了 106 分）之后不久，张晗同学的妈妈又来报喜。

张晗妈妈：“唐老师，您好！张晗这次月考总分 547 分（包括副科），数学 116 分，语文 74 分（倒退 20 多分），其他科目的成绩都有所增加。各科总分好像是 487 分。再次谢谢您，唐老师！”

老唐：“非常好！她是不是很有信心了？”

张晗妈妈：“是的，我也很高兴。”

老唐：“好，这么下去，她明年就很有希望了！”

张晗妈妈：“呵呵，希望如此，这是她第一次跨过 500 分。”

老唐：“好，再接再厉，相信她还会快速上升的。”

张晗妈妈：“呵呵，谢谢您。”

老唐：“不客气。她是个悟性很好的孩子，将来会很有前途的。”

张晗妈妈：“我也希望这样。”

如果只是帮孩子学会了某一部分的知识，也许孩子会在他人的帮助下把这一部分内容的考试成绩提高，但学了新的内容，他还会遇到新的问题。这就是人们常说的“授人以鱼不如授人以渔”。

在此预祝张晗以及所有的同学在以后的学习中不断进步！

第六章

帮孩子快速提高成绩的方法

真正高效的学习就是临界点的突破。

家长怎么样才能帮助孩子好好学习，提高成绩，并在学习过程中帮助孩子培养认真的能力呢？

我们先来弄明白一个问题：为什么很多孩子平时学习很努力，但成绩却总是很难提高？要明白这个问题，我们先要弄明白什么是临界点。

第一节

临界点学习法

一、什么是高效率？

一般而言，效率是指单位时间内完成的工作量。比如，劳动生产率通常是指单位时间内所生产的产品数量(或产值)。一般情况下，单位时间内生产的产品数量越多，劳动效率越高；反之，劳动效率则越低。

根据这样的定义，人们会说，学习效率就是单位时间内学习的内容多少，学习得越多，学习效率越高；反之，学习效率则越低。比如，一个小时做10道题目，效率要比做5道题目更高。

这个说法看似有道理，其实隐含了一个大问题！那就是，做题目，做到什么程度叫作做题目？老师讲完课，给全班同学布置一样的作业，同学们都做了这些题目，但大家做的结果大多不相同。为什么？因为，他们做的深度不同，领悟的多少不同。

修改一下上面的说法，学习效率是单位时间内真正学会的内容的多少，学会的越多，学习效率越高；反之，学习效率则越低。

所以，学习效率的提高，第一步一定是学会。没有学会谈不上效率。很多同学都在学，但从来学不会。只要学不会，效率永远不会高，这就是为什么有些同学很努力，却怎么也得不到好成绩的缘由。

如何提高学习效率？首先就是要成为干净的学习者。干净指清楚自己会什么，不会什么。只要会，一定可以在限定时间内做到满分。对此，只需把临界点题目（看似会但不能得满分的）做到满分。真正的高效学习就是临界点的推移！每天努力学习但成绩不提高，就是因为不知道自己的临界点在哪儿！人生莫不如此！

二、什么是临界点？

之前我们专门讨论过努力密度的问题。

我们如果要把一壶水，在很冷的天（比如零下十几度），露天放在外面，用一支蜡烛来烧，也许这壶水永远也开不了。不要以为我们对水加热它就会开的，因为它还会散热。有可能烧着烧着还结冰呢！只要是加热的速度不如散热的速度，那它就有结冰的可能。

如果加热的速度很慢，比如需要几年时间才能烧开这壶水，这壶水烧开也就没有意义了。如果一位同学需要参加大学入学考试 20 次才能考上大学的话，那他就可能永远考不上了，因为你不可能给他 20 年时间用来考大学。

所以说，努力有密度问题。比如说，我们烧这壶水，如果 5 小时烧开，我们就别喝了。它必须在三五分钟或者 10 分钟左右烧开，对我们才有意义。所以说努力要有密度，就是必须在一段时间内，达到一定密度、一定强度的学习，这样在存在遗忘的情况下，效果才能正向积累。而不是今天学了 10 分钟，明天又学 10 分钟。像这样三天打鱼两天晒网的积累效果是不大的。

很多家长和孩子可能会说：我们并没有每天学10分钟，而是学好几个小时，应该算是大密度学习了，为什么成绩还是没有提高？

这里我说的学习时间，不是一般意义上的学习时间，而是指有效的学习时间，一个学生用在学习上（可以类比的是一个成人用在自己事业上）的可以达到学会的三个标准的真正有效的时间。

每一次学习都要达到一定的深度，浅尝辄止无济于事。短时间的学习有一个不好的地方：学生做题目往往都是从浅入深的，做相对较浅的题目不会提升自己，但却一定会耽误时间。比如，一个学生每天用两个小时做数学，往往一个半小时都用在做低于他的水平的题目上，用到真正提高自己水平上的时间不超过半个小时。这样的学习时间效率当然不会高。

我曾举过锯木头的例子。我们在锯木头的时候，一开始要空拉几下，一直拉到那个临界点上。这时候再拉一下，别管下移多少，只要往下走了，就在真正对锯木头起作用了。如果到不了那个临界点，你在那儿锯啊锯啊，也许锯了半天，但只要没到临界点，这个工作就是无效的。从不到临界点，到进入临界点，这个时间越短，学生进入高效学习的速度就越快。

所以说有很多学生，你看着他忙忙活活的，一会儿打开这本书，一会儿打开那本书，但每次的操作都没有真正走到自己学习的临界点上，所以他的学习效率都是不高的，甚至是零。

一个学生的学习如果总是停留在一个很浅的层面上，接触不到临界点，他就在一直做着无用功，成绩当然不会提高。

提高水平最好的方法是在临界点上提高。最好的学习方法就是临界点学习法。

临界点有两个方面的含义。

一方面是指学习内容上的临界点，就是指学生学习的时候一下子进入自己模模糊糊、没有把握、认为会却又做不好的内容，并去解决这样的问题。这样的问题解决了，就是把自己能力的临界点向前推进了一块儿。

另一方面是指学习时间上的临界点，就是指学生每次学习需要经过一定的时间才能进入比较好的学习状态，只有尽快地进入临界点状态上去学习，并在临界点状态上保持更长时间的学习，学习效果才能真正提上去。

例如，在我们的认真能力训练营上，学生很快就会发现学习蛮有意思的，觉得学习很有收获。只要老师会引导，无论孩子做什么方面的题目，都会得到很大的收获。当每次做题目都会有很大收获的时候，学习就会容易进行下去了，所以很多学生会主动连续几个小时地学习。一个题目学下来，他就会发现，与此相关的内容基本上都会了。相关的练习题看一个会一个，学习自信心明显提升。这个工作，背后就是培养认真的能力。如果不是有认真的能力，一个题目去做两天，没有人做得下去的，更不用谈收获了。

收到这样的效果，关键就在于我们会帮助孩子尽快地进入临界点的状态来学习。

案 例 | 如何帮孩子更深入地学习

有家长问

唐老师您好！孩子上高二了，住校，下晚自习时间是22：30。孩子目前会时常购买辅导书，并占用少量的休息时间从网上下载资料，我却发现这些资料和辅导书有散落在孩子学习桌旁甚至其他角落很久不再碰的情况，明显感觉孩子在带着压力努力中，但成绩一直没有什么提高，反倒是逐步下滑或保持在偏下的位置上。我觉得孩子有些浮躁，但是她并没有意识到。近期孩子又下载了9万字的资料，仅浏览一遍就需要6个小时，其中有18套数学题，单做一遍就需要14个小时左右。她是否可以有这么多的时间和精力呢？孩子马上高三了，我该怎么帮助她意识到自己的浮躁，帮她减少压力，同时把精力用到学透知识、提高成绩上呢？

唐老师解答

孩子如果把心思更多地用在整理资料、下载资料、打印资料、抄资料、做笔记类似这样的事情上时，说明孩子很可能学习已经很困难了，她做那些工作实际上是一种放松，是一种对学习困难的逃避。

当孩子学习困难的时候，家长帮助孩子意识到她的浮躁是毫无意义的，这个时候做什么有用？帮她更深入地学习才有用。

怎么能够更深入地学习？

如果您能够发现孩子在某些知识点上的临界点，通过我们“学会的三个标准”“十步法”或者是各种“三步法”，可以帮孩子去突破这些临界点。如果您不能做到，建议可以过来参加基地的认真能力训练课程。

您也可以在我的博客里找到与您孩子相类似的案例。我们博客里的案例往往会详细地介绍孩子以前的情况、我们中间做了什么操作帮孩子，最后还有孩子改善后的情况。

您可以找到跟您的孩子相似的案例，看看我们基地老师是怎么去帮助他们的。

如果有家长不能来基地参加我们的课，可以在博客上学习我们是怎么做的，然后自己教孩子。我们公布的方法和我们在基地用的方法是一样的，只是我们的老师更容易找到孩子的临界点。

什么是临界点？

临界点就是孩子自以为会但又不能有把握做到满分的点。如果家长能看到孩子这样的点，并且能够说给孩子听，能够帮孩子真的从感觉“会”但做不到满分，走向感觉“会”就一定能做到满分，您就可以帮到孩子了。

需要提示大家的是，家长要做的是帮助孩子一定做到，而不是要求孩子一定做到。

案例 | 中高考学生如何应对每天大量的练习题？

有学生问

唐老师，是学校的老师介绍我们看您博客的，我看了以后收获非常大。但我现在高三了，每天老师都会发很多卷子（像试卷的练习题），几乎各科都有，晚上做到一两点钟都做不完。第二天老师讲课也讲得非常快，好像每天都很忙，但成绩又不见提高。您说要花很多时间做一道题目，我们怎么可能有那么多时间做一道题目呢？

——迷茫学生

唐老师解答

每天做作业为的是什么？是不是提高成绩？如果现在的做法不能提高成绩，是不是该找一种可以提高成绩的做法？

每天花大量时间学习，但只要没有学会，成绩就不会提高。与其把时间花在做很多题目上，每个题目都不能搞透，做无用功，还不如把大量时间花在一个题目上，你会发现做会了一个题目，往往一章的题目都会了，所以，花大量时间做一个题目，看似浪费时间，实则事半功倍。下面我们来详细讨论该怎么操作。

一般学生学习的题目有三类。第一类题目是自己有把握做对的；第二类是自己觉得能做出来却又做不出来或做出来却经常出错的；第三类是对自己来说过于难的题目，自己根本摸不着头脑，无从下手。

针对上面三类题目，根据临界点学习法，学生学习的重点在于第二类。

对于第一类题目，选择少量的题目做一下检验即可。

对于第二类题目，特别是每次练习总觉得自己会却总要出错的那些题目，是学习的重点。每天晚上找出一两道这样的题目，彻底弄明白，让这些没把握的题目变成自己的特长，只要碰上就一定能快速做出来并且得满分。每天能够学会一道这样的题目，自己的成绩就会明显提高。但要强调的是，这里的学会，不是自己感觉学会了，而是按照我们学会的三个标准，或理科按照数学学习十步法，文科按照英语、语文学习十步法来学习，才叫学会了。

对于第三类题目，少用时间。第二天要着重听讲，重点是听思路，按照学会的三个标准思考题目，并按照举一反三三步法来对这样的问题从思路上彻底搞透，举一反三，穷尽所有可能出的题目。

当把每天的题目做好分类以后，学习的重点就显现出来了，时间就要更多地用到第二类题目上，这样，既能保证该做的作业做好，又能保证学习效果。

临界点学习法，其实可以用到生活中的各个方面。有一篇文章，尽管在博客上和其他的书里我都提到过，但在这里我还是希望能够提供出来，以帮助大家。

提高的秘诀就是，每次做事情做到自己能力的顶峰

做事情做到自己能力的顶峰，意思就是，只要自己能够做得更好，那就尽量一次做到更好，自己做出来的工作是自己的能力之最，如果自己再做，不过是这个样子了，在现有的能力水平下，自己已经没有能力再把这件事情提高到更高了。

当事情做到这样的时候，自己现有的能力发挥到极致，达到自己能力的临界点。这时候，如果有人对这件事情提出任何建议，如果这个建议对这件事情真的能够起到正向的促进作用，自己一定会一下子发现自己本身的局限性，发现自己能力的不足，并发现自己观察和分析问题的盲点，从而感到受益匪浅！

要提醒大家的是，越是把自己的能力发挥到极致，越是达到自己的临界点，就越能发现自己存在的问题，就越能看到相关事物中的奥秘，也就越能从生活的各个方面得到灵感，也就能够不断地在生活中一步步地提高。

但人们往往不是这样，这个社会上，很少有人能每次尽力把事情做到最好。如果他们的潜力是十分，他们往往做到六七分就不再努力了。这时候由于他们的能力没有发挥到极限，他们往往不知道自己有问题，更不知道自己的问题在哪里，对于这件事情没有积极进取的热情，没有更多渴望深入的思考，这就阻碍了他们的前进。别人给他们提出建议的时候，他们不能够敏感地发现建议的意义，从而失去成长的机会。非但不能进步，由于他们工作时不尽力，他们往往会做贼心虚，当有人提出建议的时候，他们往往不是考虑改进，而是首先考虑自己的面子，觉得对方不给自己面子，对方在吹毛求疵，从而对他人的建议表示反感或只是出于礼貌地敷衍了事，甚至会想方设法打击报复。

这样的人尽管可能在一个位置上待很久，但他的能力很难被提高，尽管他会有很多的经验，但他是平庸的。他素质本来就不高，又不尽力发挥自己的潜能，不提高自己的能力，这样的人就是那种尽管能顶事情，但只是不求有功、但求无过的人。他们就是那种被称为“匠人”的人，水平永远提高不了了。

很多人总在问，提高的秘诀是什么？

每次做事情都做到自己能力的顶峰，那么每一次的工作和学习都会是你提高的良机。

希望各位家长和同学都能更加深刻地理解临界点学习的实质并用以帮助自己好好学习和工作。

在我们认真能力训练营中，一个题目要做一整天，甚至两整天、三整天，有同学非常不理解，会产生疑问。下面我们来看一个案例。

案 例 | 一道题目学一整天是不是钻牛角尖?

学生提问

唐老师，我看了您的博客，有一种醍醐灌顶的感觉。一直都想着要下苦功，但是现在一直都好像没有时间。您说一道题就可以做一整天，但是我每天都被成堆的作业压着，时间实在不充裕。而且好像如果把所有挤出来的时间都拿去钻某一道题的话，又担心知识不全面，担心会犯钻牛角尖的错误。我相信像我这样的高中生还有很多，看到一些好的方法，可又不知道怎么把它和当前的课本学习联系起来，还要顶着作业和师长的压力。其实我也觉得您的方法不错，但是包括家长和老师在内，都担心这种学习方法会让我钻牛角尖，又担心会没有足够的时间及时巩固当天所学，还请您指点迷津。最好能就这个内容写篇文章——我上网时间不多，对您的博客也没有太透彻地拜读，只是把您推荐的主要几篇看了几遍。假如您已经有如此内容的文章发表或者我没有注意到某些内容，还望知会，谢谢!

——一个想学习好的学生

唐老师解答

同学你好!

很多同学、家长甚至老师都提过你上面提到的问题，我现在就来进一步阐述一下对这个问题的理解，希望对大家有更多的帮助。

你在来信中提到:“您说一道题就可以做一整天，但是我每天都被成堆的作业压着，时间实在不充裕。”又说:“但是包括家长和老师在内，都担心这种学习方法会让我钻牛角尖，又担心会没有足够的时间及时巩固当天所学……”

我们来考虑以下三个问题：

第一，一道题目做一整天是什么含义？

其实我说的不是一道题目做一整天，而是一道题目做两天，而且来我们这里学习的大部分学生一道题目做了两天后，只学会了三分之一，还没有完全学会。

一个题目做一天或两天是什么意思呢？

就是你可以对这个题目相关的内容了如指掌；

就是你对这类的题目能够深刻把握问题实质；

就是你对这类的题目可以轻松解决拿到满分；

就是你对这类题目非常熟练并能按时做出来；

就是你对这类题目可以举一反三穷尽其变化；

就是你觉得这类题目彻底掌握不需再费工夫。

科迪实验中学的小颖同学在年级考试中经常考第一名，她来基地学习了两次，但两次只学了一个题目，也就是说她用了差不多四天时间才把一个一开始她就觉得比较简单的题目真正学会。那道题她做出了八个变形，几乎每个变形都可以出三到五个难题。做会了这个题目后，我问她学会了什么，她说好像难题什么都不是，公式理解得更深了。

第二，一天做一个题目就会钻牛角尖吗？

认真深入是一个人长久培养出来的能力，如果没有这种能力，又没有经过特别的训练，不用说一天做一个题目，只要你自认为做出来了，就会懒得再看第二眼；如果没有认真的能力，一个题目能坚持做两个小时就不错了，根本做不到一个题目做一天。

所以，一般来说，这种所谓的“浪费”，不是一般人能够做到的。

当能够做到一天做一个题目的时候，你会发现每次的重做都是在临界点上的推进，都会让你悟到更多的东西。你会发现学会一个题目就学会了一片，这个题目会了，几乎所有的这个知识点的题目都会了，再做作业不过是对这个题目的规律做进一步的检验而已。

第三，怎么做才是真正地提高学习效率？

一个题目做一整天，对学习有帮助还是占用了其他课程的学习时间？对学习有帮助的意思是可以帮助我们掌握知识，提高成绩。

我提出了“学习三大定律”，其中之一就是：学习成绩随着知识学习深度的加深而提高。学习成绩与学生学习知识的理解深度成正相关。

很多时候，应该考的知识内容老师都会讲给学生听的，所以在考试这方面，大部分学生的知识面都是相似的，但考试成绩却大相径庭。原因就在于考试往往不是考知识面的广度，而是考对知识理解的深度。当一个人对知识点的理解很肤浅的时候，他对知识的理解程度不足以达到考试要求的水平，所以很可能大部分的考题他都不会做，这时候其成绩一般会非常差。但如果再深入一些，他的成绩也许就会大幅度改变。

如何才能提高学习深度？

只需要按照学会的三个标准那样操作，每次做到临界点，就是深入学习了。

根据你描绘的学习情况，也许你很难做到按照学会的三个标准执行，不过你可以参考我博客中的“学生园地”部分我写出来的那些来参加我们学会学习班的案例，也许对你会有好处。如果着急，你也可以来参加我们的学习班。

所以，你完全不必担心一天做一道题目会钻牛角尖，会耽误时间。你倒应该担心自己不能深入下去，成绩难以提高！

第二节

数学学习十步法

我的《快速提高成绩的法宝：学会的三个标准》在网上发表后，直接读者已经有近十万人，很多教师、家长和同学因这篇文章而获益，有很多家长和同学自己使用该方法也收到了很好的效果。

但也有很多人不知道怎么执行，为此我们详细地拿出了达到学会的三个标准的十步法，并开办了认真能力训练营，以帮助大家达到学会的三个标准。现在的训练营包含：理科学习的“数学学习十步法”，外语学习的“英语学习十步法”，语文学习的“语文学习十步法”“轻松作文三步法”，还有“错题修改三步法”“检查作业三步法”“平等思维对话”“亲子沟通三步骤”“亲子沟通十步法”“家长辅导孩子学习十步法”等。很多人可能由于各种原因，无法来参加我们的“学会”辅导班，所以我们陆续把这些方法公之于众，希望大家能从这些步骤中体会到更多，能够得到更多的帮助。

在训练营上我们用的是一个相对复杂的操作方案，同样的十步，操作步骤更加细化，教师的参与更加深入，对孩子学习的题目有更多的设计。所以，才能达到“学会”一个题目能够“掌握”一章甚至一本书的效果。

案例　帮孩子在两个月内将数学从不及格提高到135分的操作步骤

暑假的认真能力训练营刚结束不久，对基地充满向往的小赫同学就又回来了！小赫同学这次数学测验满分150分的试卷考了135分，妈妈在谈到小赫跟她汇报成绩的状态时脸上依然流露着兴奋、幸福。

小赫同学来自河北廊坊，开学读高二。他性格开朗，脾气随和，热情、阳光，整天乐呵呵的，本来不大的眼睛总是笑得眯成一条缝。2012年7月底，小赫同学连续参加了基地两天的认真能力训练精品小班和七天的认真能力训练营。十天左右的学习不但让他突破了自己最薄弱的函数部分，还让他的整个学习状态有了很大的改变。小赫妈妈说：“以前小赫最好的时候能考70～80分，上次期末是61分（满分120分），他也不愿意跟我讲考试的事，都是我逼着问他什么时候考试，考得怎么样，他才不得不告诉我。这次孩子回家就跟我说：‘妈，我们考试了，我得了135分。’”

小赫同学怎么在这么短的时间内就取得了这么大的进步呢?

在两天认真能力训练精品小班和认真能力训练营期间我们帮孩子做了以下几步。

(1)找出孩子学习中的拦路虎

小赫同学几何学得特别好，而在函数方面却是完全不敢动手做。学习几何时，只要涉及函数部分的内容，他也都不敢做。只要遇到函数题目他就不敢做，即使是他以前学习的几何方面的强项内容，只要跟函数一结合，他就不敢做。在这一点上，他从来没有突破过。

(2)提高孩子的学习能力，帮孩子解决让他一直头疼的问题

针对他的这种情况，丁老师就带着他从函数入手学习我们的数学学习十步法。老师先从高一第一册课本中找到一道最基本的例题，让他开始做。小赫同学一开始做题是按照自己以前的一个习惯写的，他迅速就写出了答案，做完之后，就跟老师说:“老师我做完了。”老师一看，做错了，就让他按照十步法完整地去做，然后他开始按照十步法的第一步列条件，第二步做题，接着是检查、订正……他再次做完跟答案对照的时候，发现和答案不一样。明明自己证的过程一样，怎么答案不一样呢?这个时候，他自己再去把定义彻底地理解，对每一个字、每一个词、每一个字母之间的关系，都去深入地理解，字、词理解完之后再对整句话进行理解，然后再开始重做。重做之后，他就发现对题目的理解非常清晰了。这道题需要写上哪些内容，之前自己独立做的时候哪些内容没有写上，后面的结论为什么错了，都错在哪些地方了……他能够非常清晰地把这些内容都列出来了。

到这里我们帮孩子达到了我们学会的三个标准中的第一步:得满分。

这个题目做完之后，接着老师就和他开始进行下一道题目。老师把原来的例题进行了一个很小的变化:由x4变成x5。做完之后，他也进行了检查，但是检查后发现，怎么又有问题了呢?这个时候他再去对照答案，发现之前虽然自己已经很细致地看了这部分内容，但由于之前没有出现过这类问题，导致当时看的时候，并没有放在心上。现在遇到这个问题了，他才发现:哦，原来这个定义中的这一个小点，我还需要再注意。接下来他再对这一点进行总结，再重做。

小赫同学做题时习惯在本子上连着写。有一次他做题时看串行了，当时答案

就写错了。他把做好的题目给老师时，老师发现题目错了，他也意识到是自己看串行导致出错。老师就和他一起商量，怎么做能够改善呢？于是他们就找到了一个解决办法：每写完一道题，就空一行，再做下一道题，这样就可以避免再看串行。再接下来，他就能很顺利地把那些题目都做出来了。最后，他能够连续把八道题目一次性全部做对。接下来老师对题目进行一些变化，都有一定的难度，小赫都能够看一眼，感觉一下就知道这个题目答案是什么，并且能够很迅速地说出来。

到这里我们帮孩子达到了我们学会的三个标准中的第二步：熟练化。

经过两天小班的学习，小赫同学对函数已经从原来的“一窍不通”，不敢动手，变得更自信，学起来也更有乐趣了。在接下来的七天认真能力训练营中，丁老师带着他进一步学习函数部分的内容，并且更多的是培养小赫同学自己学习的能力。

小赫同学说，初中的函数内容他就不会，上到高中后发现太有难度了，根本无法入手，几乎所有的函数题目都做不动。丁老师带着他先从初中的函数开始做，从最基础的描点画图开始，再渐渐变化，接触到高中内容时小赫发现，用课本学习三步法，课本上的内容，都可以学明白，没什么难的，于是自己呼呼地往前学，做得可快乐了，而且课后的练习题都可以独立做出来。

基地老师在带着学生用十步法彻底学习一个题目时，都是从最基础的例题难度最终学到中考或高考等大考的难度。由于高考要求比课后习题难度要高，做完这些以后，老师又接着带小赫同学用举一反三三步法学习。老师让他自己先尽全力举一反三，但是由于能力有限，他自己举一反三出的题目，达不到高考的要求，也达不到平时考试后面大题的难度要求。这时，老师就开始带着他找一些高考参考资料上的高考题做。他看到这些高考题后，就发现远比他编的题目要复杂。他一开始做起来很困难，然后老师带着他操作答案分析三步法，带着他看每一行都是怎么来的。前一两道题目，几乎都是老师一行一行手把手带着他学习，到后面他发现，原来按照答案分析三步法，很顺利地就能够把答案分析出来。再后面的题目，他都可以独立地去看，看到哪一行再向老师提问时，问题和之前的相比也更清晰了。以前问的问题都很模糊，都是类似“老师，这个地方我不会做”，而后来提的问题是“老师，从这个式子到这个式子怎么来的？这个式子前面是两个对数函数，到后面怎么就写成一个了”，他问的问题都非常清晰，也非常明确自己是哪一行不明白。看完之后，自己再做，再理解……有时候自己把参考答案看明白之后，他会停一会儿，自己先把整个解题过程梳理一遍，然后再动手写。

接下来，小赫同学又跟老师提出，自己三角函数学得不够好，想学习这方面的内容。初高中三角函数在物理的受力分析部分需要经常用到，于是老师就拿出一个晚上，加了两小时课，带着他学习了三角函数部分，帮他把三角函数部分也弄明白了。小赫同学学得非常兴奋，并在学完之后询问怎么应用。老师就拿出一道物理的力学受力分析题目带着他做。他发现原来数学的三角函数在物理上是这么应用的，学习不再是单纯的学习，而是在学以致用了。

到这里我们帮孩子达到了我们学会的三个标准中的第三步：举一反三。

十几天的学习，让小赫同学的状态彻底地发生了改变。正如他和妈妈说的那样，找到努力的方向，是一种豁然开朗的感觉，是很踏实的。沿着这条路走下去，我们相信小赫同学一定会取得突破，快速进步，他们一家一定会越来越幸福的。

小赫同学从基地学习完回到家就开始了连续两周的学校学习，两周后放了3天假，就又马上回到基地来了。

（3）孩子体会到学习乐趣，从而好学不厌

小赫妈妈看着孩子这段时间的改变，总是高兴得合不拢嘴。以下是小赫妈妈给基地老师反馈的孩子这段时间的变化。

① 对学习有了全新的认识，找到方向了

孩子说他发现原来学习还可以这么学。以前学习，不会就是不会了，不知道自己怎么往下思考，现在是知道这道题不会了，还可以一步一步地按照十步法去思考，有那种豁然开朗的感觉，学习找到方向了。

② 认真对待作业

孩子每天都把基地的“学习包”拿到学校去做。回家后，我看他的作业写得也特别工整。他不会的地方就用红笔画下来，还打一个问号，说明这个地方不懂。认为特别重要的、对他有帮助的题，都做了重要的标记。孩子把作业拿回来，我看了之后特别高兴。

③ 座位调到前排，要好好学习

孩子个子长得高，原来排座位都坐在后面。这次回学校后，重新分班调座位，他就搬着桌子坐到了第一排。他又怕影响别的同学，就坐到了侧面。

④ 回到家里跟妈妈交流学习情况，向往基地的学习环境

到新的班级里，老师看他非常热心，给他安排了班干部的工作。老师安排的工作，他都主动去做。每天中午回家两小时，他会和我交流在学校老师给他们讲课的情况，还会谈到基地老师，他特别向往基地的学习环境。

孩子性格特别好，特别随和，特别阳光，也爱说话。以前班上发生什么事都会跟我们说，不过以前成绩不太好，说学习就说得少。现在他会跟我说，自己哪个地方不懂，什么地方不明白了，我就跟他说："那你先记上，等回头去基地问丁老师。"

真没想到孩子的变化这么大。

⑤ 积极思考，带着问题来学习

上次来基地学习的是数学十步法，临走的时候，孩子自己跟赵老师、丁老师交流，跟赵老师说："下次你给我上化学课吧。"这次来基地上模块课，还是带着好多问题来的。

⑥ 主动要求多上课，"贪学无厌"

孩子在学校连着上课半个月了，这次放假 3 天。我对孩子说，放假了你先在家休息一天——他们现在早上 6 点半上学，晚上 9 点50 才回家，中午休息 2 小时，晚饭就休息 1 小时。我怕他太累，让他在家休息1 天，再去北京上模块课。他说不用休息。我们早上 6 点就出门来北京了，赶着过来上模块课。原先他自己主动要求，想这 3 天除了白天上课外，晚上再安排两节模块课。后来我跟孩子商量："你这两周连着学习，太累了"，就取消了晚上的课，让他好好休息。我问他："晚上不累啊？学了一天了。"他说："不累。"他现在真有那种学习不想停下来的感觉，也不出去玩儿，上完课就开始做丁老师给他留的作业。

因为第 3 天下午我们回家要坐地铁到南站，还要坐两小时公交车，怕时间赶不及，我就跟孩子说把下午的模块课取消吧，孩子特别不情愿地把下午的课取消了。现在真是特别有学习的劲头。

⑦ 无须督促，自觉、主动学习

参加完训练营，我们 8 月 1 号回到家，我本想督促他是不是该看看书，后来想了想，还是不说了，没想到他反而自己主动地去学习了。以前他学习的时候，就会把门一关，也不让我们看。这次回来，我发现他主动了，我也不去打扰他，就自己拿本书在沙发上看。

另外，家长不断学习沟通方法，给孩子创造了好的学习环境也功不可没。

下面是家长学习后的总结。

“我跟老公说，我怕在基地学习的这个力量在家里会慢慢削弱，我就每天都看从基地带回来的这几本书。我在日记里写道：‘平等思维给我一股强大的力量，支持着我。’

“我跟孩子说，以前自己就好像在十字路口徘徊，我有心想帮助孩子，但是我不会自己细致地分析，不知道怎么帮助他。现在学习了平等思维，我有一种在迷雾里看到阳光豁然开朗的感觉。唐老师是一个特别伟大的人，人家说什么问题，能一下子说到关键点上。

“我每天都写日记，家长们不是都写幸福日记嘛！从 21 号我们来北京，我就开始写日记，我把每天的情况都写下来，随时我都表扬孩子。”

看到这个案例，大家一定特别想知道我们帮助孩子取得这么大进步的数学学习十步法到底是怎么样的。下面我就公布我们的“数学学习十步法”简易操作版（见表 6.1），以供大家带着孩子自学使用。由于在家里家长很难帮助孩子，学生自己也很难执行，因此，我们拿出了这个简易的十步法。同时，为了方便大家在家里自学，我们特地选择了例题作为学习的材料。

表 6.1 数学学习十步法

第一步	列条件
	找出课本中的一道例题，将例题的已知条件和求解或求证一一列出。
第二步	做题
	①如果感觉不会做，先看已知条件是否全用到了，再看前面的基础知识，如课本上的定义、定理、公式、性质等。看完后，如果会做，将题目做出；如果还不会做，抄写答案，边抄边理解，最后合上课本，自己将题目重新做一遍。 ②如果感觉会做，将题目直接做出。

（续表）

第三步	检查
	①每个步骤前后关系是不是正确的？ ②采分点应该是哪几步？我都写出来了吗？ ③格式、字、字母、数字等有没有写错？
第四步	订正
	①对照课本答案订正自己做的答案，在不一致的地方做出标记。 ②分析每一个不一致的地方，如果没有出错，那么想明白为什么会不一致，按照例题的写法为什么会更好？我下回应该怎么写？ ③如果有错误，分析是因为知识点理解不到位，还是会做而做错？如果理解不到位，看课本上相应部分的定义、定理、公式、性质等，直到彻底理解；如果会做而做错，想一想，怎样操作才能保证下次一定不再犯同样的错误。
第五步	做对
	只要有错误（写错字也算错误）出现，就将题目重新做一遍，继续按照第 3 和第 4 步操作，直到一次性将题目完全做对。
第六步	节奏
	找出做题目的节奏感：这个题目分几个小结可以解出来？每一小结需要几个小步骤？
第七步	小结
	①这个题目考的是哪个定义、公式或定理？这个知识点自己清楚吗？条件和结论分别是什么？用文字写下来，并与课本对照，一个字都不能有差错。 ②这道题目考了前提还是结论？有没有改变定义、公式或定理的前提或条件？如果改变了，怎么改变的？ ③找出题目的采分点。为什么这几步是采分点？
第八步	改变
	对这个定义、公式或定理的前提或结论做出改变，如不直接给出，而是通过其他的条件间接给出。想一想怎么改变会更难？改变一个条件会怎么样？改变两个条件会怎么样？
第九步	解题
	每做一种改变就是一个新的题目，把新题目做出来按照第 3 步检查；持续改变，直到穷尽所有的变化。
第十步	整理
	根据上面的做法，整理出一个知识点的所有题目类型，针对每个类型给出一个典型的题目。

一个题目按照这十个步骤做下来，学习效果就会明显改善。希望大家能够严格执行。

有认真的能力，做上面的步骤就会很容易；如果没有认真的能力，就很难操作到位。

认真的能力，是一次性把一件事情做到能力顶峰的能力。我们所有的课程都在帮助培养孩子认真的能力。孩子有了认真的能力，学习可以学习好，考试可以考试好，工作也可以工作好。

上面的十步法，如果家长要自己操作来帮孩子，需要家长有足够的耐心，我们来看一位初三女生的提高案例。

案例 | 数学从不及格到112分的秘密

小宇同学上初三，面临中考，她的理科成绩都不好，尤其是数学，她最头疼，成绩常常是不及格，学起来很吃力，遇到难题会采取逃避的态度，也没有信心。妈妈和她都非常着急。由于各方面原因她们不能来基地参加认真能力训练营。基地老师在了解了小宇同学的情况后，发现她有一定的知识基础，自己也很想学好，而且学习主动性比较高，每天都能够完成学校布置的任务。于是老师和家长商定，通过网络视频课程的方式来帮助孩子。

综合小宇同学的情况，从寒假开始，基地为她安排了中考数学“学会”模块课。通过对方法和模块的学习，小宇同学克服了畏难情绪，对学习又有了信心，并且兴趣也提升了。

开学以后，小宇同学一直保持着很好的学习状态，几次考试也都有很大的进步，以下是她和基地老师的聊天记录。

3月5日

小宇 21：34：06

……现在一看见有关函数的题就兴奋。哈哈……这回月考数学考了93分……还有10多分是计算马虎而丢掉的……老师还给我一顿表扬……哈哈！

3月10日

小宇 19：43：41

哈哈……告诉你一个好消息。我这回数学周考，考了112分。数学课代表才考了116分！哈哈……我物理这回考了76分，满分100分，物理课代表考了81

分。吼吼！不是一个好消息，是两个！

可以看出，小宇非常开心！试想，一个进步这么快的孩子怎么可能不想学习？为了帮助大家更好地借鉴她的进步，我们提供出她和妈妈的学习感想，和大家一起分享。

小宇同学的学习感想。

“通过上数学辅导课，我开始喜欢学习数学了，对数学产生了浓厚的兴趣，从原来的不爱看长题和大题，现在变得很有耐心地看下去，也知道了数学这门学科中，哪些是重要知识点，哪些该背……‘数学十步法’及基地老师的讲解，使我感觉到学习数学并不是很难，而且学习数学的方法在其他理科中也同样适用。

“在基地老师上课过程中，我总有一些题不会，而老师总会很耐心地给我讲解。记得上第二节课时最累，当时讲的是画函数的图，由于不认真，数老是算错。在做不下去时，老师就和我一起算，然后终于经过努力算出来了……这使我明白‘只要努力，没有什么事是办不成的’。

“上辅导课对我有很大的帮助，这一切都要归功于基地老师，谢谢老师！”

同时，小宇的妈妈也在积极学习，参加了基地平等思维沟通心法网络课程，并且有了很大的收获。

我们来看一下在小宇妈妈眼中孩子的改变。

“上面是孩子早上写的，没时间打到电脑上，上课去了，让我帮忙打好发给您。

“通过上课，我也认识到，自己以前老是抱怨孩子，在跟基地老师接触的这几天里，我的好多想法和观点都改变了……

“像孩子在写作业的时候，老是磨蹭，实在蹭不过去了，就划拉划拉交差……不是孩子不爱写，其实是不会，没把所学的知识掌握，当然就不爱写。时间久了，就自然地不爱去碰作业了。

“在孩子的上课过程中，我几乎是全程地陪在旁边，在听孩子和基地老师学习的过程中，我发现，孩子有错的时候，老师从来都不说‘你做错了，应该怎样怎样’，而是耐心问孩子‘结果是怎么来的’，在孩子找原因时，自己就知道错在哪里了。这个对我触动很大……是我该学习的……

“孩子写作业的状态也有改善，现在都能自己认真地检查。在写英语作业的时候，以前碰到不会的单词就过去了，现在都得去查查，搞懂它……做数学的变化最大，以前孩子对字多的题，从来都没耐心去看，而现在能去碰一碰大题……有时还蛮有兴趣的。昨天放学回来，说在学校利用自习做了3道大题，很兴奋的样子……

“总的来说，上课对我们帮助很大，希望她能顺利地把学习的状态保持下去，也希望她也能顺利地把别的理科学好……

“另外，在跟束老师的接触中，我感觉到了做事严谨的作风，我一贯做事拖拖拉拉的，以后会改正的，给孩子做个好的榜样……”

值得特别强调的是，小宇妈妈在上课期间和课程结束后，一直和基地老师保持着密切的联系，在孩子有疑问时能及时帮孩子解决。

很多家长带孩子来到基地后总是感叹，孩子们在基地会“学习上瘾”，居然能够不厌其烦地一遍遍做题目，甚至很多孩子课间都主动放弃休息，就像不知疲倦的“小牛犊”。

究其原因，是因为：①基地的老师们做到了接纳，孩子会坦然、放心地暴露出自己的弱点，并跟老师一起改善；②基地的老师们帮孩子做到了认真和学会，让孩子体会到了深入学习后的乐趣，从而乐此不疲地不断品尝着“学会”的滋味。

只要家长按照我们和谐沟通的三大步骤做，尤其是做到了接纳，就可以帮助孩子；只要孩子们能按照基地文科、理科“十步法”严格执行，达成学会的三个标准，逐渐培养起认真的能力，成绩就一定会提高，甚至整个做人的品质也会不断提升。

在此，预祝小宇及更多的同学都能按照学会的三个标准学习，取得更大的进步！也祝愿每个家庭都能和谐、幸福！

下面的内容主要是介绍我们的数学学习十步法的使用提示。凡是看到我们数学学习十步法的操作案例的家长，如果不过来参加我们的“认真能力训练营”，可以根据下面的提示自己帮助孩子学习。如果认真按照案例的程序严格操作，只要操作到位，孩子的学习能力一定会快速提升，并会得到学习上的八大好处；没有数学学习十步法操作案例的家长，可以根据我博客上公布的数学学习十步法的内容，按照下面的提示帮助孩子。

我们的案例是从最基本的概念开始的，最后初中的一般会达到中考的难度，高中的一般要达到高考的难度，小学的一般达到举一反三、培养认真能力的效果。也就是说，按照我们给的内容学习，只要认真学完，学生对这部分内容的相关考试一般可以从容应对了。

只要孩子看过书，一般都会做第一个题目，做好了第一个题目，接着做第二个题目的时候，孩子就会发现只要会做第一个，第二个往往都会有相似的地方，似乎在提示自己怎么做。因为我们都是在第一个题目的基础上稍作改变，形成了第二个题目。如果孩子经过十分钟以上的思考还不会做，建议参考后面的答案。

严格按照数学学习十步法操作，孩子的学习会有八大改变。

① 眼高手低没有用，动手做题大有收获。孩子会认识到：每个题目一定要做，不要只是看看，觉得会做不一定会做，真的做出来得满分才是会做。

② 不得满分绝不放过，每做一遍都会有提高。题目做好以后，跟后面的答案对照，后面的答案中有题目的采分点，必须一次性做到满分，才算过关。凡是不能得满分的，一律重做。

学生在我们这里学习的时候，老师们往往不是给孩子们讲解如何做题，而是会根据学生做题的情况，提出不同的问题，通过问题引导孩子发现自己的不足，发现课本基础知识学习中的漏洞，从而回归课本。很多学生学习第一天的晚上，会大发感慨：一直不知道，原来知识都在课本上！很多同学会发现课本原来真的是字字珠玑，读课本会大有收获，甚至会捧着课本读，停不下来。这种做法的目的是帮孩子学会回去后自学。通过老师的提问，孩子还会发现，自己以前一直以为很明白的问题，其实不一定真的明白，这就是为什么一直认为自己会了，考试却总是考不好的原因。每次做题只要有错误就重做，听起来似乎很吓人，但过来学习的同学都会很有收获，有一位叫魏东来的初二同学就这么跟我说过："只要有错误就重做，这个办法太好了！这么做很有收获，以前做题有错误了也想重做，但一时偷懒就过去了，本来该有的收获就没有了。"

发现做题很有收获，学习明显有成就感。做三到五个题目后，孩子就应该明显感受到学习有收获。他应该觉得每做一个题目，自己都在提高。做到三五个题目的时候，他做的题目已经有相当的难度了，这时候他的感觉应该是："如果一开始做这个题目，我肯定不会做，但现在我有把握做对了。"这时候他会学习"上瘾"，经常地表现为做题停不下来，一做做几个小时，一遍遍地做，一遍遍地修改，一遍遍地自己出题。

学会怎么检查作业，并体会到检查的好处。每次做完题目，都要求孩子按照作业检查三步法检查。孩子会发现，只要自己按照作业检查三步法检查，就可以明显提高正确率。作业检查三步法是制胜的法宝！

做题速度明显加快，准确率也在明显提升。很多同学平时做题很慢，但按照数学学习十步法的案例学习，孩子们在一遍遍做题的同时，一是会发现做题容易了，二是会发现做题快了。因为很多同学从来没有这么踏踏实实地做过一个类型的题目，在这么做的过程中，一个类型的题目很多地方在不断地重复，他们有时候一看就知道怎么做，会很熟练地做出来，并很容易地得满分。

编题有法可依，举一反三能力明显增强。对于如何出题，我们的案例中有更加详细的提示。学生只需要按照我们题目中的提示考虑，就可以自行做到举一反三了。以往很多家长都反映，孩子回家以后举一反三很难操作，我们提示让孩子们到网上来问我们的老师，但由于各种原因孩子不能上网，很多学生难以解决举一反三的问题。在这里，我们可以说，只要孩子按照这个步骤操作，孩子的举一反三的能力一定会明显提升。

做题能力提高，学习自信明显增强。很多孩子从来没有体会过这样的快乐：每个题目都会做，做出来就能得满分！以前总是觉得会做，但要么做不出来，要么做出来不得满分！现在终于可以自信地说一声："我学会了！"

学习心态变轻松，学习兴趣大增。很多孩子以往学习往往都是在高压下进行，被逼着做题，不会做挨批评，做不好受惩罚，所以，学习从来没有兴趣。他们往往想不到，学习还可以这么轻松愉快，还可以这么有收获，还可以这么让人自信，还可以这么心情舒畅！学习好的感觉真好！

在此提醒：①家长学习平等思维与和谐沟通，说话孩子爱听了，才能帮助孩子；②执行我们的学习方法，基础是认真能力，就是一次性把一件事情做到能力顶峰的能力。

让我们一起来培养孩子认真的能力，每次进步一点点！

案　例　不爱学习的同学期末排名进步了172名！

在外面忙了一通，刚刚回到基地，我看到了冬季认真能力训练营曾经来过的一位同学，山西临汾初一的小锦同学。

一进门，大家就告诉我，小锦同学期末考试全年级排名进步了 172 名！

小锦同学在参加冬令营之前，妈妈反映他学习不够主动，不爱学习，学习不专心，很浮躁。

在冬令营的学习过程中，我们发现，其实小锦同学想学习好的愿望特别强烈。（在我们现在的教育环境下，哪个孩子不是梦寐以求地想学习好？！）他以前的基础不够扎实，又没有好的学习方法指导他自学，所以上课听不明白，就会走神，下课作业不懂，就学不下去。

在冬令营的学习过程中，老师带着小锦同学从基本的定义入手，严格执行“数学学习十步法”。小锦同学特别努力，发现不会的知识，就自己看课本，对照“数学学习十步法”，思考怎么做题，思考题目是怎么出的，并且自己不断地出题。同时，他只要发现自己会做的题做错了，都主动重做。做题的时候，特别投入，有的时候，宁可不下课了，也要把题做完，就是我们常说的学习上瘾。

我们来看看小锦寒假过来学习后的感想：

“我来参加本次冬令营之前，想着基地会有哪些独特、神奇的学习方法，如何提高学习成绩……

“七天，本以为会很艰难，可一眨眼就结束了，可真适应不了。这些都不重要，重要的是我已经学会了如何去解题。

“过去，我一直不会学习，上课不专心听讲，老走神，有时还上课做做小动作呀，说说话呀，嬉戏呀……不会的题不积极问老师或请教同学，发现错误不及时改正，想着就让它一直错下去好了。

“现在，通过唐老师讲的平等思维课，我领悟到了这样一个道理：各种题型，只要找到它的核心，就会发现它不烦琐，我们只是缺少找核心的眼睛。如果找到了核心，你会越做越顺，越做越觉得不可思议。这一刻，你自己感觉像是在沙漠中看到一泓清泉，那种喜出望外的感觉，不知道用什么语言来表达了。当抓住了题目的核心，你就会充满自信，一步一步地往上提高！

“举一反三，说的是多种办法、多种题型。只要学会了，就能轻松地解题，成绩当然能上去啊。这儿的生活充满轻松、愉快的气息。

“学会的三个标准：得满分，熟练化，举一反三。我一定能做到的！

“在这里，要谢谢老师，谢谢同学们，Thanks！”

下面是小锦同学的总结原稿：

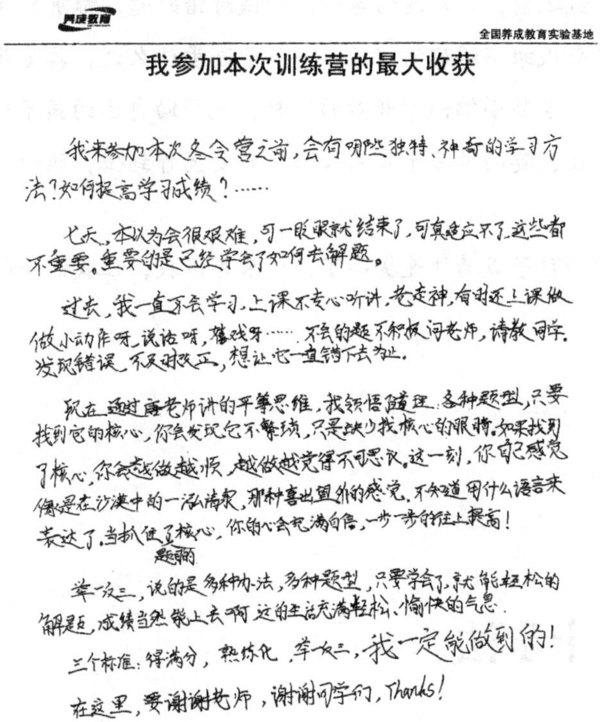
全国养成教育实验基地

我参加本次训练营的最大收获

我来参加本次冬令营之前，会有哪些独特、神奇的学习方法？如何提高学习成绩？……

七天，本以为会很艰难，可一眨眼就结束了，可真适应不了。这些都不重要。重要的是已经学会了如何去解题。

过去，我一直不会学习，上课不专心听讲，老走神，有时还上课做做小动作呀，说话呀，搞戏呀…… 不会的题不积极问老师，请教同学。发现错误，不及时改正，想让它一直错下去为止。

现在，通过老师讲的平等思维，我领悟道理，多种题型，只要找到它的核心，你会发现它不繁琐，只是缺少找核心的眼睛。如果找到了核心，你会越做越顺，越做越觉得不可思议。这一刻，你自己感觉像是在沙漠中的一泓清泉，那种喜出望外的感觉，不知道用什么语言来表达了。当抓住了题目的核心，你的心会充满自信，一步一步的往上提高！

举一反三，说的是多种办法，多种题型，只要学会了，就能轻松的解题，成绩当然能上去啊，这的生活充满轻松、愉快的气息。

三个标准：得满分，熟练化，举一反三，我一定能做到的！

在这里，要谢谢老师，谢谢同学们，Thanks！

冬令营结束以后，小锦同学每天按照“数学学习十步法”的前几步扎扎实实地学习，努力做到每天进步一点点。他每周都参加UC基地老师的网上答疑，汇报自己的学习情况，并提出自己的问题。特别值得表扬的一点是，小锦同学每一次都毫不打折地执行老师给出的建议。基地老师们都有一种印象，只要长期跟着我们认真地执行学会的三个标准和学习十步法的同学，都进步非常快。

小锦同学自己说过："我每次做练习时，遇到不大会的题就看看例题，比如做不等式，我会把不等式的三点性质写出来，看看题目用了哪个，就做对了。做作业的时候，因为有做练习作为铺垫，就会全部做对，最近做的作业大部分全是优。按照十步法做作业，感觉真好！

期末考试，小锦进步了 172 名！

小锦同学自己的总结：

"我就是每天上课好好听老师讲课，回到家了看一道例题，再自己做一遍，自己跟书上的答案、解题过程对一遍，对了再巩固一下，不对再做一遍。每天做一道题啊！在考试之前，老师发的卷子，测试时错的题，都重新改一遍！……"

看到一个本来成绩不够好的同学，一下子进步这么大，真是开心！

各位家长，请在替小锦同学开心的同时，也帮助自己的孩子严格按照学会的三个标准和语、数、英的学习十步法操作。只要操作到位，孩子的成绩一定会快速提高！

记住，当您的孩子成绩快速提高了，也来告诉我，让我们一起为您高兴！

第三节

英语学习十步法

英语的学习，很不容易找到方法。经过多年深入的探索和实验，我最后确定了以英语课文为学习的基本内容，因为课文中包含了几乎所有的考试因素——单词、短语、语法、听力、阅读理解、完形填空、作文等。只要把课文彻底掌握，就可以解决上面所有的问题。深入学习是关键。比如，就拿单词来说吧，很多同学甚至老师往往会认为英语考不好，是因为英语单词没记住，其实真正英语考不好的原因往往不在不会的单词上，而在自以为会但理解有偏差的单词上。下面就是我们的英语学习十步法见表 6.2。

表 6.2 英语学习十步法

第一步	选出一篇已经学过的课文，准备一个本子，把课文从英语翻译为汉语，如果有翻译不了的单词，去查后面的单词表或字典。
第二步	把翻译完的汉语文章，从头通读一遍，把不通畅的句子参考英文进行修改直到通畅，句子的次序按照正常汉语的次序安排。
第三步	另外拿一个本子把翻译出的汉语翻译回英语，不能查字典，不能查后面的单词表，只能凭自己的记忆和现有的水平来翻译。
第四步	翻译完后，把自己翻译的文章与课本原文对照，找出与原文不同的地方，并标出来；仔细思考每一个差错点，看到底是为什么错了，是单词没有写对？还是有语法错误？或是时态不对……没记住的单词一定要记住，错误的语法要明确错在哪里，一定改正；看看有没有因为汉语翻译得不够好，导致英语翻译出了问题的地方，修改汉语的翻译文章，针对每一个地方找出恰如其分的表达。
第五步	根据新的汉语文章重新翻译成英语，继续按照第四条的方法做，直到翻译出的英语文章跟原文一样，一点错误都没有。
第六步	找出文章中的重点短语、单词、句型，深入理解，把重点的单词理解到有体会的水平，并进行造句，每个地方造出十个句子。
第七步	从每课涉及的知识重点入手进行分析。小学：句型等。初中：分析本文中涉及的时态、语态、句式等。高中：各种复合句等。
第八步	参考文章所配磁带，把每个单词的读音读准，熟练读诵文章，直到朗朗上口。
第九步	看着最后的汉语文章口头翻译成英语文章，做到滚瓜烂熟。
第十步	摹写：根据已经学过的这篇文章的内容给出一篇类似的文章，进行摹写，注意学会使用文章中的典型句型和好的用法。

我的博客里，把我们基地教学使用的最核心的学习方法都毫无保留地提供给了广大学生和家长朋友们。也不断有网友发来他们跟随博客学习后的收获和体会。下面是一篇初三同学写的“英语十步法”的学习感想，供大家自学参考。

案 例 | 一个中考女生自学“英语十步法”的感想

这是一位同学用了我的方法后在我博客上的留言。

我今年上初三，是在一所很差的学校上学，班上英语成绩都不好。考个六十多分、七十来分就算是成绩好的，但考个六十多分、七十多分的情况都不多，基本上同学们都不及格。

我的英语成绩也在六十多分、七十来分，很差。我买了很多资料书，看过了，我也努力了，可成绩怎么也上不去。甚至我已经开始怀疑我的脑子能不能学英语。英语那么难，是给人学的吗？我根本就不知道英语是要学什么，做题一片迷茫。语法我背了，可是英语却怎么也考不上去。我真的有些绝望。就在我绝望的时候，无意间看到了唐老师的博客，我看到了“英语十步法”，我抱着试一试的心态把它抄了下来，后来我也就开始用了。

开始做的时候，感觉自己什么都不懂，一篇文章要翻译几十遍才能全对，在这个时候我真的想放弃。后来我想了想自己真的想改变，在百般无奈之下，我还是坚持了。一篇文章有好多不懂的地方几乎都翻译不对，语法呀，单词呀，还有什么句型，我都去按照方法的要求做了。后来慢慢地，情况开始好转，一篇课文翻译几遍，就可以全对了，每课的练习，基本上也都可以做对了。

上帝好像把以前置身在云里雾里的我，一下拉到了光明的世界一样。我真的感觉学会了，就像被人狠狠地打了一下！心里感觉很踏实，学会了很多！接下来我准备继续用十步法，语文、理科，还有英语的十步法。我想我一定要改掉我的浮躁。有时候我总感觉，明明学会的东西，考试竟然什么都不知道。看了唐老师的博客，我才发现原来是浮躁，原来我自己感觉学会了，其实是没有学会的。

我相信我一定能更好，我相信我一定能够有认真的能力。我真的要感谢唐老师，唐老师的博客让我受益匪浅啊！

案例 | 用“英语十步法”学习，想忘掉课文都很难

小然同学是一名初二女生，来自安徽。她性格活泼开朗，也特别热心，能够很快地和同学们打成一片。这样一个“潇洒”的女孩子，学习方面却潇洒不起来。初二下学期，小然的英语、物理下滑严重。由于就要开始面临中考，小然自己很是着急，想努力，却又不知道怎么做，家长更是担心。7月14日是基地暑

假第一期认真能力训练营报到日，小然妈妈就想办法请假，带着小然来到了北京。

在7天的训练营期间，小然非常积极地跟杨老师配合操作英语十步法，在英语组所有的孩子中，小然的进度是最快的。以下是小然同学在训练营的学习收获：

“英语以前是我最头疼的科目，因为方法不当，尽管投入了很大努力，但是收获甚微。

“但我来到这里，运用了唐曾磊老师的“英语十步法”，又接受了老杨老师‘严酷’的训练，终于把英语的十步法全部完成啦！同时，在我们组里只有我一个是全部完成了的，这也让我很自豪。在学习十步法的过程中，我认为最难的一步就是汉译英了，一共翻译了七遍。老杨好严格啊！连一个字母写错了，一个标点写错了都要重新全部翻译。好辛酸的过程！仅仅是这一步就让我花了整整两天的时间。在第八步读课文的时候同样也很苦，因为老杨要求语速特别快，所以我读来读去，自己练了几十遍，才终于达到了杨老师‘速度快，有感情，语言流利’的标准。不过这十步里，每完成一步我都很开心，都会觉得自己离成功更近了一步。这些天我过得十分充实也十分快乐，课文掌握得特别扎实。这些内容就是以后想忘掉也很难了。

“而且每天听唐老师的平等思维对话，收获都很大，也解决了许多在平时生活中让人烦恼的问题，对我影响最大的一句话就是‘烦恼是吃饱了撑的’。我同时也明白了：你越是自觉，你就会获得更多的配合和自由。这句话也给了我很大启示，让我知道了我们要学会主动退让，要学会‘舍得’，有舍才有得，不要情绪化，这是愚蠢的。我还明白了很多很多道理。

“我很舍不得这里的同学们。在这里的七天，你们都给了我很大的帮助。小晨、明玥、婉琪、美婷、曼婷等，我舍不得你们。一想到要分别，就觉得不忍心。不过，天下没有不散的宴席，好聚好散嘛！我现在期盼着我们的下一次见面！”

平等思维教育基地　　培养认真的能力 每次进步一点点

7月21日，第七天

我参加本次训练营的最大收获

英语以前是我最头疼的科目，因为方法不当，尽管投入了很大努力，但是收获甚微。

但我来到这里，运用了唐曾磊老师的英语十步法，再接受了老杨老师"严酷"的训练，终于把英语的十步法全部完成啦！同时在我们组只有我一个是全部完成了的，这也让我很自豪。在学习这十步法中间，我认为最难的一步就是汉译英这一步了，一共翻译了七遍，老杨好严格啊！连一个字母写错了，一个标点写错了就要重新全部翻译，好辛酸的过程，仅仅是这一步就让我花了整整两天的时间，在第八步读课文的时候同样也很苦……因为杨老师要求语速特别快，所以我读来读去，自己练了几十遍，才终于答到了杨老师"速度快，有感情，语言流利"的标准。不过这十步里，每完成一步心里都很开心，就会觉得离成功更近了一步。这些天都过得十分充实也十分快乐，课文都掌握的特别扎实，这些内容就是以后想忘掉也很难了。

而且每天听完唐老师讲平等思维对话，收获很大，解决了许多在平时生活中烦恼的问题，给我影响最大的一句话就是"烦恼是吃饱了撑的"，我同时也明白"你越是自觉，你就会获得更多的配合和自由"这句话也给了

（来源：唐曾磊博客）

平等思维教育基地　　培养认真的能力 每次进步一点点

7月21日 第七天

我参加本次训练营的最大收获

我很大启示，也知道了我们要学会主动退让，要学会"舍得"，有舍才有得，不要情绪化，这是愚蠢的，还明白了很多很多……

我很舍不得这里的同学们，在这里的七天里，你们都给了我很大帮助，陈晨，明玥，张婉琪，占美婷，熊曼婷等等……我都舍不得你们……一想到要分别，就觉得不忍心，不过，天下没有不散的宴席，好聚好散嘛，我现在期盼着我们的下一次的见面。

（来源：唐曾磊博客）

对于很多学生来说，英语的学习是比较麻烦的，比如背单词、学语法，进行起来很难。而我们现在就帮助同学们找到了解决英语学习的根本——课文。通过对课文本身更深入的理解来学习英语，这个时候真的去学透了，就会发现，一篇课文里面包含了所有考试的因素。所有考的部分，都在这篇课文当中。掌握这篇课文，掌握得越透越熟练，对于我们考试越有帮助。我们在学习一篇课文的时候，一开始会很慢，慢慢地走上几遍，就会越做越快，再往后就非常轻松了。而这种学好的程度远远胜于一般的学好，一般的靠背单词、背课文那样学英语，比我们这种方式学习差得太远。这样学完了以后就知道，一篇文章怎么才叫理解了，背单词，怎么才叫把一个单词真正悟到了。有了这种体会，每篇文章都这么做了，英语成绩一定会大幅度提升。

案　例 | 数学、英语提高60分，为家里节省了4万多元

四川成都的小成同学在中考刚结束不久，就给基地老师传来了好消息：四川绵阳某中学在四川排名第四，每年都有接近 10 人保送清华、北大，考进清华、北大的经常超过 40 人。今年报考人数超过 10000 人，招收的 1500 人、6 个档次中，他考到 A2 档，并且可能进入学校的英才班或过渡英才班。小成能顺利地进入该中学，一家人都为此沉浸在喜悦中。

小成同学在寒假期间参加了基地第二期认真能力训练营。为了能让他对方法的掌握更扎实，在初三最后一学期的学习效率更高，妈妈为小成安排了基地的网络模块课程，并且经常把孩子的学习情况，包括进步的地方以及妈妈看到的孩子需要帮助的地方反馈给基地老师。妈妈反映，小成同学回到家后，在学习方面，对数学、英语兴趣更浓了，自己学习起来也更积极、主动了；同时，妈妈还说，孩子在心态方面也有了很大的进步，遇到不顺的事情可以自己很快调整好心态了。

小成在训练营总结会上的一句话一直让我们记忆犹新：“累，但是累得很快乐。”这种“累得快乐”的精神，让小成同学在这半年的复习、备考中不断地实现着进步。

我们一起来回顾一下小成同学在总结会上讲的学习收获。

“英语以前是最让我头疼的科目，因为我的英语基础很差，而且方法不当。我投入了许多时间，但是收效甚微。

“当我来到这里的时候，对我有最大影响的，是唐老师说的一句话‘聪明人得肯下笨功夫’。

“我后来一直循着这句话接受训练。

“汉译英时，我翻译得很差，因为我对单词的含义把握不好，而且我对句型也不熟。杨老师对我们要求很严格。实际上，我认为大部分学生开始都会觉得他严格，我甚至有些厌烦。但是后来，我喜欢上了这种严格的方式，甚至希望他更严格一点。因为在这种严格要求下，我在不知不觉中完全掌握了单词。我对句型也越来越熟了。

“我英译汉译了九遍，汉译英甚至写了十遍。写这么对，我平时想也没想到过。现在，这一课里的知识点，我已经滚瓜烂熟了，以前记不住的单词现在想忘掉也很难。

“而且，我的口语也有了极大的提高，以前我读这篇课文要几分钟，现在只要三十六秒。因为我对这篇课文中的每个单词都很熟悉了。

“如果说训练不累，一定是假的，但累很快乐，越练越有劲。实在太累，就休息一下再继续。我已经一点也不怕英语了。

“唐老师讲《金刚经》，我开始十分不理解。可是，我现在已经在它那里发现许多智慧，正如玉藏在石头中一样。唐老师帮我砸开石头，让我捡到了快乐的宝玉。

“我希望中考有一个好成绩，我也相信中考我会有好成绩。那时，我会再来这里，获得更多宝藏。

“回去以后，我要严格遵守十步法，英语更上一层楼。”

下面是小成同学的总结原稿：

平等思维教育基地　　　　培养认真的能力 每天进步一点点

2月13日 第6天

我参加本次训练营的最大收获

英语以前是最让我头疼的科目，因为我的英语基础很差，而且方法不当，我投入了许多时间，但是收效甚微。

当我来到这里的时候，对我有最大影响的，是唐老师说的："聪明人得肯下笨功夫。"

我后来一直循着这句话接受训练。

汉译英时，我翻译得很差，因为我对单词的含义难以把握。而且我对句型也不熟。杨老师对我们要求很严格。实际上，我认为大部分学生开始都会觉得他严格。我甚至有些厌烦。但是后来，我喜欢上了这种严格的方式，甚至希望他更严格一点。因为在这种严格要求下，我不知不觉中完全掌握了单词。我对句型越来越熟。

我英译汉译了九遍，汉译英甚至写了十遍，写这么对，我平时想也没想到过。现在，这一block的知识点我已经滚瓜烂熟，以前记不住的单词现在想忘掉也很难。

而且我的口语也有了很大提高，以前我读课文要几分钟，现在只要三十六秒多。因为我对这课文中的每个单词都是老熟了。

如果说训练不累，一定是假的，但我累得很快乐，越练越有劲，实在太累休息一下便继续，我已经一点也不怕英语了。

唐老师讲《金刚经》，我开始十分不理解，可是，我现在已经在它中间发现许多智慧，正如玉藏在石头中一样，唐老师帮我砸开石头，让我捡到了快乐的钥匙。

我希望中考有一个好成绩，我也相信中考我会有好成绩，那时，我会再来这里，获得更多宝藏。

回去以后，我要严格遵守十步法，英语更上一层楼。

一个人闲着是不会快乐的，累得不快乐也不舒服，但是累得快乐就会舒服了。每个人都希望自己累的同时是快乐的。累是身体累，心是快乐的。身体累是因为做了一些正向的事情，心里的快乐来自做正向的事情，得到了正向的结果，让自己很充实，让自己很有面子，让自己很有满足感。这个时候自然就会有快乐了。家长朋友们如果想让孩子们做什么，要让他累，还要累得快乐；各位同学在闲得无聊时，可以去做一些让自己累的事情，但要累得快乐。只要能这样，大家的学习、生活，就会变得非常美好。

考上理想高中后，小成同学也总结了自己这半年来的学习改变过程以及妈妈的变化。以下是他发来的总结：

“以前，我听说某某去了什么成都七中、成都九中、南山中学、绵阳中学这些牛校的这样班、那样班，就觉得自己是绝无可能的，去这些地方读书的都是牛人、天才，自己绝对是可望而不可即的，我甚至想都没想过我能够考进去。可是今天，我奇迹般的成了‘牛人’‘天才’。我才发现，原来我也可以做到。其实我觉得没有什么天才，能够发挥出自己潜能的才就是所谓的‘天才’。

“直到初三上学期甚至初三下学期的头一个月，我都是个‘中不溜’，属于在市重点线上徘徊的那种。而且我十分偏科，月考的时候，如果把成绩换算成100分制，我的英语通常只有50多分，政治通常只有40多分或者30多分，化学却是经常年级第一。我家所有人都为此头疼，我自己也明白：如果这个问题不解决，别说想以后去做我喜欢的化学方面的工作，就是日子过得舒适一点都几乎不可能。表面上我仍然嘻嘻哈哈，其实我已经快对未来失去信心了。

“转折发生在初三的寒假，我去北京学习了平等思维和十步法，发现了自己最大的毛病——浮躁，正如唐老师说的，我做题错了，一定会说：唉，我马虎了。而唐老师却告诉我一个截然不同的观点——认真是一种能力。如果没有这个观点，仅数学一科，我可能就要在中考中痛失20分，而那个刚开始时让我恶心的十步法（因为我曾经因此把一篇文章翻译了至少15遍，一道我认为很简单的题做了六七遍），居然真的让我的浮躁之心大大收敛了，尤其是那个‘邪恶’的老杨，在‘浮躁消灭战役’中立下了汗马功劳。而那个我恨不得把它撕成粉末的英语，在南山中学自主招生考试时，成绩居然比初三下学期第一次月考暴涨了至少40分（把我乐坏了），就这一项，直接把我“轰”高了三个档。

“当然，家人的配合极其重要。我妈妈十分负责，谁都应该承认她是好妈妈——以前，尤其是从初二起，她居然每天都在陪我做作业，教我做作业，从未中断。但是，我对妈妈的做法恨透了，因为只要她出现，只要她没睡着，肯定有没完没了的唠叨，以至于只要妈妈在我身边，我就对学习不感兴趣。而不知唐老师施了什么法术，妈妈从北京学习回来后，居然在我学习时自动‘隐身’，唠叨少了百分之八十五以上。

“终于，在6月，我参加了四川首屈一指的牛校，绵阳某中学的自主招生考试，在万名高手参加的考试中，跻身最牛的A档录取生之列，拿到了梦寐以求的录取通知书，还受到免交择校费、学费减低的待遇，比起刚上线的学生，我为家里节约了4万多元。应该说，在最后3个月里，我的成绩上升了几个档次。

“高中的号角即将吹响，在牛校，用牛方法学习，必定会得到牛人的成绩。学弟学妹，师兄师姐们，等我的好消息吧！”

第四节

语文学习十步法

为了让大家更好地执行学会的三个标准，我根据我们在认真能力训练营里带孩子们的详细操作，相继整理出了数学学习十步法、英语学习十步法，很多家长和老师带着孩子用了以后，成绩明显提升。

数学十步法使用成功的案例已经太多了。大家可以参看我博客里学生学习栏目的文章。

从2009年暑假发表英语学习十步法开始，已经有很多同学按照这种操作，明显提高了成绩。有个女生在按照英语学习十步法操作以后，自己都把自己感动哭了，说这辈子都没有这么学习过英语，收获特别大。北京市朝阳区有位小琦同学，他的英语总在70分到80分之间，很少超过80分，他的梦想就是超过90分。

期中考试以后，开始用我们这个方法，到期末考试前的一次考试，他居然考了95分。在临考前他充满自信地告诉我："我现在太有自信了，从来都没有考过这么高的分数！这次我肯定是我们班的进步奖（在班里进步15名以上）！"后来他期末考试得了91分。由于他数学和英语都有很大的进步，果然得了班里的进步奖。

有很多学生、家长和教师提到了学习语文的问题，我现在就把语文学习十步法公布出来。

英语学习十步法，特别强调字、词、句、语法等基本知识的学习，也更多地强调知识的记忆和把握。但语文则更加强调对字、词、句、文等基本知识深入准确地把握、理解和应用。所以，我们的语文学习十步法中，更多地加强了能力的提高和智慧的启迪。

我们的语文学习十步法，仍然是以课本为根本，来提高学生的阅读理解和写作能力，提高其深入学习能力和学习兴趣。语文学习包括古文学习和现代文学习，古文的学习可以按照英语学习十步法来操作；下面讲的主要是针对现代文的学习方法。

我要提醒大家的是：语文学习十步法的操作基础也同样是认真的能力，只有具有认真能力的人才能真正执行好下面的步骤。认真的能力是一次性把自己的能力发挥到顶峰的能力，是能够把事情一次性做好的能力。

很多家长和老师跟孩子沟通不好，孩子如果抵制，就很难配合把这些操作方法做下去。如果出现这种情况，建议家长和教师先学习平等思维的和谐沟通，能够沟通好了再说帮助孩子，沟通不好就不谈帮助。如果着急解决，可以跟我们基地联系，基地老师会帮助您。语文学习十步法会加入我们的"学会"精品班和寒暑假认真能力训练营中。

我知道有很多人因为经济、时间等原因来不了北京，不能参加我们的"学会"精品班和寒暑假的认真能力训练营，所以，我把我们研究的所有教学方法：学会的三个标准、数学学习十步法、英语学习十步法和语文学习十步法、轻松作文三步法、作业检查三步法等文章，全部公布出来，这些就是我们"学会"精品班和认真能力训练营中操作的核心内容，希望能够对更多的人有帮助，请大家认真操作。我们的老师就是按照这些内容帮助孩子们学习的。只要各位家长和教师好好学习平等思维，能够获取孩子的信任和配合，按照这些操作方法做好，孩子的成绩一定会快速提高，孩子一定会体会到学习的快乐。语文学习十步法见表 6.3。

表 6.3 语文学习十步法

第一步	查生字 通读课文，找出生字、生词，查字典，查出字词的原意，做到会读、会写、真正理解。
第二步	解生字 根据文章的前后文，选出生字、生词在本文中的含义。
第三步	明中心 通读课文，分析课文的中心思想或中心论点。
第四步	写提纲 想一想，如果"自己"要表达这样的中心思想或中心论点，需要什么样的文章结构和写作顺序。试着写出来。
第五步	看结构 根据课文的中心思想或中心论点，分析文章的段落结构和写作顺序。
第六步	比结构 对比自己写出的提纲和文章原来的段落结构，看有什么不同，主要是考虑原文的结构安排有什么好，自己的结构安排有什么不好；重新写一遍，继续对比，直到跟原结构相近。
第七步	摹写 根据原文的结构安排，试着模仿原文，尽自己所能写出文章；文章比较长的，可根据自己的水平分成若干部分操作。
第八步	对比 把写出的文章与课本原文对照，找出与原文不同的地方，并标出来。
第九步	理解 对每一处不同，找出不同的原因。考虑作者这么写表达了他什么样的心态和情绪以及用了这个字、词、句，为什么更好。"法不孤起，必有所为"，所有的写法必定有其原因和目的，这原因和目的就是文章背后的那颗心，如果真正明白了文章，就会体会每个字、词、句背后的心，这就是阅读理解。
第十步	想收获 考虑：这篇文章让自己学到了什么？哪些知识是自己将来写文章可以用到的？每篇文章一定有写作背景和原因，这样的写作背景和原因可能带给文章什么样的局限或特点？这篇文章更好的构思和更高的思想境界是什么？

对于年龄小的同学，只做 1、2、3、7、8、9、10 这几步就够了，对于高年级的同学可以按照步骤全部做完。另外，也可以用语文十步法学习满分作文。

下面是我们基地一位老师听了语文十步法后的感想。

案 例 对语文学习十步法的微妙感悟

作为非教学部门的老师，我对十步法的理解是相对肤浅的。我虽然也试着做过题目，但是从这次认真能力训练营中对的“语文十步法”和“英语十步法”的一点点学习中，我看到了，原来自己对十步法的那一点点理解是多么的肤浅。到我说这句话为止，我现在所能理解到的十步法，也一定是肤浅的。

在旁听唐老师给孩子们讲“语文十步法”和“英语十步法”时，我的眼泪止不住地流了下来，今天跟赵老师再次谈起十步法，我依然是忍不住激动、感动地流泪。“语文十步法”和“英语十步法”让我看到的是一颗平等的心，一颗接纳的心。

“学会了，就像挨了一个耳光”，真的是这样，这就是一种感觉，感觉是你无论用多么精准的语言都不能精准地传递的。以下是唐老师指导小昊同学做《亡羊补牢》这篇文章的过程。

原文中用的是“街坊”，而你写的时候用的是“邻居”，那么“街坊”和“邻居”有什么不同呢？为什么作者用的是“街坊”而不是“邻居”？这样的表达在文章中为什么更好？

街坊和邻居有相似的地方，但是又有不同的地方，街坊可能指的是这条街上的，但邻居可能一般指的就是紧挨着或住在你旁边的。如果你不理解的话，就可以查一查词典，街坊到底什么意思？作者为什么用街坊？

我们平时感觉好像它们是一样的，但每一点都细下去也许就不一样了，仔细查查看它们有什么区别。这个有区别的地方作者用得好吗？——你会发现作者用得确实挺好的。

街坊、邻居好像是一样的，这是因为你平时不大细心用。大家发现没有，这些词语，好像你都明白，但也许并不真的明白。在用错的时候，用的不一样的时候，你要去思考，为什么我用这个，为什么他用的是那个？当大家不断地悟到这些的时候，你将来写文章就会越来越精准了。

例如对时间的描述，要用一个大体的时间，还是用一个具体的时间？比如一个说法是“10月20日是我的生日”，另一个说法是“10月20日7点钟，大家都聚在一起，给我过生日”，大家可以发现这里面的不同。还有一个问题，我要不要写上年？如果写上年是什么样的？比如“2010年的10月20日”。不同的时间你会写出不同的景色来，不同的时间你会写出不同的感觉来。每一点写出来都是有他的道理的。凡是跟作者不一样的地方，你也有你的道理，往往是因为你理解得相对较粗，你才写得不够精准，而他的精准在哪里？就在这些区别上。

比如，书上说“一天早上，他去放羊”，有的同学写“一天，他去放羊”。你读的时候可能感觉不出区别来，心里不能敏感地分辨出“一天”和“一天早上”有什么区别。你感觉是没有分别的，所以你写的时候就写不出来。你读的时候感觉不到，写的时候就写得比较粗糙。感觉不出来，一对比就知道了。你写的是“一天”，而人家写的是“一天早上”，是个具体时段。显然，放羊都是在早上开始的。然后我们可以进一步思考，他为什么写“一天早上”，而不是哪一天早上？比如说10月20日早上，为什么不写这个？因为他不需要写这个时间，具体哪一天与这个故事没有任何关系，随便一天就可以了，所以，他写一天早上。接下来就是“第二天早上又丢了一只”，只需要有时间的延续性就行了。

我们再来看，学生写的是“后来，他又丢了一只羊”，书上说的是“第二天早上，他又丢了一只羊”，“后来”不一定就是“第二天”，有可能是好多天以后了，而这里作者用“第二天”就是要强调，你如果不去“弥补”你的过失，马上就会有损失，“第二天”就会有损失，所以说这是不一样的。

这些文章，我们让大家学的时候，你们自己看，可能看不出什么妙处来，当你写的时候，尤其是你跟原文对比的时候，你就知道，原来我写的有这么多毛病，他写得这么好！有些词语是很精准的，如果不细细分析，你就无法精准理解，而只让你分析，不写，你不对比自己的“拙劣”，就显不出也体会不到文章的“优秀”来。你们每一次写完文章，跟书上那么好的文章对比的时候，你就会发现作者写得真好，某个词语用得太妙了。去思考这个词语为什么妙，你就可以体会到这个词语在这里面到底讲了什么。

再如说，学生写道：“发现少了一只羊，羊圈破了一个洞，夜里狼把羊叼走了。”书上写得是：“原来羊圈破了一个窟窿。”这个“原来”是什么意思？“原来”就是经过深入的调查后，他终于发现一个结果。这个“原来”有一个究根的意思，只有究根才会发现“原来是这么回事”，“原来”这两个字，我们平时可能感觉这个词都没有什么意义的，都不大会考虑这个词的，但是作者说“原来”羊圈破了个窟窿，夜里狼把羊叼走了，在这里“原来”这个词就用得非常好。你写的时候可能会注意不到这个词。你模模糊糊知道文章是这么写的，但你写下来的时候会把这个“原来”忘掉，你会觉得不需要，但少了这个词，就少了那种探究的过程，少了羊，是一定要去找原因的。“原来”这个词就带了这样的含义。你是这么领悟的时候，这样的词语你就不会忘了。你这么领悟完了以后再读文章，就知道“字字珠玑”是什么意思，在这里不用这个词就不好，对这个词这么理解就不一样了。这个时候你再看文章，你体会到的一定跟你的同学体会到的是不一样的。可能你们以前从来没有这么理解过。甚至很多老师都可能体会不到这些。像“原来”这个词，还有“夜里”（比晚上更晚，往往是人们睡了以后）和“晚上”，你能够这么精准地一次一次地改，这么做一年以后，你们的老师都会觉得你的文章水平大幅度提高，再加上平等思维的思想高度，老师读你们的文章甚至都会觉得有收获。

还有一个词，就是“原来羊圈破了一个窟窿”中的“窟窿”，学生自己写的是“洞”。窟窿和洞有什么区别？为什么作者用的是窟窿，而没有用洞？自己分析，我们会发现，窟窿往往是很薄的东西上面出现的，比如，冰窟窿；而洞则往往是在很深很厚的东西上面出现的，比如山洞，从没有人说山窟窿的。

所以说咱们的十步法，当你体会到这种感觉的时候，你就知道了。跟同学们讲这些的同时，咱们这些老师们，有没有收获？你们想想就知道了。你们以前读书能不能读到这么细的程度？

一个“街坊”和“邻居”已经让我一下子看到了“语文学习十步法”的精妙。原本在我眼里认为没有什么的一个问题，被唐老师这么一问，才知道，就是这一个个我们认为的“没有什么”区别着好文章和差文章。而这些被人们忽略的地方是只有我们能够把心停留在当下的时候才能看到的，是我们认真对待每一个细节的时候才能发现的，是我们的心更“平等”的时候才能感悟到的。“平等”在这里并非生搬硬套，平等就是没有一个我认为的好与差，只是去看这种情况下为什么这样表达更贴切。

接下来的“原来”，“有一天”和“有一天早上”，“第二天”和“后来”，“窟窿”和“洞”以及分自然段的问题让我的脑袋像一下一下被敲击一样……

在唐老师讲过后，孩子们拿回自己的本子，继续修改。在不断地去体悟作者所用语言的精妙的同时让自己的表达逐步贴近原文。这让我想到了“反馈”这个词——系统过去的行为结果返回给系统，以控制未来的行为和结果。孩子们就是在不停地做着这样的事。写出来，对比，发现，改善，就在这一次次的反馈中，文章越来越好。忽然之间我若有所悟。我问唐老师：如果说一个个字词的对比、改善是一个小的反馈系统的话，那么孩子们对文章中心思想的理解就是一个大的反馈系统，是这样吗？唐老师的答案是肯定的。我在起初孩子们写中心思想的时候是有些担心的，因为每个孩子对文章的理解是不同的。你不能说孩子们就是错的，因为在他们眼里看到的就是这样，但对一篇文章的中心思想的理解可以是五花八门，这个问题怎么解决呢？如果是一点点地去“引导”孩子接近“标准答案”的话，显然是不够好的，这个不够好在于，每个人的想法都是不一样的，在一定范围内做一下微调可以，如果偏差很大，难道要让孩子们放弃自己的想法去迎合“标准答案”吗？

就是在这里，我体会到了“大的反馈系统”，就是在这里，我体会到了“接纳”。我们根本不需要一个统一的中心思想！

在找出文章中心思想后，孩子们要根据自己找到的中心思想去写出提纲——如果是我写，我会用什么样的结构来表达这个中心思想？而在接下来的“看结构”和“比结构”环节中，孩子们除了可以发现这两种结构上的不同点外，在对文章中心思想的理解上也会逐步深入，他们会发现自己原来对文章中心思想可能理解得不够全面，或者在某一部分出现了些偏差，进而调整自己理解到的中心思想。在这个大的反馈中，不需要说：你的这个中心思想理解不对、有偏差、不全面、不深刻。这些都不需要说，只需要让孩子们去对比、调整，再对比、再调整……就这样。而“接纳”，就是你所做、所说一定有你的道理，我不需要否定，也不需要强制性把我的想法加给你，我要做的，就是依着你，然后让你看到怎样会更好。这应该也是唐老师常常讲的随顺而转吧。

十步法是好的学习方法，而融入平等思维的十步法已经远远超出学习方法的范畴，这真的就是一个认真的人，一颗平等的心。

虽然我不用再为考试而学习，我同样为自己能够遇到这样的方法而感到幸运、感动，同时也为所有能有机会看到十步法的朋友而感到高兴。

第五节

轻松作文三步法

作文可以按照以下三个步骤写，见表 6.4。

表 6.4 轻松作文三步法

第一步	把心里的第一想法和最真实的想法写出来，看到一个题目后，去捕捉心里最初产生的第一想法，而不是用头脑想这篇作文该怎么写，怎么写更动人更能得高分。
第二步	把问题的正向意义揭示出来，我们心中的第一想法，往往表面看来并非是具有正向意义的，找到正向意义并表达出来的过程，就是文章的升华过程。
第三步	把写出来的文字整理顺畅，这个部分是一个同学平时基本功的体现，基本功越好，文章越精彩，如锦上添花。

案　例 | 六次作文四次满分的秘密

有一次，我在石家庄跟小茜和她妈妈一起的时候，接到一个电话，是我们的一个学生打来的，他声音非常兴奋，说语文第一次在班里考了第一名！这时候小茜就问我作文怎么做，她平时作文总是三十三四分（满分四十分），就停留在这个水平，怎么也上不去了。于是我就跟她讲了作文的写法。

最好的作文是能够打动人心的作文，而打动人心的作文，一定是从一个人的真心里流出来的，而不是编造出来的。学生们写作文的时候，恰恰经常在编造，而无论多么美妙的编造都难以打动人的心。所以，要想写出真正动人的作文，就要学会把心中最动人的那部分内容写出来。

这三个步骤，就是我们在学会辅导班里新增加的“轻松作文三步法”。学会了这个方法，学生就可以轻松地写出最优秀的文章。我还给她举了几个例子。

记得一位北京高三的女生曾经告诉我，她跟妈妈沟通非常不好，在高考前三个月的时候，她提议跟妈妈签一个协议，让妈妈在高考前“闭嘴”。妈妈话虽然少了，可还是有时候闭不上那张嘴！后来她又聊到有时候写作文要表达母爱却不知道怎么写。

我就提示她：“你觉得妈妈是什么样的？”

她回答：“妈妈总是唠唠叨叨，没完没了，烦死了。”

我说：“关于母爱，你就这么写！”

她吃惊地看着我：“唐老师，您不是在开玩笑吧？这么写就是零分作文了，能得分吗？”

我说：“这不是你的心里话吗？”

她说：“可这怎么是母爱？”

我说：“你先把这些写出来。我再问你，你妈妈吃完了饭，能不能出去到公园里跳跳舞？能！能不能去看场电影？能！能不能去听相声？能！哪怕去公园遛遛弯儿也好啊！是啊！为什么她明明知道你那么讨厌她，还要来惹你讨厌？”

她一下子泪流满面：“唐老师，我知道了，还不是妈妈爱我！”

我说：“就这么写出来，这就是最好的母爱文章！”

说到父母之爱，记得小时候，我的家乡有一条小河，我有一段时间在小河对岸的初中上学。有一次周末的晚上，我记得下了大雪，天很冷，风很大，父亲徒步接我回家。

刚出门走了几步，父亲摸了一下我的手，说：“你的手凉了，来，你把我的鞋垫儿垫到鞋子里面，脚暖和了，身上就暖和了。”父亲扶着我把鞋子脱下来抽出鞋垫儿递给我，我接过暖暖的鞋垫，塞到我的鞋子里，果然，脚底下一下子暖和起来，身上也慢慢暖和了！

我们一边走一边聊天，我很开心，跟父亲东拉西扯，一路开心地回了家。

回到家，父亲赶紧坐下来，把鞋子脱下来，一个劲儿地揉自己的脚。我很奇怪，过去一看，原来父亲把鞋子里面的鞋垫儿拿给我后，剩下的居然只有塑料底，我用手一摸里面非常潮湿，触手冰凉！

父亲就这么踩在冰凉潮湿的塑料底上在雪地里走了大约两个小时！我只顾自己暖和了，居然忘了关心一下父亲的鞋底……

那次聊天，回来以后不久，我就听到基地老师说小茜妈妈反映，小茜的作文水平大幅度提高了，六次作文，竟然有四次得了满分！

下面是小茜的一篇作文。

生活中的一朵浪花里

一瞬间，天，灰了；花，谢了；茶，凉了；心，冷了！

我，败下来了！

当成绩落到我头上时，我懂，我确实败下来了！当老师无奈的眼神在我眼前晃动时，我懂，我实在是败下来了！当我和狂风巨浪应战时，我懂，我到底还是失败了！

我定在那里，思念着，徘徊着……

我再也分不清掉在地上的液体是属于我还是属于上天时，我的心冷了。

我终于蹲下了，即使特别平静，但我知道，再也不能挣扎了。算了吧，走吧！我勉强地站起身来，却不知何去何从？看着窗外，嫩绿的小草在展示它吸取的上帝给它的精华，它们慢慢地由一个个细胞分裂而茁壮成长。风吹来了，我有些冷，望着天空，似乎怕什么会从叶中溢出。一群小鸟好像在对我说，它们没有像飞船一样一眨眼飞到天空一头，但它们弱小的翅膀也能回家。我看到小树，鸟儿在树上抖动，似乎为我抖掉了无数的泪滴。我靠在树上冷静地回忆这次考试——我并不怀疑自己的能力！

听到电话里妈妈对我说的一切似乎早已了如指掌，只是，她不想再重复那些唠叨吧。

老师对我说："孩子，今天失败，可能明天就会成功，相信你，一定会成功的！"

我哭了。

刹时，天，晴了；花，艳了；雨，停了；人，乐了！

我再也不放弃，再也不难过，因为有爱，爱伴随着我，在大风大浪过后，有一架出现在我眼前的通向成功的梯子。

风浪，让我学会坚强；风浪，让我敢于面对现实；我会更加努力去战胜一切，风浪，我再也不怕你了，因为我会战胜你！

下面是小茜用了这种方法以后的感想：

“我现在认为写作文没什么难写的，只要把自己的感想写出来就行了，而且唐老师告诉我该怎样写作文：把第一灵感写出来。把自己想写的东西想好了就要写出来，不要再去试图改正某一些地方，我就是慢慢用唐老师告诉我的方法来写的，一开始我认为挺难的，可后来越写越有意思！只要抓住文章的中心不跑题那就行了！”

后来有很多孩子听了我讲作文，并按照轻松作文三步法写出了很好的作文。

在这里我把轻松作文三步法介绍给大家，是希望能够帮助更多地为作文所困扰的孩子。

第六节

审题三步法

很多同学做题做不对，都是因为没看清楚题目中的条件，怎么看清楚条件？怎么把题目准确快速地做出来？教学生按照审题三步法操作就可以了，审题三步法见表 6.5。

表 6.5 审题三步法

第一步	读题目 将题目通读一遍，如果读不懂，继续读第二遍。
第二步	列条件 再把题目通读一遍，如果还不会做，将题目中的条件一一列出，如果有不理解的词语，查阅课本，将相关词语弄明白。
第三步	找关系 思考条件与问题之间的关系，考虑它们可以用哪个公式、定理等进行求解。如果会做，直接做题；如果依然不会做，重复 2、3 两步。如果还是没有解题思路，操作“答案分析三步法”。

案 例 | 审题三步法让做不出题爱发火的女孩越来越开心

2010 年 10 月的一个周日。“小森跟孟老师学习后很高兴，说感觉有一道光照进心里了，她想这周安排再跟孟老师多学一次，想把不懂的弄懂”。这是小森妈妈从 QQ 里给束老师发过来的原话。她还说：“小森比以前长大些了，能体会到智慧和能力的提高带来的喜悦了。她说孟老师上课讲得很好，自己学得也很开心。”

这个孩子怎么会对学习如此感兴趣？这要归功于审题三步法，我们来看一下基地的孟老师怎么利用审题三步法帮孩子变成这样的。

（1）学习不好一般与浮躁、畏难、抱怨等情况并存

开始的时候小森特别浮躁、懒惰、畏难，有错也不愿意改，当出现错误的时候不是怪题目不好，就是怪别人，从不说自己有问题。脾气也特别大，稍微有点不顺心就大发雷霆。她特别容易起情绪，爱抱怨，思想比较负面。

这是做题目做不出来的同学常有的表现。

（2）帮孩子找到针对性的、有效的解决方案

针对小森的这个特点，基地孟老师首先慢慢安抚小森的心，让她逐渐在老师的帮助下，在遇到长的、难的题目的时候，能够静下心来利用审题三步法细细地审题，不会的题目也能去一步步地分析钻研，逐渐做对。

看到审题三步法解决问题的神奇，孩子便更愿意利用审题三步法来解题了。

在半个多学期的学习中，小森已经很好地改善了原先的浮躁状况，她的成绩也飞跃而上。数学原来只有六七十分，这学期已经考过好几个九十多分了，这次期末考试考了95分！但孩子身上还是有明显的浮躁问题。

（3）进一步突破原有的局限

为了进一步解决问题，妈妈带着小森来参加我们的认真能力训练营。在训练营中，孟老师给她做了更深入的训练。当她遇到不会的题目的时候，老师让她按照审题三步法更加细致地进行操作。她开始遇到难题的时候仍有些不愿意做，但在老师的鼓励下还是配合着去做了。当她按照方法去做的时候，没一会儿就找到了思路，知道怎么做了。她的信心大大地增强了，攻克了这个难关，没想到再做相关的题目时，她竟然连续八道题目全部做对！

于是老师让她试着做做中考题。她开始有些发怵，不想做。在老师的鼓励下，她终于动笔做了，并且做对了其中的两道题目。对于一个初一的孩子来说，这是多么大的激励！

在这个过程中，小森的心态也逐步地改变，越来越积极、正向了。遇到事情会思考自己的错误在哪里，而不像以前那样去埋怨别人了。

这是她在本期训练营的感想：

“经过整整12天的训练，我在做题、解题时培养了认真的能力。回去要坚持使用基地的学习方法，做到自己能力的顶峰！

“在这里，我理解了什么叫‘学会’。并不是一道题目做对了就叫学会，只有经过‘举一反三’，得到的每一个答案都是正确的，才是真正的学会了。同时也要做到学会标准的另外两项‘得满分’‘熟练化’，才能够把一个知识点理解透彻。

“培养认真的能力是极为重要的。我们不要停留在浮躁的层面上，做每一件事情时都要相信自己，相信自己一定会做对，并且能做到最好。永远不要轻易说‘会’。

“如果我能认真坚持学习学会的三个标准，一定可以把成绩提升上去，达到自己能力的顶峰！”

下面是小森同学的总结原稿：

平等思维教育基地　　　　培养认真的能力 每次进步一点点

月 日 第 天

我参加本次训练营的最大收获

经过整整12天的训练，在做题解题时培养了认真的能力，但是回去要坚持使用学习方法，做到自己能力的顶峰！

在这里，我理解了什么叫做"学会"，并不是一道题目做对了，就叫做学会，只有经过举一反三，得到了每一个答案都是正确的，这才是真正的学会了。同时也要做到学会标准的另外两项"得满分""熟练化"，才能收起一个知识点。

理解宽泛。

培养认真的能力也是很为重要的，认真的能力不要停留在浮躁的基础上。对于自己做的每一件事情，都要相信自己，相信自己一定会做对，并且能做到最好，永远不要轻易说"会"。

如果我能认真坚持学习学会的这三个标准，一定可以把成绩提升上去，达到自己能力的顶峰。

（来源：唐曾磊博客）

在这次训练营过程当中，孩子体会到了莫大的快乐，她主动向老师提出留下来继续参加下一期的夏令营。妈妈听说这个消息，欣慰地含着眼泪笑了。

当然，孩子的进步离不开家长的配合。

小森妈妈一直在努力改变自己，做一个真诚的“好妈妈”。这是她听唐老师平等思维与和谐沟通家长课及参加了数天的家长交流后写出的体会：

“家长课上完后，我感触最深的是我的自以为是。2009 年我就接触到了唐老师的平等思维与和谐沟通理论，在理解唐老师的平等思维时，我心里想：‘我就是这样做的啊！没什么新鲜的。我平常的工作中大量的沟通，我都能轻松做好。’现在想想，那只不过是我的小聪明而已（其实是愚蠢）。我只是运用一些沟通的技巧来做接纳和理解，仅仅是为了达到自己的目的而采用的迂回手段，最终还是为了自己的目的。这就是我的自以为是，让我以为自己是对的，一叶障目，并且以自己的标准来要求别人，让别人感到难受。我心想：我都这么接纳、理解你了，你还不按照我说的去做？继而还是对对方提要求。我的这种接纳和理解让对方难受，不是真正地接纳和理解，其本质还是要求，是以表面化的接纳和理解进行交换以达到我的目的。这种接纳和理解不是正向的，因而接下来的建议这一步骤就很难是正向的了，因为开始的方向就错了。这就是我的愚蠢。反思我跟孩子的沟通，也是采用的这种方式。孩子很敏锐，能马上感到我是在哄着她学习，不是真心地接纳与理解她。我内心深处没有认为孩子是好的，孩子是能感受到的。所以孩子会抵制我，双方就产生了对抗，沟通就无从谈起了。

“这次家长课后，我对‘接纳’才有了真正的理解。接纳是基于真诚的基础的，没有真诚则不谈接纳。首先我要做个真诚的人，才能帮助孩子。”

下面是小森妈妈写的体会原稿。

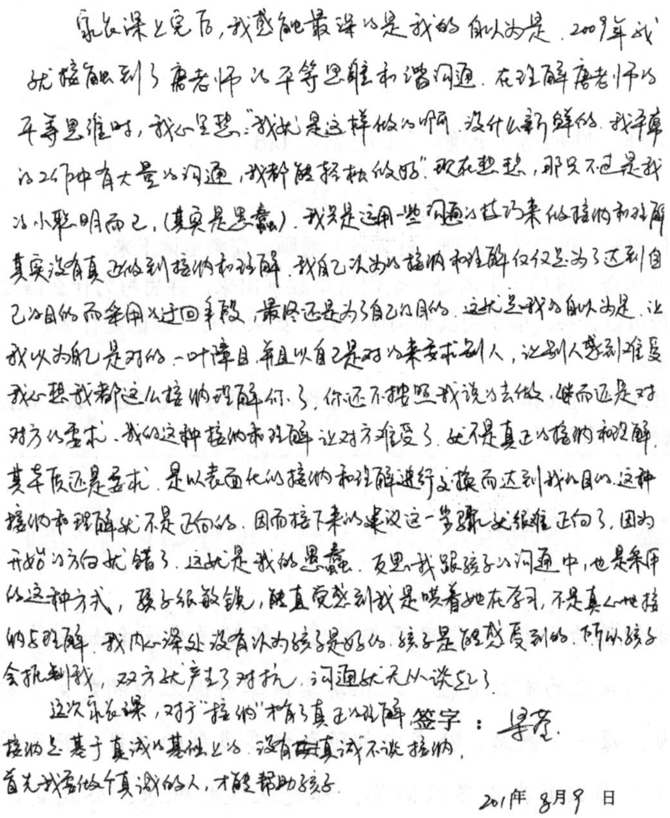
家长课上完后，我感触最深的是我的自以为是。2009年我就接触到了唐老师的平等思维和谐沟通。在理解唐老师的平等思维时，我心里想：“我就是这样做的啊，没什么新鲜的。我单位的工作中有大量的沟通，我都能轻松做好。”现在想想，那只不过是我的小聪明而已（其实是愚蠢）。我只是运用一些沟通的技巧来做接纳和理解，其实没有真正做到接纳和理解。我自己认为的接纳和理解仅仅是为了达到自己的目的而采用的迂回手段，最终还是为了自己的目的。这就是我的自以为是，让我以为自己是对的，一叶障目，并且以自己是对的来要求别人，让别人感到难受。我心想我都这么接纳理解你了，你还不按照我说的去做，继而还是对对方的要求。我的这种接纳和理解让对方难受了，就不是真正的接纳和理解，其本质还是要求，是以表面化的接纳和理解进行交换而达到我的目的。这种接纳和理解就不是正向的，因而接下来的建议这一步骤就很难正向了，因为开始的方向就错了。这就是我的愚蠢。反思我跟孩子的沟通中，也是采用的这种方式，孩子很敏锐，能直觉感到我是哄着她在学习，不是真心地接纳与理解。我内心深处没有认为孩子是好的，孩子是能感受到的，所以孩子会抵制我，双方就产生了对抗，沟通就无从谈起了。

这次家长课，对于“接纳”才有了真正的理解。签字：[illegible]
接纳是基于真诚的基础上的，没有真诚不谈接纳，
首先我要做个真诚的人，才能帮助孩子。

2011年8月9日

希望小森同学继续努力，我们期待着开学以后她能够更加胜任自己的学习，取得更大的进步！

第七节

定义理解三步法

定义（定理、性质等）理解三步法见表 6.6。

表 6.6　定义理解三步法

第一步	整体理解　将定义（定理、性质等）通顺、完整地读下来。
第二步	逐词体会　将句子中的每一个词语单独画出来，并思考为什么需要写这个词语，是否可以去掉，能否用其他词语替代。如果不行，原因是什么。替代会导致什么结果。
第三步	综合使用　在脑海中将完整的语句呈现，并思考它在讲述什么。根据讲述的内容，能解决什么问题。

案　例　|以前看课本像天书，现在看它像漫画

课本，我们称为“本”，它里面都是宝。帮助学生学会如何学好课本，是帮他们的学习走向独立的有效途径。扎扎实实地学好课本中的定义、定理、公式等后，就会发现，每一个概念、公式中都蕴藏许多类型的题目，而同学们看到的所有的题目，无论多么复杂或多么简单，都是从这些概念、公式变化而来的。那么，怎样才算学好了这些概念、公式呢？学好了这些在做题时又有什么作用呢？下面我们以小楠同学在第 82 期认真能力训练营的学习情况为例，大家一起看一下如何通过学习课本以及其中的定义、定理、公式来深入学习。

小楠同学今年读初二，来自内蒙古。他性格开朗、随和，有幽默感，在家里还会帮妈妈做一些力所能及的家务。在博文《儿子开始爱学习、会学习，一家人更和睦——幸福正在悄悄降临》中，我们从小楠妈妈改善的角度介绍了小楠一家人的进步，而小楠在学习方面的进步更是令人欣喜。

刚来基地学习时，小楠妈妈还在为小楠的学习焦头烂额。在给基地老师的反馈中，小楠妈妈写道："希望基地老师能够帮助孩子树立自信心，让他知道通过自己的努力是可以取得成功的，让他对学习有兴趣，不再感到困难重重、无从下手，逐步达到能独立学习，能快乐地接受学习并主动地学习，自信地、快乐地生活。"

小楠同学在训练营期间学习的是数学，他主动向老师提出想学习一次函数。基地杨晓伟老师通过前期分析小楠同学的试卷了解到他的基础比较薄弱，如果想学习一次函数，就要先把学一次函数要用到的以前学过的相关知识重新学习、巩固好，例如，有理数的加减法、平面直角坐标系、对称等基础知识点。于是晓伟老师就从小楠的试卷上选择了一道平面直角坐标系的题目，从这一点入手来带着小楠操作。

刚拿到题目的时候，小楠没有思路，不知道怎样下手做。这时，晓伟老师就把初一年级的课本拿出来，带着他运用"课本学习三步法""定义（定理、性质）理解三步法"对照着来看题目中出现了哪些名词，然后把课本中关于这些名词的概念、性质找出来，去分析明确这些概念、性质中每一个字词的具体含义。小楠很配合地按照老师的说法去做，当天晚上，他就跟晓伟老师说："以前看课本像看天书，现在看着像漫画。"晓伟老师问小楠是什么意思，小楠说："漫画嘛，比较容易看得懂。"晓伟老师说："好，那我们就继续按照这个方法来，先把课本学会。"这样边做题边细化学习概念，练习了 1 天半的时间，小楠就能用 4 分半左右的时间把平面直角坐标系中关于对称的这类题目做对了。

这时，晓伟老师开始带着小楠明确做题过程中花费时间最长的是哪个环节，并单独拿出这个环节来突破。晓伟老师问小楠："这个题目如果我们进一步提升速度，你觉得在哪些地方还可以提升？"小楠说，在判断一个点的坐标时，到底横坐标和纵坐标是正的还是负的，这个地方自己比较迷茫，不知道该怎样快速地判断。这时，晓伟老师就带着小楠去看有理数的加减法这个章节，去学习怎样判断符号。再经过 1 天半的操作，做同样类型的题目时，小楠已经可以把时间控制在 1 分 12 秒之内了。

通过对这个题目的学习，小楠认识到，以前不会做的题目，自己通过使用“课本学习三步法”“定义（定理、性质）理解三步法”学习课本，是完全可以掌握的。

训练营结束后已经到了腊月二十五，临近春节。小楠回家第一天，就告诉晓伟老师：“老师，我做题了。我妈妈会给你发过去的。”

为了巩固学习成果，同时把以前学习不扎实的地方尽快补上来，小楠回去后就开始上网络的模块课。一般情况下，由于网络有局限性，面授效果要好于网络课程，但是晓伟老师发现，小楠上网络课的效果无论从跟老师的配合程度还是从对一个知识点学习时的接受及应用程度，都要比当时在基地上现场课还要好。以前的小楠，感觉不会做时就不往下做了，也不会去思考具体是哪儿做不下去，老师问小楠基本定义时，他通常回答不上来，即使看过课本后也很难抓住定义的要点，不清楚定义在说什么。现在，做题过程中，小楠不仅会主动问老师，而且每次提问时都能清楚地说出自己做到了哪一步接下来做不下去了，请老师帮他看一下。

训练营期间，小楠只用“课本学习三步法”“定义（定理、性质）理解三步法”学习了函数及一次函数的定义和这几个知识点的区别，而现在也只上了五六次网络模块课，每次两小时，他就已经能把一次函数的图像、性质自己通过画图像得出并熟练应用了。这些内容如果按他在训练营期间的学习速度，至少需要再学习六七天。他现在每节课的做题量要比以前大很多，这一点让老师都感觉到意外。

晓伟老师说，有一次上课，小楠家里的电脑坏了，他就提出到网吧上课，老师说网吧环境比较乱，要不就先停一次课，但是小楠还是坚持要上课。在网吧学习完一个知识点后，家里的电脑修好了，他又赶快回家继续上课。

小楠同学的学习已经进入了一个很好的良性循环，我们相信，这样的状态持续下去，小楠一定会取得飞跃性的进步。

第八节

作业检查三步法

作业做完后，家长要帮助学生拿出时间，按作业检查三步法做检查工作，作业检查三步法见表 6.7。

表 6.7 作业检查三步法

第一步	前因后果不能错 所列条件我都用到了吗？解题过程中用到的条件都是已知条件吗？能说出每一步依据哪个已知条件、定义、定理或公式吗？所用的定义、定理或公式等是不是正确？前面的步骤是不是一定可以推出后面的步骤？
第二步	采分点不能少 采分点应该是哪几步？题目所考的定义、定理或公式所需的条件我都写出来了吗？有没有哪一步没有用处？
第三步	字和格式不出错 汉字、字母、数字、格式等有没有写错？每一处计算是不是正确？

案 例 | 乖乖女的喜人成绩

2014 年 4 月，我们收到了来自河北邯郸的老学员——小喆同学进步的好消息！满分 100 分的数学卷子，她考到了 98 分的好成绩！

小喆同学是一个文静、乖巧的小姑娘，当时读五年级。她善良、阳光、孝顺、勤快，在家里是妈妈的小帮手；在学习上，小喆同学对自己的要求很高，精益求精，在基地学习到的每一个方法她都努力地去执行到位，用老师的话说“她是一个很让老师放心的学生”。

小喆同学在数学的学习中主要存在的问题有两个：

第一，在做计算题的时候，数字和符号没有看清楚就去答题，导致计算经常出错，检查的时候也往往检查不出来。第二，在遇到题目条件很复杂的应用题时，就没有心思去认真读题了，没有认真读清楚题目要求就去答题。

针对第一个问题，基地赵焕丽老师带着小喆同学操作了“作业检查三步法”。带着小喆同学去分析，题目中的每个答案都是根据什么条件而得到的，需要计算的地方要重新再计算一遍。解答完题目，再把自己出错的地方检查出来，然后改正。

赵焕丽老师要求小喆同学把计算题中自己经常出错的地方和容易出错的地方总结出来，小喆同学的执行力非常好，把这些问题都逐一写到本子上。这样，在做题的当下，她就会去注意自己经常犯哪些错误，做题时更用心、认真。慢慢地，小喆同学计算方面的出错率越来越小，最后，计算几乎没有出错的。

对于小喆同学在应用题方面的问题，赵焕丽老师带她把她看不懂的条件拿出来单独分析，带着她理清楚条件与条件、条件与问题之间的关系，然后通过画图帮助她去理解。帮助小喆同学把应用题的步骤进行规范，这样的话，她做题的时候就会把题目看得更清楚，也不容易出错了。

刚来基地学习时，小喆同学做应用题会出现一些细节方面的问题，比如小数点忘了点、计算步骤中结果和答题里面的结果不一样、“答”字应该有一个冒号，她有时候会写上，有时候就忘了写……

这些细小的问题只要出现错误，小喆同学就会立刻写到本子上，下次一定不会再出错。

跟小喆同学接触过的老师无一不赞叹她的执行力，现在计算题做完之后，她会主动去检查，计算的准确率非常高。并且，之前在应用题中出现的细节错误，她做好题之后都会主动去检查一下，比如“答”字后面的冒号、符号和数字的抄写。

刚来的时候小喆同学很腼腆，现在上视频课的时候比之前活泼多了，每次上课都能看到她可爱的笑脸，回答问题也开始积极主动，并且每做完一道题目都会主动把思路说出来。

对于难题，现在小喆同学开始自己去找题目之间的因果关系，实在找不出的时候，会跟老师说在哪一步遇到困难了。这个时候老师再去提示她，直到她能够把思路说出来为止。

小喆同学的学习态度非常端正，在上课之前主动提醒老师上周留的作业是什么，主动找老师检查。现在再遇到难题的时候她不再是放弃的态度，而是彻底弄明白之后才肯换下一个题目。

小喆同学的学习状态和学习努力程度都是非常高的，她的自学能力和专注的程度可以跟高中生相媲美，在小学生里面是特别少见的。告诉她应该做什么，她下决心一定会做到，这是小喆同学非常优秀的一点！

孩子进步的途间氤氲着家长持续鼓励的芬芳。小喆同学在不断地进步、不断地取得好成绩、不断地体会到学习的快乐，小喆的妈妈也在认真地上家长课，学习沟通，学习安心。下面是她的家长课总结：

“通过几天家长课的学习，我的收获很大，下面针对以下几点谈谈自己的感想。

“第一，教育之道就是安心之道。要想让孩子安心，家长一定要安心，家长无论面对孩子的任何情况，首先要做到接纳，自己不要着急，着急是没有用、不智慧的，是无法安心的。当我们欣赏孩子时，孩子就会很开心，也会安心的，就会拥有很大的力量；相反，当我们批评、讨厌、否定孩子时，孩子会很生气，也就是不安心，孩子会跟家长产生巨大的对抗。

“在今后的生活中，我努力做到让孩子安心、让孩子轻松胜任、更深入地学习，朝着由好到好的方向发展。

“第二，在生活中运用好和谐沟通三步法，即接纳、理解、建议。

“首先是做好接纳，凡事说好，真心地发现孩子的努力，让孩子在现在的状态下感觉到好、感到自在。发现孩子的好就说出来，发现孩子的好、鼓励孩子的好，孩子的发展就会更好。

“在生活中留意，用心孩子的所爱，在乎孩子的在乎，支持孩子喜欢的东西。

“生活中家长要学会示弱，跟孩子多商量，让孩子去选择，这样孩子做事就会更有力量。”

我们愿小喆同学取得越来越多的进步，同时也祝福小喆一家越来越幸福！

第九节

错题修改三步法

下面以在数学学习过程中的错题修改过程来进行介绍。如果题目做错，则请学生对照答案，将解题过程中做错的步骤标注出来，针对每一个错误，按以下步骤（错题修改三步法）修改。

一、分析错误原因

学生应针对以下两种情况分别分析错误原因。

① 不会做而做错：写出对哪个知识点不理解，在课本上找到这个知识点。

② 会做而做错：题目做完后检查了吗？前后步骤之间的关系对吗？格式、字、字母、数字等有没有写错？计算是不是正确？有没有因为口算而导致计算出错？

二、写解决方案

相应地，学生也应针对两种不同的出错情况分别写出解决方案。

① 不会做而做错的：看课本上相应部分的定义、定理、公式、性质等，直到彻底理解；用文字将此定义、定理、公式、性质等默写下来，并与课本对照，

一个字都不能有差错；分析并写出做错的部分是违反了条件或结论。

② 会做而做错的：明确怎样操作才能保证下次一定不再犯同样的错误。

对没有检查的，做完题后，一定要检查，尤其须注意多次出现错误的地方；对前后步骤之间的关系不对的，调整自己的解题过程；对格式、字、字母、数字等写错的，应规范写法；对因为口算而导致计算出错的，应把口算的部分清楚地写在解题过程中。

三、做三个相关练习

针对两种不同的出错原因，根据目录的解决方案，要分别做三个相关练习。

① 不会做而做错的：针对出错的知识点，做课本上的相关例题和两道有答案的课后练习题，每做完一道题后先检查，再订正答案，并将每一步的原因讲清楚。如果做错，先写错误报告再重做，直到一次性做对。

② 会做而做错的：将题目重做一遍，做完后先检查（尤其上次出错的地方），再订正答案，并将每一步的原因讲清楚。如果做错，先写错误报告再重做，直到一次性做对。再针对出错的地方，自己出两道类似的题目，做完后检查，然后找老师订正答案。

案 例 | 怎样帮助学生彻底解决题目中的错误?

很多家长为孩子们的错误所困扰着：明明平时会做的题目，考试时就是会错。只要给他指出来，他马上就知道是怎么回事，为什么偏偏不能考试的时候做对呢？怎样彻底解决这些问题呢？

下面我们通过小郭同学的案例来带大家看一下，我们是怎样通过“错误报告”这种操作方式，帮助他解决一个个“顽固”问题的。

小郭是一名六年级的男同学，他热情大方，同学的笔坏了，他就主动把自己的笔借给同学用，还在课间帮老师忙前忙后，深受同学和老师的喜爱。2008 年他和妈妈曾来过基地参加“学会”小班，这次基地推出免学费复训活动后，他积极地参加了“学会”小班复训。

老师在带着小郭同学学习分数、百分数方面的应用题过程中，发现小郭同学做题时，题目拿来就写，写完就上交。当老师问他每一步为什么要这么写的时候，他会一愣，发现原来自己也不明确为什么要这么写。看了一遍自己写的答案，他说：“我再改一下。”第二次做的时候，就做对了。老师看出这道题目小郭同学本来是可以做对的，但写答案的时候，没有明确每一步为什么要那么写，就急于写出结果，导致本来可以做对的题目却做错了。针对这个问题，老师带着小郭一起分析到底是哪个环节出错了。经过分析，发现原来是小郭把题目中的单位“1”弄混淆了，本来第二天看的页数是单位“1”，而小郭同学却把全书的页数当成单位“1”来计算了。针对这个问题，老师让他在做题的时候，先把单位“1”明确，写在本子上，然后再列式计算。虽然只是加了一个步骤，但小郭同学做题的准确率却大大提升。当题目变得更复杂的时候，他发现，只不过是单位“1”做了变化；即使一个题目里出现两个不同的单位“1”，只要列清楚，问题也会迎刃而解。原来认为非常复杂的题目，现在可以轻松解决。接下来，小郭同学还将题目的单位“1”进一步变化，做着自己出的难题，小郭同学学习的劲头更足了！

在题目的理解上，小郭同学感觉明朗了很多，然而字迹的问题，却依然是个拦路虎。比如 5，他写的像 3，在计算的时候，就容易导致将数字看错，上一步是 5，下一步就按照 3 来计算了。而且小郭同学写出来的字，有的大、有的小，同一行字有的上、有的下，每一笔都写得轻飘飘的，整体上来看，字迹比较潦草。他还容易写错字，有一些字写完之后，连自己都不认识了。老师带着小郭同学到我办公室，我们在一起分析了他写字中的问题后，拿出了几条解决方案：先在英语练习本上沿着横格写；字的大小占整个格的 2/3，也就是写在下面两小格内；撇和捺起笔要重、落笔要稳等。这样一来，小郭写的字明显不一样了！

通过进一步沟通，老师还了解到，小郭平时就特别容易出这样的错误，因为字不好，又加上容易写错字，语文成绩也受到很大的影响。经过我们的沟通，小郭同学对自己的语文也更有信心了！

回去以后，小郭妈妈反映，小郭同学每天做完作业后都会主动检查。有一次，已经做完作业了，他突然说：“忘记检查了！”于是又将作业检查了一遍。

看到这一幕，妈妈非常高兴！并且妈妈还开心地告诉老师，小郭如果发现题目做错了，就会主动将题目重写。

我们看到，原本是一个讨厌的错误，但当我们看到了错误的价值，能够积极面对错误，并且拿出有效的操作来时，这一个个的错误，就可以成为一个个成长的契机，就是我们进步中的一级级台阶，它也就变得不再令人讨厌。像小郭同学那样，还会非常开心地去改正、重做。

学习如此，工作如此，生活中方方面面亦如此。做到了这一点，我们就真的开始“每天进步一点点”了。

案 例 | 龙腾虎跃的尖子生

珑腾同学于2015年暑期来到基地参加数学认真能力训练营，由张姝老师带领学习。当时他是一名小升初的学生，学习非常踏实主动。

张姝老师首先教他明确如何预习课本。珑腾坐在张老师的对面，仔细地看着基地发的学习方法小册子，然后认认真真参照小册子“定义定理性质等理解三步法”来操作，字写得大而有力，很工整。下午张老师带他做一些相关练习，珑腾开始出现错题。

“以前做错了题目会怎么办？”张老师问他。

“做错了怎么办？”珑腾皱着眉头把张老师的话重复了一遍，“没有怎么办啊。”

其实这就是珑腾的一个临界点。

在学习过程中，遇到了错误就是最好的提升机会，于是张老师提示他，可以针对自己出错的地方操作“错误解决三步法”，重点是三点：①找出错误原因。②明确解决方案。③验证解决方案的有效性。

明确出这三点之后，珑腾马上就明白了，拿出小册子，找到“错误解决三步法”，开始仔细阅读其中的内容，思考一番，然后一笔一画地在本上开始写：错误原因：会做而做错……解决方案：没有检查的，做完题后，一定检查……其实是把小册子上对应的文字抄下来。

对此，张姝老师说：“这时候，珑腾做了第一个错误解决，这是一个非常好的进步，是一个从不做到开始做的变化。虽然目前他的解决内容来源于小册子，但我们需要对他的这个行为进行认可。

“针对会做而做错的题目，通常会有两个方向的解决：第一，通过培养检查的习惯来提升准确度。第二，会做而做错，其实根本有四个方面的可能：不正确的学习方法（如记忆、模仿），知识上的漏洞（定理理解忽视了某个关键词或者理解出错），不好的学习习惯（如看得过快），或某些特定的心理习惯（如着急等）。找出其中的根本问题，就可以帮助学生彻底解决这个问题。”

所以，珑腾进行了错误解决之后，张老师就带着他更深入地去探讨问题的根源是什么，问他刚刚做的时候是怎么考虑的。比如，将“— 0”归到负数范围了。他回想起来，他应该是看到了负号就判断是负数了。他认识到这里出错的原因是负数的概念理解有误，负数的定义是“在正数前加上 - 的数叫负数”。他重点关注了“加上 - 的数”，而忽视了“在正数前”这个关键词。另外，他对“-0”本身的认识不足，不能理解到 -0=0。所以这个出错的原因在于两个知识点漏洞，一是负数的概念，二是对 0 的认识。

张老师带着珑腾做了第一个错误原因分析之后，珑腾自己就能继续后面的错误原因分析了。他有个优点，就是对自己刚刚做的事情会有清醒的认识，所以，他的错误原因分析得越来越到位。比如“非负整数”，自己把“非负整数”错误理解成“不是负整数的数”，正确的理解为“非负——整数”，即“不是负的整数”。

珑腾有很多潜在的能力，只是之前没有人提示他要这么去做，所以，一旦提示了进步方向，他就能做到很好。

接着，张老师又发现一个问题，那就是针对错误，珑腾已经能很好地把知识点上的漏洞找出来，并分析清楚是哪个知识点的哪个部分没有理解到位，也就是错误原因能分析非常清楚，但再重做的时候，依然会出现相同的错误。

张老师说：“这是珑腾面临的又一个临界点，即如何找到切实有效的解决方案。

“针对问题的解决，对于学生来说往往是陌生的，学生常常被要求去做很多事情，因为有人会告诉他们这样做会有好的结果。但真的自己去思考用什么方法解决刚刚出现的错误，这还真是全新的尝试。所以，第一次学生通常会不知所措。虽然解决方案上确实写着检查或者仔细读之类的话，但这个常常是老师引导他们写出来，真正去做的时候，他们意识不到这一次行动和刚刚写的内容有什么关系。

“我们需要注意的是，最初学生的解决方案可能只是一个形式或者无效，或者完全没有想法，很可能解决不了任何问题。这时候，教学老师需要给予鼓励或者支持，让学生开始有勇气去思考如何解决问题，并能大胆尝试自己的方法是否有效。所以，如果结果依然有错，老师要做到的是认可学生的尝试，让他知道，只要尝试就是很大的进步，而不在于结果的好坏。

“一般老师和家长常会给出的错误解决方法，比如‘下次不做对，就罚抄5遍’‘下次不做对，就不吃饭’‘下次认真点’，根本不是就学生的实际问题进行解决，而是一些类似口号、决心的做法。要想真的帮助学生提高自身能力，老师需要带着学生做有效的改进。比如，错误原因是‘非负整数’，下次遇到‘非负整数’会不由自主带着错误的方式去理解。所以，解决方案就是，下次看到‘负整数’，需要注意以正确的方式去理解。这样的解决方案就是针对问题出现的因果关系而解决的。”

张老师跟珑腾沟通了解决方案之后，珑腾明白了，开始自己寻找解决方案，他会先查看“错误解决三步法”，找出其中对自己解决问题有帮助的内容，然后去思考如何做有效。比如他认为0.123是小数而不是分数。发现出错了之后，他去思考错误原因是因为对分数的理解不到位。为了彻底解决这个问题，他自己找出更多形式的小数，判断是否为分数。这样，把各种形式穷尽了，就一定能一次性彻底解决分数出错的事情。这样的解决方案是张老师也没想到的。

珑腾自己的潜能开始不断被激发，为了验证解决方案的有效性，张老师让他自己出题去练习，而他开始创造性地将之前出现的各种错误，变化形式出在题目中，这样做一方面让自己熟悉了自身存在的易错点，另一方面又检测了之前的解决方案是否彻底。利用这样的过程，他对所学知识点理解得越来越透彻，应用也愈加熟练了。

在后面的学习中，珑腾更加广泛地使用“错误解决三步法”，比如，有的错误在他解决后还会再出现，他会思考如何解决错误更加彻底，甚至还会问张老师：“为什么刚刚的错误解决方案效果不大？”即找出解决方案无效的原因。有时候，他发现自己计划好做题的时间，但计划时间内并不能完成，他又开始找其中的原因和解决方案。在遇到自己觉得解决困难的问题之后，他会利用和唐老师的对话来尝试找到解决方法。

一天天的学习过去了，珑腾在这个过程中不断地学习、体悟着。有一天，珑腾笑着对张老师说："我发现，我之前上语文训练营学的是语文方法，但在数学这边学的似乎不是数学。""是吗？那么你觉得学的是啥？"张老师问。"我得想想，现在还说不上来。"这就是珑腾，他一直在用他清晰的大脑去分辨和认识自己所经历的事情，然后在不久之后给出他的答案。果然，第二天，他跟张老师说："有时候，我还做不到认真。"

是的，张老师正是通过带他操作"错误解决三步法"，不断提升他的认真能力，让他每次进步一点点。

此次训练营的收获中，珑腾总结了自己的三点进步：其一，遇到了错误或者问题，去找解决方案；其二，学习有正确的方法；其三，开始学会做自己心的主人。

训练营结束后不久，就传来了珑腾学习进步的好消息。

我们祝福珑腾在之后的道路中能不断精进，找到人生的目标，做自己心的主人。

第十节

举一反三三步法

举一反三三步法，是帮助孩子在学习一个题目之后，把这道题目不断改编条件，不断创造出新的题目，甚至穷尽这个题目的所有变化的操作方法。以下也主要以学生在学习数学的过程中遇到的错题修改为例来进行这种方法的具体介绍。

一、变数据

变数据即将题目中的数据进行变化，以使学生熟练本题的计算过程（小学同学根据自己所学的知识来操作）。

① 变数：将原来的数据变成整数、分数、小数、无理数等。

② 变字母：将数据变成字母。

③ 变代数式：将数据变化成代数式。

二、变条件

变条件即对题目中的其他条件、问题进行变化。

① 等价条件：同样一个条件的等价说法有几种？试着变化出来。

② 间接条件：能不能不直接告诉条件，需要经过一步求解才能得到条件？经过两步求解呢？即提供间接条件。

③ 其他条件：除了这个条件，还有其他的条件吗？有的话也对其进行变化。

④ 变化问题：将所求问题进行变化。依照本题的条件，还能求哪些量？哪些条件可以变成问题？以前的问题可以作为条件么？能否将解答题与证明题互相转换？

三、与其他章节的知识联系进行变化

与其他章节的知识联系进行变化即原有的已知条件不用本章的知识给出，要利用其他章节知识求解出来，甚至要经过几步求解得出。例如，原来直接给的数据，现在结合其他章的知识变成间接条件给出；代数关系用几何图形给出等，试着变化出来。若自己做着有困难，则可以参考历年升学考试题目是如何变化的。

案例 | 一看答案就会，自己独立做不会，怎么办？

Echo 同学是一名开学上高一的女孩子，她妈妈跟基地老师说："孩子数学成绩还可以，但是不拔尖，经常会有一些有难度的题目做不出来。当做不出来的时候，她就把题目放在一边了，不再做了。我催催她，她会看看答案，然后说原来是这样做啊，当时就明白了，但是等到下一次遇到类似的题目，就又做不出来了。”

她，内向、善良、文静、沉着，宁愿委屈自己也不会伤害别人，对待家长的批评和指责不辩解、不反抗。

她是一个相对内向的女孩。和同学一起比较外向，但在家长面前却很内向。

她是一个缺少自信、没有安全感的女孩。比如她物理实际可以达到80分，她自认为仅会得70分，如果高于她的预估，就说是超常发挥，每次考试都会有“超常发挥”的事情发生。

她是一个非常在意别人评价的女孩。

她是一个学习不够深入、缺乏主动性的女孩。学习不总结方法，也听不进别人的建议，学习还没有达到自觉自愿的层次。中考结束了，她想玩一个假期，再开始高中生活。

她是一个爱应付的女孩。在做数学题的时候，不管对不对，填满就行，尤其在完成作业的时候。她不想完成作业，又怕老师说，就采用这种方式。

她是一个不去认真深入研究的女孩。数学基础没有问题，就是后面的大题丢分。她不会去认真研究，碰到不会的难题，很少长时间思考。要么不做，要么马上去问别人。错题本也都是为应付老师完成的，对自己没有真正的价值。她在学习中做了很多这样的无用功。

她是一个思维懒惰的女孩。不求创新，只求安稳。

她是一个容易紧张的女孩。她的目标通常会很高，完不成，所以经常受打击。比如有关键的考试时，她会手脚冰凉，或者一直想去厕所。她就像一只刚刚出洞的小动物，你想让她向前，她马上会向后退得更多，以寻求保护。

这次暑假来学习，她妈妈和我们的老师沟通好，确定了以下目的：通过认真能力训练，帮助孩子树立自信心和战胜困难的决心和毅力；帮助缓解孩子的心情和减少其压力，让她学会有效调节自己的心态；使孩子能够积极主动地和家长、老师沟通交流；帮助孩子提高自主学习、认真深入学习的能力，帮助孩子在日常学习中更能深入研究问题；使她自己能主动总结学习经验，并不断提高这方面的能力；使孩子在学习过程中逐步去找到适合自己的学习方法；帮孩子体会到认真深入学习的重要性，提高其学习效率和学习成绩。

根据她的试卷，基地老师选择了一个她不是很清晰的知识点——这个知识点在初中要求不多，但是在高中却有普遍的应用。

一开始从有关这个知识点的一个个基本题目开始，她能够很顺利地做出来。接着老师让她去观察这些结果的共性，然后去看这些题目都有什么共同的特点，满足哪些特定的条件，这些条件的每一个细节都是怎样的。由于以前只是做出题目，从来没有想过这些问题，也从没遇见过需要这样思考问题的题目。她一脸茫然，无从下手。

接着老师给她提示：可以试着画画图，从图像上来观察一下。

她立刻动手画图，发现需要满足的特定条件很多，一下子找出六七条，发现这个题目原来还有这么多隐含的内容，她就开始兴奋起来，赶紧跟老师说了。老师就又问她："这些条件是需要同时都满足，还是满足几个就可以了？有没有重复的？"

她又陷入了深思，不断画图研究，把条件一个一个地去掉，看看是否能满足要求；两个两个地去掉又会怎样；哪几个是需要保留的……大约20分钟后，她拿着研究成果来找老师，老师发现她的结果完全正确！接着就利用这个结论让她自己不断改变条件、出题目并进行应用。由于是自己经历千辛万苦研究出来的，非常清楚每一个条件的作用，她对这些条件的应用自然得心应手。

再次与她妈妈交流的时候，老师说："孩子以前不会做时就去看答案，觉得答案比较简单，而其实这个答案为什么这样写，有哪些深意蕴含在里面等，她都是不清楚的。她只是看到答案后，发现按照答案这样做就可以把题目做出来。没有经过自己的钻研，单凭看一遍答案，是很难把这个知识点掌握的。所以下次再看到这样的题目，她依然会被卡住。这次她在课堂上，每一个细节步骤都是琢磨了很久才写出来的。以后只要是她自己独立做着有困难的地方，都可以按照这次课堂上老师教她做的方法独立研究。"

在接下来的学习中，题目要求越来越复杂，但是由于有了一开始的研究做铺垫，她对后面内容的研究都很顺利地完成了，一个本子很快就用完了。回头看一下自己做的内容，她才明白原来一道看似自己做着有困难的题目，其实隐藏了自己不会做的一些题目。以前看着答案，觉得自己只是被卡在了一个小点上，这一个小点自己只是没有想到，似乎只是缺乏一点灵感，没有什么大不了的，看了答案之后，自己也可以将原题做出来。而实际上这就像冰山，露出的部分总是小的，如果对每一个没有顺利进行的小点深入挖掘，发现的不仅是一个小钻石，而是成堆的宝藏；如果只是停留在看了一下答案，自己临时可以凑出答案就行了，那么发现的最多只是一块石头，而且很快就有把石头弄丢的可能性。

她把自己研究的每一点内容，都根据举一反三三步法进行操作，独立编题目、做题目、变化题目，由简单的数据变化到复杂的、再变化到含有一个参数的、两个参数的……她越做越兴奋。

以下是她的学习感想：

“时光像溪水在生命的山涧中潺潺流淌，以它特别而永恒不变的律动不停息地走过每一个瞬间。对我来说，在基地学习的这十二天是不平凡的十二天。

“到这里来之前的郁闷心情尚未遗忘，我就发现了和大家在一起的愉快，学习、生活，我们朝夕相处，拥有了珍贵的友谊。做数学题的时候，无论是函数还是极值，似乎都在老师的帮助下变得简单起来、可爱起来，我对学习的兴趣也随之而来。学习方法当然更重要。我一天只做十几道题还被老师说是做得很快，在大跌眼镜后，我明白了题海战术的无用与愚蠢——原来‘懂得’和‘多做题’是两个那么不同的概念，‘学会’永远比‘写完’更重要！想要提升成绩不是靠拼命地做难题，而是要先保证会的不错……学习认真的能力，与人相处的方法，我们在这里一点一滴的进步都是老师、同学的帮助与自己努力的完美融合，更是家人最期待的收获。

“十二天即将过去，它终究只是时光溪水中的一个片段。我们的生活仍将继续。学习在继续，进步，也在继续。”

下面是她的总结原稿：

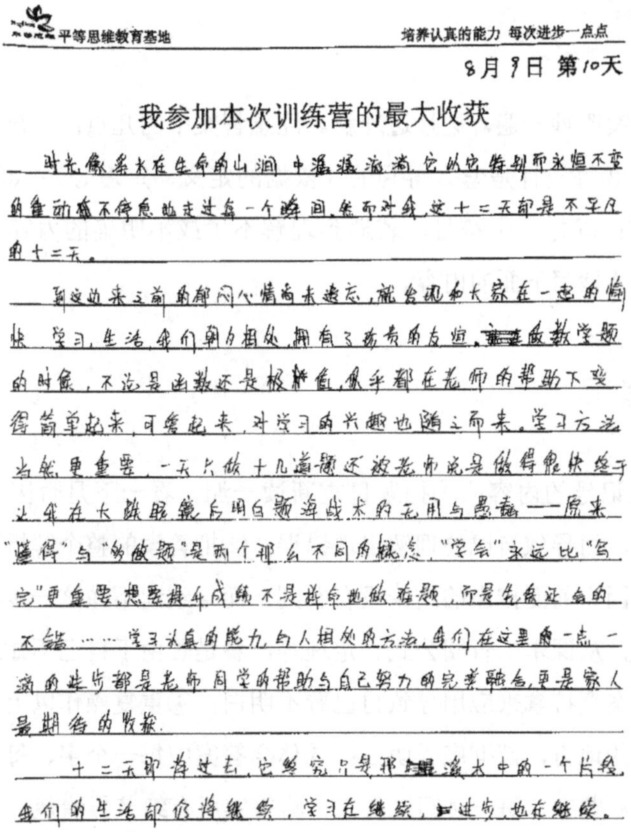

平等思维教育基地　　培养认真的能力 每次进步一点点

8月9日 第10天

我参加本次训练营的最大收获

时光像溪水在生命的山涧中潺潺流淌，它以它特别而永恒不变的律动毫不停息地走过每一个瞬间。然而对我，这十二天却是不平凡的十二天。

到这边来之前的郁闷心情尚未遗忘，就给现和大家在一起的愉快学习、生活。我们朝夕相处，拥有了珍贵的友谊。做数学题的时候，不论是函数还是极值，几乎都在老师的帮助下变得简单起来，可爱起来，对学习的兴趣也随之而来。学习方法当然更重要，一天只做十几道题还被老师说是做得很快，终于让我在大跌眼镜后明白题海战术的无用与愚蠢——原来“懂得”与“多做题”是两个那么不同的概念，“学会”永远比“写完”更重要。想要提升成绩不是拼命地做难题，而是先保证会的不错……学习认真的能力，与人相处的方法，我们在这里的一点一滴的进步都是老师同学的帮助与自己努力的完美融合，更是家人最期待的收获。

十二天即将过去，它终究只是那滚滚流水中的一个片段，我们的生活却仍将继续，学习在继续，进步，也在继续。

第十一节

答案分析三步法

下面也是以学生在数学学习过程中的错题修改为例来介绍答案分析三步法。

答案分析三步法有以下三步。

一、抄答案

把标准答案照抄一遍，边抄边理解。注意答案中的几点：①每一个因果关系的前后顺序；②每一行是怎么得到的（依据的定义、定理等）；③每一个式子；④每一个字母；⑤每一个符号。若遇到理解不了或不明确的内容，作上明显记号，跳过去继续抄写下面的内容。

二、理解答案

分析作上记号的内容：①把题目重新读一遍，看一下是否因为数据、条件等没有看明白，而导致自己的理解出现错误；②把答案的整个解析过程完整地看一遍，看是否因为前面推出的结论没有看到，而导致读不懂这一步；③找到这道题所属的章节，从课本上查阅公式、定理等，看是否由于自己不知道某个定理公式，而题目答案直接拿来应用导致自己看不明白；④重复操作以上内容，直到对每一个作记号的地方，都彻底弄明白；⑤体会答案中每一个字、每一个词的含义以及每一处先后顺序、每一种写法要求，将答案所有细节弄清楚。

三、总结答案

将答案划分成几大步骤，使每一大步骤都得出一些结论。明确每一个大步骤里面，又有几个小步骤。直到能够毫不费劲地把整个答案过程完整地说一遍，同时每一处都能清晰地解释清楚。

案 例 | 从中等水平到全班第一的高三女生

小菲是一个女孩子，大大的眼睛，很漂亮。但她的数学成绩一直不理想，在班里是中等水平，这成了她最头疼的问题。暑假时她想到自己即将成为一名高三学生，一年后即将面临高考，这将是自己人生很大的转折，就非常想把自己的数学抓紧时间提升上来。因此，她与基地的老师联系，想利用暑假时间对数学进行提升。

老师与她接触后，发现她的基本功比较薄弱，题目稍有难度，她做起来就困难比较大。她在学习的时候，不知道怎样利用好身边的资料来帮助自己提升；她依靠自己的力量，很难取得突破，需要在平时使用“答案分析三步法”，来尽快地把落下的内容补上。

根据小菲的基础和学习特点，老师感觉她特别适合使用学习包进行学习，因为学习包的题目把每一步的变化，都层层递进地展现在了学生面前，让学生学起来可以比较轻松地从这一台阶上升到更高台阶。老师决定用数列章节的内容带着她操作。

小菲学习时，扎扎实实地按照十步法进行操作，并且老师还给她做了如下训练。

① 每一道题目都根据答案，做到得满分才进行下面的内容。几道题目做完之后，让她去独立发现这些题目中的内在关联。

② 一旦有自己有拿不准的地方，就按照“答案分析三步法”学习答案中的方法，很细致地进行学习。把不明确的地方都深入理解之后，再重新做一遍。

就这样，经过一个星期的时间，她就由原来的读不懂题目提升到最后自己能够完全做对，写出来的步骤也与标准答案相差无几，她发现自己进步的速度惊人。高三开学后的第一个月考，考的就是数列这一章，她怎么也没想到竟然考了全班第一名！

以下是她的学习感想。

“这次数学考试我在班里取得了第一名。因为我的数学一直不理想，以前我从来没有想过会在数学方面取得优异的成绩，不过这次我做到了！

“当然，取得这个成绩，主要归功于在平时把功夫下到，这样考试时才会自然地做出来。所以在做题目的时候，要有自己的一个思考过程，如果实在没有思路，再去学习答案，学习答案、分析答案，对我的提升帮助很大。此时要注重答案的解答过程及思维顺序，学习答案的思考方式，懂得答案的意思，不随便就写上去，在答案旁边注上自己的理解，比如这儿弄不明白或者是答案给的太过于简单，在旁边写出详细的过程，方便下次再看的时候更加容易理解。这样一道一道地去做，累积下来，进步就很大。

“给别人讲题也是一个学习的过程，不仅教会了别人，同时加深了自己对题目的理解。

“有时在家遇到了不会的题，就会打电话询问基地老师，老师会悉心给我讲解并且不断地训练我的思维能力，让我尽快彻底地掌握高考题型。”

希望小菲同学继续运用十步法，扎扎实实走稳每一步，在接下来的学习中取得更大的进步！

第十二节

限时训练三步法

如果学生在学习过程中存在进入学习状态较慢、注意力易分散、作业拖拉等现象，那么就可以用限时训练三步法提升他的做题速度。具体做法为：

① 记录自己平时做一道题目的时间；

② 在保证准确率的前提下，将做题时间缩短 3 分钟；

③ 达到目标后，继续缩短时间，直至达到标准时间的要求。

案 例 | 从游离状态到注意力很集中

（1）孩子的基本情况

小正同学，升高中前来到基地参加认真能力训练营。他敏感、幽默、好奇心重，喜欢新鲜事物但持久性不强，自尊心强，说决心和想法时很伟大，做的时候很无奈……他在报名表上的自我评价是："自觉性差，懒散，不能坚持，不自信，胆小，爱面子，好胜心强，认真，善良，乐观，幽默……没了，就这些。差不多了哇！"看得出来，孩子确实很幽默。

（2）通过限时训练帮孩子提升专注能力

这个暑假，他参加了三期认真能力训练课程。第一期7天学的是数学，当时他的注意力非常不集中，学习也很不主动。他做题的时候非常爱走神，几乎一分钟老师就要提醒他一次，把他的游神拉回来。后来老师特别给他增加了限时训练，在两天之后，他基本能够十多分钟一直做题不走神了。这个变化已经相当大了。

为了巩固7天的学习效果，他继续留在基地进行了英语十步法的学习。两天之后他妈妈想继续让他留下来学习12天的训练营，他本来是不愿意留下来的，只是想把接下来两天的"学会"精品小班混过去。虽然不很情愿，但他最终还是答应留下来继续学习，说明他对学习不逃避了，他愿意继续深入地去学习了，这已经是一个很大的进步。只要他留下来，就有了让老师帮助他的机会。

（3）寻找孩子的敏感点，帮助孩子

两天精品小班的学习主要是为小正打掉浮躁。他依然存在走神现象，只要一会儿不听讲他的精神就会游离起来，心不知道跑哪里去了。开始的时候他极为不配合，还会闹情绪。老师对他继续进行限时训练，在这个过程中需要找他在意的点，也就是他到底在乎什么。但他能非常巧妙地绕过去，老师发现他的执着点很少。于是老师继续寻找他的执着。一般同学对物品或钱比较在意，如物品、手机，当时老师跟他沟通，说若标准时间内完不成任务，手机就收掉或不给他了（老师们就是利用他在乎的东西帮助他做到集中精力地去学习，并不是真的要他的手机），但他说压根就没有手机。这时如果老师再坚持的话，他就很可能起情绪。为了让他在限时训练中提高学习效率，我们继续找他的执着点。发现他还有一块黑色的电子手表，但他也不在意，说："给你，拿走！"后来老师发现他没有什么在乎的物质的东西，他似乎更在乎的是精神层面的。于是老师从自尊心的角度入手，告诉他只要完不成学习任务，他就要做一件事情表示他的失败。这下触动了他的敏感点，他马上精神抖擞，一道题目秒杀完成，注意力明显集中，效率明显提升，每一次都提前完成。限时训练的时候他会跟老师斤斤计较，老师说

10分钟，他会要求20分钟、15分钟……老师逐渐帮他找到了临界点。

（4）专注学习带来学习的快乐和自信

通过一段时间的限时训练，小正同学从不学习、注意力不集中的非常浮躁的状态，到全心学习、深入学习，前后发生了很大的变化，对比非常明显。到最后他已经忘记了丢脸这件事了，进入了非常好的状态，不知不觉好的习惯就养成了。由于心静下来了，他学到了更多的东西之后，更有充实感了，自信就有了，兴趣也就形成了。其实在两天学会精品小班的时候他这个习惯已经初步形成了。

通过12天的学习，他的十步法扎扎实实地走到了第八步。他也明显比以前踏实，能认真去做了，上课效率显著提高了，跟最开始的7天比起来上课注意力集中多了，游离状态明显减少，更踏实、更认真了，做题正确率明显提升，而且不那么浮躁了。

小正同学从刚开始比较浮躁、不能静心学习、对知识不求甚解，到踏实、认真，错误分析写得深刻、具体，课间的时候还经常追着老师问问题，学习主动性已经建立起来。

刚开始的时候，他英译汉翻译完，跟译文不太一样，他觉得差不多就行了，没觉得有什么大的区别。老师让他把自己翻译的词和译文的词去查汉语词典做对比。但在这个过程中又出现了新问题，就是查的两个词，有时候意思是可以互换的，汉语词典解释的意思并不精准，导致他区分不清，更加迷茫。这时候怎么办？我们让他体会这两个词在生活中的应用，以他自己的亲身体会或感受，也就是用自己的生活去理解，找出它们的具体区别。深入把握词意是平等思维看问题精妙的地方。体会到平等思维看问题的不同，找出细微的差别，从而更加深入地学习，培养出了这种认真的能力。这样孩子在课文的学习或做阅读理解的时候，就可以更加精准，能区分出几个句子的不同、几个词之间的差异，从而取得更大的进步。

老师从英语错误分析的角度，带着小正同学一步一步地逐层分析，找到区别，看到事物的不同，从而使其深刻地发现自己的问题。

第七章

高考突破班，一本率提高四成

干净地学习——扫题——突破临界点

很多家长带着孩子参加了我们的课程后，都说如果学校里也能做这样的教育就好了！

为了更多地帮助孩子们提高学习成绩，我们先从帮助学校的高考生入手，让我们的方法帮助更多的人。

2013 年高考前，全国养成教育实验基地分别对河北省元氏一中和鹿泉一中两个市一中做了为期四天的培训。

高考结束后，我们得到了学校的反馈——今年两校的一类本科录取率都提升了 40% 以上！当然，我相信我们只是起到了部分作用，这么好的结果跟两校师生自己的不断努力也是分不开的。

下面我们以河北省鹿泉市第一中学的操作为案例，介绍我们的操作经验，以帮助更多的学校得到提升。

干净地学习，高效地冲刺，平等思维——鹿泉市第一中学数学高考突破班

帮助学校整体改变的方案分为以下几个步骤：

一、分析学校的情况，针对性地制定解决方案

2013 年 5 月，正是高考备考最后冲刺的阶段。很多高考学生经过一模、二模等一轮轮考试后，已经陷入了一个疲软状态：每天在努力学习，成绩却不见提高，不会的依然不会，会的也不知道为什么总是丢分。

怎样在最后的阶段还能有效突破薄弱学科？怎样才能最大限度地提升分数呢？

经过大量的教学实践之后，我们全国养成教育实验基地的老师发现，同学们考试时成绩不理想归根结底还是在“浮躁”这个问题上，具体表现是：

审题不细致，导致能用的条件没看到或不会用；

答题不规范，导致步骤混乱、采分点不全、卷面不整洁；

解题没思路，遇到某些题目思维混乱、大脑一片空白；

检查不细致，明明会做的题目写错了却很难发现；

错误改不了，再次做同类题目依然会出错。

经过细致的归纳总结之后，从2012年起，我们基地推出了针对数学的“高考数学50题”产品，这50题基本涵盖了高考90%的内容，只要按照我们的操作步骤严格做到，就可以彻底解决以上的问题。

在与鹿泉市第一中学校领导详细沟通之后，基地老师选择了60名同学作为辅导目标，并对他们的近期试卷做了细致的分析，以“高考数学50题”为核心大纲，制定了本次鹿泉市第一中学数学高考突破班的课程。

二、理念的介绍和渗透，调整师生备考心态

5月6日，我受校方邀请先给学校高三的2000余名学生和他们的教师做了一次关于考前高效复习和如何应考方面的讲座，由于5月7日、8日是学校的二模考试，因此本次讲座还有考前动员的性质。我主要从心态调整、学习方法突破两方面为高三全体师生解决困惑，后面的答疑环节中同学们纷纷勇于提问（如图7.1和图7.2所示），最后由于时间关系，年级主任不得不强制性结束了讲座。

图7.1 讲座中同学们纷纷举手提问

图 7.2　中学生提出自己的疑问

从后面参加课程的同学的反馈来看，很多同学对我在讲座中提出的“临界点突破”“干净地学习”感觉很受用，甚至有同学在后面两天的模拟考试中出现了破天荒地“考了 120 分”的情况。可以说这个讲座起到了应有的作用，给全体高三考生带来了一丝清凉，也为他们参加后面基地的课程奠定了良好的心态基础。

三、通过学习案例贯彻学习方法，帮助学生切实提升、安心学习

5 月 9 日，课程正式开始。

由于同学们对这种教学方式不很适应，加上还有一个熟悉的过程，9 日上午很多同学的感受并不很明显。但是，情况从 9 日下午开始有了一个“180° 的转变”，同学们逐渐从这种学习方式中体会到了和以往的学习完全不一样的感觉和结果，他们慢慢发现，解题思路清晰了，知识点的漏洞明确了，对出现的错误知道怎么去改正并保证一定不会再错了，解题时间开始缩短了……学生参加课程的情景如图 7.3 所示。

图 7.3 学生参加基地课程的情景

5 月 10 日，课程继续进行，体会逐渐深刻。

本次课程，得到了学校领导的高度重视，韩校长、张副校长、高三年级李主任都亲临课堂现场，张副校长、李主任和全体高三数学老师更是在百忙之中抽出两整天时间全程参加了第一阶段的课程，让同学们备受鼓舞。一位曹姓老师完全陶醉在操作的过程中，一个题目做了三四遍还乐此不疲。

10 日下午，第一阶段的课程告一段落，很多孩子在阶段性总结中感受非常深。

5 月 15 至 16 日，第二阶段的课程正式开始。

相较于上一次，本次课程中，同学们进入状态非常快，已经基本掌握了“操作八条”的步骤和要点，很多孩子甚至把方法运用到了其他科目中，取得了不小的进步。

除了帮助同学们学习方法之外，基地的赵老师更是在 16 日下午利用 1 个小时的时间，给了这 60 多名即将参加高考的同学们一系列解决疲劳、心态方面的建议和操作。在 16 日下午的总结中，很多同学表示，他们不仅从方法上找到了突破数学的途径，更是从心态上战胜了数学、战胜了高考。

两次课程，每次课程两整天，每次学习一个方面的知识点。

四、继续使用我们的方法学习，直到提高

过后，学生们反映收获很大。让我们来看看部分同学写下的课程感言。

刘颖：最主要的是学到的方法可以让我发现自己平时不注意却容易丢分的问题，挺开心的，中午吃饭都很香呢（真的感觉上午过得很充实、开心）。

侯鹏媛：很感谢我们的基地，在我最需要的时候出现，将我从一片黑暗的混沌中解救出来，帮我擦亮高考的道路；对，我要坚持“八条”，我要坚持干净地学习，我要干净地高考！

贾琪：下午正式开始对八步法做题的运用，当我做完一道题的时候，第一次就那么肯定地说：这道题我全懂了！八步法让我真正明白了什么叫作真正地做会了一道题。

杨子昭：经过两天的学习，我从对函数类问题没有信心，到如今能快速找到思路并严密解题，真的进步很大，我也对未来的数学学习更充满信心和希望了。

冯玲：我踩在地上，感觉走得踏实！

张成成：就像唐老师说的“深”和“干净”，从开始的怀疑到全身心的投入再到最后的领悟，仿佛就在很短的时间中，我们便学会了很多东西……我的数学不好，有很大一部分的原因是因为我对数学没有兴趣，而这次深入的学习，不仅教给了我深入的学习方法，还使我发现了数学的“美”。

窦雪：以前我对分离变量很迷茫，只会分出来，然后怎么做，就不清楚了，后来经老师那么一点，有种恍然大悟的感觉，那感觉真好。

赵芊：虽然这两天没有做太多的题，甚至与我们平时比起来，要慢得多，但我知道了比做题更重要的东西；重复，重复，是这两天最大的感受；做题不能只看量，质要比量更重要。

董蒙蒙：慢慢地，我不再害怕数学，甚至觉得，如果我按照老师讲的做了，数学一定会成为我的强科。

韩伟硕：以前做数学题，总想挑战自己不会的题，总以为只有这样，自己的分数才能提高；经过高考数学突破班的学习和唐老师的启发，我才猛然意识到，我真正该做的是那些我本可以拿分却没能拿分的题。

王萌：我一直在数学上没有什么自信，考试之前最常做的就是祈祷，希望这次能够多蒙对几道，但经过两天的学习，我开始有自信了，我相信只要我把每一个错题按八步法的操作顺序做下来，踏踏实实去做，我一定能够拿到相应的分数。

同学们在感受到使用我们的学习方法的效果后，继续在我们老师的指导下冲刺，不断贯彻学会的三个标准，最后取得了很好的成绩。

五、成绩总结

放下高考前的浮躁，心态平和地耐心学习，一步一个脚印地把不会的题目彻底学会，每次做题一定要达到我们的要求，从容不迫地应对高考，这些就是鹿泉市一中的同学们取得好成绩的原因。

河北省元氏一中 2013 年高考成绩发布：一本上线人数 119 人，二本上线人数 470 人，三本上线人数 1329 人；2012 年一本上线 82 人，2013 年一本比 2012 年增加了 45.1%。

河北省鹿泉市一中 2013 年高考成绩发布：一本人数 198 人，二本 685 人，分别增加了 63 人和 185 人，2013 年一本人数比 2012 年增加了 46.7%。

下面是 10 位参加培训的同学的总结原稿，稿件中提到的“八步”是根据我们数学学习十步法简化出来的、直接针对高考学生的八个步骤。

平等思维教育基地　　　　培养认真的能力　每次进步一点点

高考数学突破班学习总结

学生姓名	张亚珂	性别	女	年龄	18
所在学校	河北鹿泉县一中	年级	高三	培训时间	2013.5.9-5.10

4日之前我处于比较焦躁的状态，因为数学有太多不会的地方，又不知从何下手。4日下午唐教授说会这么想的人都是"愚蠢"的人，还讲到了"临界点""干净"之类的，当时觉得在只剩30天的时候再说这个是不是有点儿晚了。

但经过两天的学习后，心理回复了平静状态。因为两天来一直在做"一道题"，不平静也不行。但一旦冷静下来，就发现了问题的根源——眼高手低。因为成绩不好，所以很想提分，想"多"提分，所以只观注大~~块~~块的东西，但"大"的东西一口是吃不下的，所以努力没有结果。而小事又不想去做，所以"大分"没拿到，"小分"也没拿到。但是他的"八条"强制性地让我从"小"做起，找小错误，改小错误，"慢"下来消"一道"题彻底弄懂，哪怕只是4分的小题，这样一点一滴的积累会有大效果。

这两天一直做导数，老实说之前这题我一般都会做错，后来干脆不做，但这次老老实实跟着老师条件分析做起，反复练习了3道题，发现了以前忽视的、易改错误的小地方，再将这些BUG一一解决，做这种题的准确度提高了许多，但力度还不够，还应继续执行。

相信按照八条要求，高质量完成复习、作业，取得进步指日可待！

如果我进步了，我希望得到唐老师在博客中写文章点名鼓励，我愿意把我进步的情况跟大家一起分享。

签字：张亚珂

13年 6月 10日

资料来源：唐曾磊老师博客 http//tangzenglei.qzone.qq.com

高考数学突破班学习总结

学生姓名	陈佳伟	性别	女	年龄	18
所在学校	河北鹿泉县一中	年级	高三	培训时间	2013.5.9-5.10

参加这次培训，让我学到了很多，其中最重要的是学会了要静心，要细心。通过一次次的重复练习，一次次的错误纠正，使自己那颗浮躁的心开始平静下来；不是一味盲目做题，而是彻底弄透一道题；注重学习效率，而并非浪费时间。在这里，看到大家都在努力，自己便也斗志昂扬，其实，青春就是要这样，要拼搏，要奋斗，要有梦想，而并不是等待。

培训的第一天，上午也许是没有做题，感觉收获不大，但从下午开始，逐渐找到了感觉，学到了一些书本上没有的知识、方法，也学会了如何做题才能拿高分，如何找到自己和标准答案之间的差距并弥补。我相信，将这种思维用到其它学科上，也会受益匪浅的。

说起印象深的东西，应该就是做题要干净，分析问题要认真，这些对于解决自己的粗心很有帮助的。也希望能养成这种认真的好习惯。

抒发一下个人小感慨吧：赵老师很幽默，丁老师很负责。还有希望自己高考考好，考上好大学。

如果我进步了，我希望得到唐老师在博客中写文章点名鼓励，我愿意把我进步的情况跟大家一起分享。

签字：陈佳伟

2013年5月10日

资料来源：唐曾磊老师博客 http//tangzenglei.qzone.qq.com

平等思维教育基地　　　　培养认真的能力 每次进步一点点

高考数学突破班学习总结

学生姓名	贾琪	性别	女	年龄	19
所在学校	河北鹿泉县一中	年级	高三	培训时间	2013.5.9-5.10

在离高考不到一个月的5月9日，我第一次参加了与以前补习班完全不同的平等思维培训，老师们都很亲切，基地的学习氛围也很好。

第一天的上午，赵老师带着我们完成了对学习8步法的整体把握，并对每项步骤进行了详细的解释，接着在下午正式开始对8步法做题的运用。当我做完一道题的时候，第一次就那么肯定的说，这道题我全懂了。8步法让我真正明白了什么叫做真正的做会了一道题。

第二天的内容是对前一天知识的深化。上午我们首先对前一天的问题答案进行了一步步的分析，加深了对解题步骤的理解，然后在重做的过程中，就能很明显感觉到每一步都有理有据，做题时思路清晰、连贯，用时也少了很多，这在考试时间相对不足的数学科目中是极其重要的。

经过这两天的培训，我发现自己在做题的过程中认真、细致了不少，对待复杂的计算也不会再有心烦的感觉了，对待自己在题目中暴露出的问题，不再害怕，而是开心，会积极地去解决它。

以后，我将把这种学习方法运用到数学以外的科目里，应用好方法，取得好成绩

如果我进步了，我希望得到唐老师在博客中写文章点名鼓励，我愿把我进步的情况跟大家一起分享。

签字：贾琪

2013年 5月 10 日

资料来源：唐曾磊老师博客 http//tangzenglei.qzone.qq.com

高考数学突破班学习总结

学生姓名	白鹏飞	性别	男	年龄	18
所在学校	河北鹿泉县一中	年级	高三	培训时间	2013.5.9-5.10

在这个令人忐忑不安的日子里，我报名参加了校领导从京城引来的高考数学突破班。

作为一名数学成绩相当烂的文科生，面临着即将到来的高考，当前形势之危急迫在眉睫。在报名前有些犹豫，心想：行得通吗？究竟要不要报名参加？多番思想斗争后，决定了要试试看。都这个关头了，没有退路，寒窗苦读十二载，只为明朝金榜题名。我告诉自己：破釜沉舟，事在人为！

两天的光阴如白驹过隙，转瞬即逝。在这两天中，我是充实的。在这个团队的陪伴下我学习的很快乐。长得像高晓松的赵老师风趣幽默，讲课引人入胜，字字珠玑，从赵老师这里我学到了好的方法；小巧玲珑的丁老师是具备大智慧的人，大家都很佩服她，敬重她；而薛老师大多数时间都在角落中默默无闻，但我明白，团队中的每个人都是必不可缺的，因为他们的合作，我们才能够听到如此精彩的讲课，感谢老师！

在今后的学习中，我会利用这种好的方法帮助学习成绩的提高，我相信，这两天的学习会让我受用很长时间，这种财富无法衡量。

如果我进步了，我希望得到唐老师在博客中写文章点名鼓励，我愿意把我进步的情况跟大家一起分享。

签字：白鹏飞

2013年5月10日

资料来源：唐曾磊老师博客 http//tangzenglei.qzone.qq.com

高考数学突破班学习总结

学生姓名	刘珊	性别	女	年龄	18
所在学校	河北鹿泉县一中	年级	高三	培训时间	2013.5.9-5.10

第一次坐在课堂里感觉很压抑。经过分析，原因如下：一、教室太小（客观因素）；二、人很多（我本来以为文理分开上）空气稀薄；三、老师很严肃。其实，时间长了，教室也还可以，人也不算太多，老师不很严肃，因为有课间所以还可以呼吸新鲜空气。

第一堂课觉得老师讲得未免太详细了，心里觉得没必要注意这么多的。但事实证明，我是错的，题目中的每一个细节都有可能成为我出错的地方。细节真的决定成败，起码决定了12分的成败。12分，一般人都能超过了。我比较喜欢高速度，但是每次质量都得不到保证。总之，就算做出来以后也是心虚的。两天时间，把急功近利的做法改进了，不但要注重速度还要保证正确率。形成了一种做题的紧张感，我想这是有利的，因为在紧张感下我不会去"走神"，不会觉得"时间很长，没必要着急"的这种放松的心态。集中注意力，才能做得更好。

总结的部分很重要，因为总结以后才发现原来我学到了这么多东西，不会觉得心里空空的，觉得很充实，很值得花时间去做，也不会再心疼占用了其他科的时间。也许上完两天的课，我会有所遗忘，但我觉得方法是很重要的，不会忘的。我相信我一定能有所提高。我没有奢求过得30分或更高的，只要有提高，哪怕是精神上的，这也是收获。

没有什么印象十分十分十分深刻的，只是觉得各位老师很厉害，学习能力一定很强，很崇拜高级知识分子。有错误一定要解决掉，是的，我一定会解决掉。

如果我进步了，我希望得到唐老师在博客中写文章点名鼓励，我愿意把我进步的情况跟大家一起分享。

签字：刘珊

13年5月10日

资料来源：唐曾磊老师博客 http//tangzenglei.qzone.qq.com

平等思维教育基地　　　　培养认真的能力 每次进步一点点

高考数学突破班学习总结

学生姓名	薛丽男	性别	女	年龄	19
所在学校	河北鹿泉县一中	年级	高三	培训时间	2013.5.9-5.10

经过两天的学习，我变化很大。

刚开始，我是抱着期待的心情上课，我很想要学到很多学习的方法，让自己有更多的解题方法，可以有更多的"思想"。可是，当上第一节课时，我们从最基本的求导开始，而且还分析函数各个字母的意义，我很是怀疑这有什么用，说实话，第一个半天，我过得很不开心，感觉自己被"骗"了。随着下午的上课，好像找到了一点乐趣，可以从题目信息中找到有用的"条件"，将题干信息都理解透，明白了分析题目的重要性。第二天，我们一直在规范做题的八大操作，最主要的是错误分析，通过对自己错误的一次次分析，找到与标准答案不同的地方，之后又一次次地重新做题，将步骤更清晰地表达出来，最后获得一种"成功"的喜悦。

其实，我收获最大的就是错误分析过程，从前从来不会把错题重做一遍，而现在，给了我机会，也给了我时间，让我明白如何从错题中提升，如何才能"不再错这个题"。

如果我进步了，我希望得到唐老师在博客中写文章点名鼓励，我愿意把我进步的情况跟大家一起分享。

签字：薛丽男

2013年5月10日

资料来源：唐曾磊老师博客 http//tangzenglei.qzone.qq.com

平等思维教育基地　　　　培养认真的能力 每次进步一点点

高考数学突破班学习总结

学生姓名	杨子眠	性别	女	年龄	18
所在学校	河北鹿泉县一中	年级	高三	培训时间	2013.5.9-5.10

5月9号，刚进入这个班，听赵老师讲课感觉这些知识我们平时都在做，订证答案等工作老师也说过，只不过平时没有注意，好多细小的问题平时也没有注意到。感到有点无聊。

逐渐开始学习后，刚开始对做题没有感觉，十分烦不想做，但渐渐做熟之后，按照答案分析三步法等回顾自己所做的，有些疏漏之处的确被发现了，自己也渐渐开始喜欢上这种做题→订证→反思→再做的学习方式，感觉自己在做题方面的严谨性、思维的逻辑性方面得到了较大的提升，让我认识到原来有些题也没那么麻烦，熟能生巧，相信我今后再遇到函数类问题时，再也不会手足无措，不知从何下笔了。

经过两天的学习，我从对函数类问题没有信心，到如今能快速找到思路并严密解题，真的进步很大，我也对未来的数学学习更充满信心和希望。

老师说，做题要“淡定”，如今我做到了，老师说，要把自己“变干净”，我也正在向这方面努力，我相信，如果我坚持这种学习方式，我一定能有所提高。

如果我进步了，我希望得到唐老师在博客中写文章点名鼓励，我愿意把我进步的情况跟大家一起分享。

签字：杨子眠

2013年5月10日

资料来源：唐曾磊老师博客 http//tangzenglei.qzone.qq.com

高考数学突破班学习总结

学生姓名	冯玲	性别	女	年龄	17
所在学校	河北鹿泉县一中	年级	高三	培训时间	2013.5.9-5.10

一封电子邮件就是我现在坐在这儿写感想的种子。二模前的讲座大概是开始课程的前奏吧，尽管中间夹了两天的考试。

来到教室，看到老师，我不知道这是怎样的课程，更不明白、不清楚效果会是怎么样。心里还系着一根绳子，绳子的另一头拴着块儿上面刻着二模成绩的石头。随着课程开始，开始明白题目不是拿起就做的，更不是做完了一个对一个，一个又一个得着结果了事儿的东西，做完一遍题目，提高才刚刚开始。我们被给出一套程序，面对一道不会的题目不需要再风中凌乱，心里的那块石头也不会再时不时扯乱了心绪。在一遍遍的更正，一点点儿的研究里，忘记了石头的重量，或者说它被神奇的力量暂时托起来了。曾经躁动，害怕这样的“龟速”下，只会被落下越来越多。可是对比从前一遍不会，两遍不会，复习考试大半年收获甚少的情况，也算是有不少的进步了，要看到进步学会知足嘛。

两天里，老师的幽默童趣，带动了大家的思维；除了老师教的，遇到不会的题，我们有能力去自己找出一个规律；我踩在地上，感觉走的踏实。

如果我进步了，我希望得到唐老师在博客中写文章点名鼓励，我愿意把我进步的情况跟大家一起分享。

签字：冯玲

2013年5月10日

资料来源：唐曾磊老师博客 http//tangzenglei.qzone.qq.com

平等思维教育基地　　　　培养认真的能力 每次进步一点点

高考数学突破班学习总结

学生姓名	薛聪	性别	女	年龄	18
所在学校	河北鹿泉县一中	年级	高三	培训时间	2013.5.9-5.10

在二模考试结束后，我们开始了数学培训。5月9日，我们充满期待地踏入了录播室，开始了两天的学习，在这两天中，我学会了很多。

第一天上午，赵老师带领我们了解了"操作八条"，第一次明白做一道题必须要这么细致认真，初步具有"认真"概念，而后在做题的过程中，由于算错了数，被当做"反面教材"，但是我的收获很大，赵老师告诉我"所有出错地方，一定拿出来解决"，我懂得了有疑必解、有错必纠的道理。接下来，主要是做题，反复做，找收获。下午也基本是做题，在此之前，赵老师教我们分析条件、分析错误，感觉好细致，好认真。第二天上午，在赵老师的指导下，学会了分析答案，一定要向"依据""目的""做法"靠拢。

两天学习下来，我的心变得更加沉稳，更加淡定；做题时考虑得也比原来周全多了。接下来还有两天的时间，我希望在以后的学习中，能够收获更多，无论是方法上的还是心理上的。目前，我掌握的操作方法还不太成熟，希望能够在老师的带领下可以逐渐完善。

谢谢赵老师的指导，我会将在这几天中学习到的应用到平常，并且分享给同学们。努力!!!

如果我进步了，我希望得到唐老师在博客中写文章点名鼓励，我愿意把我进步的情况跟大家一起分享。

签字：薛聪

2013年5月10日

资料来源：唐曾磊老师博客 http//tangzenglei.qzone.qq.com

高考数学突破班学习总结

学生姓名	马月娇	性别	女	年龄	18
所在学校	河北鹿泉县一中	年级	高三	培训时间	2013.5.9-5.10

2013年5月9日，开始了为期两天的平等思维的培训。刚开始的时候很稀奇，可是一整个上午只做一道题让我十分着急，觉得好些浪费时间，本来距高考只剩20天了，而且我是一个静不下来的人，一整个上午只做一道题让我浮躁，静不下去。不过跟着老赵学习的过程让我挺开心的，没有什么浮躁和静不下去，除了偶尔有些小走神儿，或者会偷懒，但现在明白了，偷懒最后害到的，是自己。所以每道题都必须一步一步地、按部就班地按照"八条"来走。这样才能提高自己，然后才能突破"临界点"多拿分。不仅数学如此，其他学科都是一样的，不能放过每一个知识点，不能放过一点点的小错误。

我记得，当老赵给我们展示A级作业的时候，确实把我吓到了，一道导数题，第1问就写了6页！6页，天呐，我觉得不可思议。当看到作者连"极大值"的写法都要纠错、改正的时候，我知道自己该怎么做了，因为自己的"缺点"太多了，必须一个一个找出来，然后改正，重做，再改，再做。直到确保一出手就是标准答案，让阅卷老师无可挑剔，而不是凑答案。

我想"八条"会一直指导我学习、生活和做人。

如果我进步了，我希望得到唐老师在博客中写文章点名鼓励，我愿意把我进步的情况跟大家一起分享。

签字：马月娇

2013年5月10日

资料来源：唐曾磊老师博客 http//tangzenglei.qzone.qq.com

第八章

家长如何帮孩子学习好

第一节

家长在孩子学习上的困惑

每一位家长都想帮孩子学习好，但并不是每个孩子都学习好。在学习问题上，家长们有诸多困惑。我们来看一些家长的问题。

问题1：如何让孩子认真学习？

家长提问

唐老师，您好！我儿子很快就要考重点中学了，现在已经推荐上去了，但是我儿子还是没有很认真地学习。我都在急了，但他好像若无其事的样子。不知道应该怎么和他沟通，他才会认真去学习，我担心他到时候考不好。我该怎么办？

唐老师解答

这个问题是很多家长都有的。家长往往比孩子更着急，实际上学习本来是孩子应该做的事情，但是皇帝不急急死太监，家长比孩子还要着急，常常有家长来问，怎么样才能让孩子着急起来？

提示大家，孩子在初中这样的年龄，甚至到了高中，如果到了初三还没有着急的话，那就可能是高三。他的着急要有一定的时间的，他要成长的。

很多时候我们看着孩子可能个头很高了，觉得他们好像应该懂事了，实际上他们离真正的懂事还是有距离的。在这样的年龄，在他们还没有懂事的年龄，我们期待着他们自己就能够很主动地学习，我要给大家一个打击：不可能！

如果让孩子自主学习不可能，怎么办？

我们家长要帮助孩子在学习的时候得到相对多的快乐。比如，学习是很轻松的。

如果一个孩子学习很难，什么叫很难？不一定是你问他他说很难，只要他的成绩不好，你想让他好好学习，他一定感觉很困难。

很困难的事情，你想让他一直好好地做，不可能的。

所以，大家不要着急着说："他学习不好，怎么不努力？他应该更努力才对啊！"

这个逻辑是一个带偏见的逻辑，我们的心被这个事情染着了。

我们要反过来想：他学习不好，他就不应该好好学习。为什么？

大家看我的逻辑：因为学习不好的时候，上课的时候他会听不大懂，做作业会特别难。作为正常的人，所有人都希望过得相对轻松愉快。上课听不懂、做作业特别难，作为一个正常的孩子，他当然不愿意做这么困难的事情，大家想想是不是？所以孩子不去做就对了，这就是正常的孩子。

那么，我们如果想让孩子好好学习怎么办？

帮助孩子提高学习能力，帮助孩子把以前落下的功课补过来，让他能够胜任学习。

能胜任学习的时候，学习就变得轻松。

如果他在学习当中又能得到快乐，那么这个学习就成为一件让他喜欢的事情，或者是能够从中得到快乐的事情，这个时候孩子才可能认真、积极、主动地学习。

提高学习能力，帮孩子在学习中得到收获，得到快乐。这是关键。

提高学习能力怎么做？

按我们博客上"学会的三个标准"去做，详细的可以参照数学、英语、语文的十步法操作，只要做到了，学习能力就一定会提高的。

这么操作，孩子的学习会很有收获，这个时候他就愿意学习了。

问题2：作文怎么才能写好？

家长提问

孩子不会写作文，书读得也不少，口头也能说很多道理，但作文字数总是写不到老师要求的一半。怎么帮助孩子改善呢？因为有时候工作忙，就忘了检查孩子的作业。父母如何做到坚持下去？孩子有时候是观察大人来应付自己的作业。

唐老师解答

不会写作文，可能有很多方面的原因。这位家长说，孩子口头能讲很多道理，但作文字数总是写不到老师要求的一半，也就是写得少。

如果写得少，他写得还有道理的话，那么，只需要试着把该写的东西写得更细一些。

怎么细呢？

我们有一个作文三步法的讲座，可能有一个多小时，建议最好能够让孩子再看一下那个讲座。那里面有一段我专门讲到作文字数少怎么办，怎么写得多一些。

再一个我要提醒一下这位同学，写得少，是因为你对细节不能描绘。你在讲问题的时候，可能是过于简单，一句话一下子就写完了。

如果你去细下来，去认真地看，没有什么东西会是简单的。

举一个例子。

比如说吃橘子。你剥开橘子，一瓣一瓣吃完了，这就叫吃完了。

细下来，你可以这样：

我拿过来先看一看，橘子是什么颜色、大小，上面的麻点怎么样？

拿到手里它是凉的还是热的，什么感觉？

剥开皮的时候你有没有闻到气味？

它的果肉是硬的还是软的，容易掰开吗？

每一瓣果肉是什么样子的？大小、颜色如何？上面的白丝是什么样的？

吃到嘴里是什么样的感觉？

第一口咬上是酸的还是甜的？

嘴里、舌头是什么感觉？

……

详细地这么一写你会发现，吃一个橘子你可以写一万字，也可以写十万字。但是呢，如果你不去细细地品味，你吃一个橘子可以十个字写完。

我们写文章是写什么？是写人心的感受。

你去这么细细地写，哪怕只是写一个吃橘子的过程，都会让大家跟着你流口水，跟着你一块儿去品尝橘子的味道。

这位家长问："因为有时候工作忙，就忘了检查孩子的作业。父母如何做到坚持下去？"

如果父母想坚持下去的话，那就定下个时间，每天到那个时间一定去检查孩子的作业就行了。我们现在的手机不是都可以定闹钟吗？

另外，我们还可以帮助孩子自己去检查作业。

教育是帮助孩子独立地完成事情，要让孩子走向独立。

教育之道其实就是独立之道，是帮助孩子逐渐独立起来的一条道路。

我们要学会让孩子自己为自己负责，去检查作业。如果他自己能做好，那么家长就省心了。

这位家长说，孩子有时候是观察大人来应付自己的作业。如果我们建立一种机制是他自己为自己负责，自己为自己检查作业，那就好了。所以，我们要帮助孩子学会自己去管理自己。

问题3：孩子一背数学概念就头疼焦躁怎么办？

家长提问

孩子背语文或者英语文章都没有问题，文言文也能背得很好，但是背数学概念短短几句话要背上半天，还背不清楚，并且一背数学概念就头疼焦躁，该怎么办？

唐老师解答

提示家长们，语文和英语需要背，数学概念是不需要背的。

孩子背半天还背不清楚，说明他根本不理解。数学概念只需要理解就够了。

这一次我们寒假的认真能力训练营上，老师们会做这样一个工作：帮助孩子们把几个最基本的概念当中最重要的词语提出来，帮助他们理解这些词语到底是什么含义，为什么要用它们。

几个关键词语弄明白，一个概念就清楚了。

比如我们随便举一个例子，就说圆吧。

圆，第一在平面上，因为圆是一个面。球相对是一个体，体在空间中。

什么是圆？在平面上到定点的距离等于定长的点的集合叫作圆。

“在平面上”，就是面。

“到定点的距离”，什么是定点？就是圆心。

“等于定长的点的集合”，这个定长是什么？就是半径。

“点的集合”是什么？

集合的概念是什么意思？

这么几个点帮助孩子弄明白了，他在背的时候就会非常精准，就会知道比如说为什么要“在平面上”。很多孩子说“到定点的距离等于定长的点的集合就是圆”，他们忘了“在平面上”。为什么要强调平面？因为圆是一个面，而不是一个体。

在一个体上这么做的时候，出来的就是一个球，而不是圆。

一个概念，如果拿出两三个或四五个关键词语来弄明白，孩子再理解这个概念就非常精准，并且做题也容易会做了。

如果只是背，即使背时不头疼焦躁，背过了也没有用。

所以，概念是我们要下功夫带孩子们学的，要帮助他们非常深、非常精准地体悟其中的一些关键词。把几个关键词体悟到了，把住了，其他的就很容易了。

概念这一部分，我们的老师会向孩子们特别强调的。

我们的老学员，大家要尽多地来基地复训。我们的老师会尽多地帮助孩子们在学习数理化概念时更仔细地分析每一个字，“入木三分”地去理解它们，这样你会发现，概念本身就是题目。

概念的本身，一个字拿出一个词来，我们深入下去，对它做不同的变化，一道难题就出来了。这就是我们举一反三的一个应用。要让孩子们看概念就可以看到难题。

难题怎么出来的？就是概念变化出来的。

问题 4：孩子总有借口忘记作业，家长怎么帮他？

家长提问

我想问的是，孩子为什么总有借口说把作业忘记了，记住一两天，好个两三天，之后就恢复原来的样子，照样不写作业，课堂笔记不写。我怎么帮孩子呢？

唐老师解答

大家会发现，孩子总会犯一些错误，好的事情很难坚持。

我们来分析一下：孩子能坚持什么样的事情？孩子愿意坚持什么样的事情？什么样的事情是他不愿意坚持的？如果我们弄明白了这些，那么，接下来帮孩子就容易了。

如果一件事情做起来比较轻松，又能带来快乐，孩子就会坚持做。

如果一件事情做起来相对困难，过程当中没有快乐，孩子就不能坚持做。

作业能不能做得轻松，取决于什么？取决于孩子能不能胜任现在的学习，他是不是可以轻松地学好。如果孩子已经落下功课，已经跟不上了，那么他写作业就会非常的困难，非常困难的事情当然不能坚持。

这一点希望家长去反思。

刚才说的是作业难度问题，接下来我们说写作业过程当中的快乐来自哪里。

如果这个孩子是不能坚持的孩子，那么他做了一次，这个事情是值得赞赏的。家长可能会说：“好几次不做了，做一次有什么好赞赏的？”

提醒大家，你去赞赏一个事情，赞赏一个开始，那么这个开始就可以成为一个种子，这个种子就可以生根、发芽、开花、结果，它就会长得非常壮大。如果开始他做了一点，你没有鼓励，这就像一个种子没有得到滋润、浇灌，没有得到营养，它就不可能成长。

大家看这位家长说的，“记住一两天，好个两三天，之后就恢复原来的样子”。孩子好两三天的时候，家长鼓励孩子了吗？家长有没有让孩子感觉到原来做一个好孩子这么开心？

各位家长，我们的孩子在我们面前做好孩子开心吗？

如果他做一个好孩子很不开心，还不如做一个坏孩子，反正你也不会说他好的。

说到这儿，我想各位家长就知道怎么去帮孩子了。

这个问题非常重要，就是种子原理——每一个家长最重要的事情就是发现孩子身上优秀的种子，把这个种子去浇灌、呵护、营养，让它长大。这就是教育。

问题5：孩子如何才能自主学习？

家长提问

怎么样才能让孩子自主学习？

唐老师解答

自主学习，我的理解是主动学习的意思。

孩子如果能主动地学习，他需要怎么样？就是轻松愉快地学习。

怎么能做到轻松愉快地学习？

就是他一学就会，而会了以后能得到鼓励，那么，这个孩子就愿意学。

用我们“学会的三个标准”，语数外的“十步法”帮助孩子，达成学会的实力，就是做一个题目就得满分，做一个题目就得满分，连续七个题目、十个题目、二十个题目都能一次性做到得满分的时候，孩子就会有无比强大的自信。

这种自信绝不是一个家长靠红口白牙说一句话，靠那种所谓的赏识、鼓励、表扬能带来的。

实力是孩子自信的关键。

一个自信的孩子才有可能自主学习。

自信以后，努力，再继续做，做好以后得到鼓励，成绩好了以后得到大家的羡慕，受到老师的表扬，这样，孩子接下来的学习就既有自信又有能力，能轻松学好。这个时候他就能够自主学习了。

实力是关键。当孩子能够连续做很多的题目都可以做到满分时，就基本解决问题了，而这就是我们现在的认真能力训练营要做的事情。我们要帮助每一个来学习的孩子都要达成这个目标，就是做一个会一个，做一个就得满分。孩子们来基地学习，一是学会一些知识，而知识不过是我们的一个道具。根本是什么？就是教孩子形成这种实力，就是一学就能学会的这种实力，然后学习自信、学习兴趣就都有了。

做题目就是一个道具，这就像佛所讲的“法尚应舍，何况非法”。孩子做的题目不过是一艘船，我帮你通过船达到快乐的彼岸，而不是给你一个船让你天天背着。做过的那个题目到最后孩子可以忘掉，但是他怎么都会做，并且到最后他会自己出题目，自己出题目做出来还要得满分，这个时候他的自信就更强了。这就是所谓的举一反三了。

问题6：作业如何写得又快又准？

家长提问

孩子平时干什么都慢，写作业也是，常常作业写到很晚。过去我总催他，所以他出错率更高。怎样才能让他把会的东西写得又快又对呢？

唐老师解答

如果孩子会，写得慢，那么可能在书写上是有问题的，去改变书写的问题。

如果不会或半会不会，因此而写得慢，说明他对学习的知识掌握得不透不熟。

这个孩子，你催他快写，他出错率更高，说明他快了不行。

快了不行是什么意思？

不是慢了就行，而是他对知识不熟练，所以说要帮他把学过的知识学熟练，这样他的基础知识才能扎实。

我们学会的三个标准，第一个叫得满分，第二个叫熟练化。凡是会做的，不可以不熟练，不熟练不叫会做。因为考试时没有那么多时间让你慢慢地磨蹭，必须在规定时间内做对它。得满分，熟练化，最后要举一反三，看似三个，实际上它们是一体的。

比如说得满分，怎么得满分？每一个步骤不清楚你能得满分吗？

熟练化，每一个步骤都清楚、都能做出来的时候，不可能不熟练。

同样，举一反三是这道题会做了，那么每一个解题步骤当中还可能有什么样的变化？如果那个不清楚，你对这个变化得出的结论就弄不透，不会得满分的。

所以说提醒大家，学会的三个标准，得满分、熟练化、举一反三。这三点都做到叫学会。

像这个孩子做作业很慢，要提高他的熟练程度。

提高他的熟练程度要怎么样？要在学习时找到他的临界点。

什么是他的临界点？就是他做了可能不一定做对的地方。不要通过改来改对它，要一次性做到全对，找到他自认为会而又不会的地方打掉它。这就是我们的学会精品小班课专门要做的工作。一定要找到孩子的临界点，临界点就是他自以为会但是又做不对、自以为会又得不了满分的地方。让这个地方成为一个熟练掌握的东西。

家长说这个孩子做什么都慢，假设他是五年级学生，你给他出一加一等于几、一加二等几，这样的题目你给他出上一百道，你看他做得慢不慢？不会慢的。所谓的慢是他没有学透，他的临界点相对于他的知识来说比较低。这是真正的问题。

希望这位家长去帮助孩子改善。

问题7：如何帮助孩子好好学习，好好吃饭？

家长提问

唐老师好！儿子中午不回来吃饭，在外面随便吃点就去网吧玩游戏，我不想他上网，希望他回来吃饭，然后休息，为下午的学习做好准备。还有就是他要减肥，他已经很瘦了，还要减。在学校他有可能没吃饭，把我给的生活费做其他用了，比如上网。我该怎么帮助孩子好好学习，好好吃饭？

唐老师解答

提醒这位家长，孩子中午不回来吃饭，在外面随便吃点就去网吧玩游戏，对还是错？有他的道理还是没有他的道理？

这么提醒的意思是，你在接纳孩子吗？

接纳了孩子，你就可以跟他商量。不接纳孩子，孩子就会逃避，根本不听你的。

这位家长显然没有接纳孩子，所以孩子不听你的，所以你才要问："我怎么才能帮助孩子好好学习，好好吃饭？"

这位家长用了一个很准确的词语叫作"帮助"孩子。

帮助需要做到两点：第一，孩子愿意听你讲。怎么做到这一点？就是你从心里觉得孩子是可爱的，孩子是有他的道理的，你不觉得他是错的。你要真的这么想，孩子就愿意听你的。第二，说的话对孩子有用。什么叫有用？是孩子觉得你说的有用，你在让他变得更开心。那么怎么能更开心呢？我们看这位家长，孩子想上网，你不想让孩子上网；孩子想减肥，你不想让他减肥。实际上你在跟孩子作对。

怎么帮助孩子开心地去做一些正向的事情？

比如孩子现在在玩，如果这个事情是不好的，它的不好在哪里？你能让孩子知道吗？

如果不能让孩子知道怎么办？

一个事情，给孩子一个限制就比没有限制好。

我们以前写过一篇文章，《教育者要学会“藏污纳垢”》，什么意思？就是如果孩子现在有很严重、很多的问题，我们要接纳孩子，他现在就是好孩子，在此基础上帮他改变一点，再改变一点。这样就在从好变成更好。如果我们现在不觉得孩子是个好孩子，你就要改变孩子的错误，每一下都会让孩子很难受，他就很不愿意接受你所谓的、让他难受的那些帮助。

这位家长，你好好地体悟这一点。

第二节

教育孩子要找到依止

曾经有一位家长问我：“我有一个 4 岁的女儿，现在感觉想要教育好孩子太难了，真是您说的，生孩子容易，养好孩子难。当两个家长都在时，一个家长批评教育孩子，另一个家长应该怎么做？”

父母在孩子的教育问题上出现分歧是很常见的现象。到底哪一个人说得对？当我们对教育孩子的问题没有把握时怎么办？

比如你有想法，他也有想法，你们两个谁也不服气谁，谁也说服不了谁，怎么办？

这时去查一查教育专家怎么说，看有没有公认的好的办法，要有依止。

依止的意思是你心里有一个依靠，你判断的时候有一个依靠。

大家坐过飞机的都知道，飞机下落时会有一种失重的感觉，让人非常不舒服。坐电梯也是这样。如果电梯特别快地下去，你会感觉心里发慌。还有坐过山车，当过山车从高处哗一下子冲下来时，大家心里会非常慌的，因为那个时候会非常不踏实。

在这些时候，大家会特别渴望踏实的感觉，因为你的脚不能踏在实地上。

与此类似，大家生活在这个世间，如果没有智慧，会怎么样？你的心会永远是慌慌的，碰上事你不知道该怎么办。

这位家长说教育好孩子太难了。你自己想这么教育孩子，老婆或老公不想这么教育孩子，对方教育的时候你认为对方在摧残孩子，而你教育时对方可能也认为你在摧残孩子。烦死了！你想说服对方，对方又不听你的。你就看着这个孩子，被你们夫妻俩你蹂躏了我蹂躏，如果还有你们的父母在，那你们的父母也在蹂躏孩子。

大家都是疼孩子的，但是疼得对吗？你不同意他们疼的方式，你会觉得他们都在蹂躏孩子。

大家想，这样的人是不是没有依止？

你会觉得这也是错、那也是错，心疼孩子又没有办法。而把孩子交给你，你也会发现，教育孩子太难了。

我说了这么半天，是说大家如果没有依止会非常痛苦，你不知道什么是对的什么是错的，你的心里就像身体的那种失重状态，会一直不踏实。

如果大家心里有一个依止，比如找到一个好的老师，从心底里佩服他："我就依止他，他说得对，我就信他。"这句话不是要迷信谁，而是提醒大家：如果你的意见、你的想法跟别人不一样的时候，一般人第一念就会说对方错了，专家也会错了。你第一念就是这样的。

你会认为是别人错了，但事实上可能是你自己错了。你这么一想之后，就不会去弄明白自己错在哪儿，你就自然地相信自己是对的，然后就失去了这一次成长的机会。

当你听到对方说的合你的心意，你会说："哎，这个讲得太对了！"你在做什么？你在选择这个专家说的合你心意的话来听。那你的听是听谁的？是听你的，而不是听专家的，因为你要听的都是合你心意的话。如果不合你心意的话，你是不听的。这样到最后，你所有依止的全是自己这个智慧水平的判断。

你自己的智慧水平判断得好不好呢？

我们只需要判断一件事情，就是你自己过得好吗？

你自己现在天天开心吗？

你自己的工作、人生目前的状态，你觉得很满意吗？

如果很满意，你就接着依止这个。

如果不满意，是不是应该越是跟别人不一样的地方，尤其是跟那个专家不一样的地方，你越应该好好地反思自己？

发现自己的想法和对方不一样，如果依止他，“好，一定是我错了，我先反思自己，看我错在哪儿”。想了半天也想不明白的时候怎么办？去问老师，去问其他的人。一定不要轻易想“肯定是他错了，我想了三天都没有想明白，一定是他错了”。如果这样，你又失去了一次个人成长的机会。

举个例子。

孔子有一个学生叫颜回，颜回就是一个好学善问的学生，他就是依止老师。有一次，他在市场上看到一个屠夫卖肉，在跟另一个人吵。屠夫说：“三八二十三。”颜回一听，就说：“你说错了，不是三八二十三，是三八二十四。”屠夫说：“不可能，我天天算账，怎么可能错呢？”颜回说：“一定是你错了。”他们就打赌。屠夫是一个粗人，他说：“如果不是三八二十三，我把脑袋输给你。”颜回说：“如果是三八二十三，我把我头上的金冠给你。”两个人去见孔子，请孔子评判。孔子说：“颜回，你错了，应该是三八二十三。”

各位，大家一听就知道，怎么可能三八二十三？但颜回二话不说，把头上的金冠给了这个屠夫。屠夫抱着金冠乐颠颠地走了。

颜回回去之后就反思：三八二十三，真的是三八二十三吗？他扒拉着手指头数了十遍，还是三八二十四。他想：这到底怎么回事？难道我还有什么没想到吗？想了三天也想不明白，于是他就恭恭敬敬地去请教老师，问为什么三八二十三。孔子说：“如果三八二十四，那个屠夫要把脑袋割下来给你，所以是三八二十三。我这个答案不是数学的答案，而是做人的答案。”

我相信可能很多家长听过这个故事的。大家想，如果你只是就这个小事本身来判断，你会发现孔子是错的。但是从做人的角度来判断，孔子是对的。

颜回如果轻易怀疑老师，他就会想：这明明是胡说八道嘛！你老糊涂了，怎么会三八二十三？不要听你的了，得卷铺盖儿走，你这种老师已经老朽了，跟不了了！

这就是疑。贪嗔痴慢疑的疑，是一个人不能成长的根本因素，就是你不能信一个人。

如果你能信一个人，你愿意跟他学习，“信为道源功德母”，有信，你就可以“长养一切诸善根”，就是一切的善根都可以从这个信而起。如果你不能信，一切都别谈，因为老师一说什么你就怀疑，而所有的怀疑都是什么？都是你在信愚蠢的自己。

为什么说自己是愚蠢的？

因为这样的人往往都是过得不好的。大家想想就知道。

过得不好，又自以为是地信自己。你做不好，又信自己，那么就会由着自己的愚蠢继续做不好。

提醒大家，在这一点上好好地反思。

要找到一个依止。

我们知道，现在有很多的专家都在开博客、开微博。大家去了解，看哪一个人最适合你，你看到他的言论觉得“哎呀，说得真是好真是对！”他那么多言论你看着都是对的，并且又确实是很多人照他说的做了有效，那么你就可以依止他，从此不再怀疑他。如果想不明白他的话，一定去弄明白。越发现自己跟这个老师不同的地方，越要提醒自己：这一定是我有问题了，如果我能跟他一致，就是我进步了。而不要轻易地说：他错了。一旦认为他错了，你就别依止他了。

有很多的家长可能在看我的博客、微博，觉得我说得很好，在跟着我学习。凡是跟着我学习的家长，你越相信我，进步越大。你越怀疑我，越是麻烦。带着怀疑学习的人，一般都会进步相对小。

提醒大家去真心地依止，真心地相信。“信为道源功德母，长养一切诸善根。”如果能信平等思维，你就可以方方面面进步了。

博文

正信：一个人的智慧和幸福之根

人的愚蠢：迷信和迷不信

随着岁月的流逝，我们渐渐长大成人，对一切人和事都有了判断力。我们发现，生活中总有一些人很迷信，我们会对他们嗤之以鼻，觉得他们可笑可怜。

我们是很自信的，因为我们拥有独立的思考能力，绝对不会像某些人那样，轻易拜倒在所谓高人的脚下，成为别人思想的奴隶。

相信自己！这是我们立身处世中不变的法则。

我曾经见过一位非常自信的朋友。有一天，我的一位同学带我去见他，他请我们吃火锅，我们便聊起来。在聊天中，他问我："什么人是值得信的？"我说："像孔子、释迦牟尼佛、老子，儒释道的这些圣人，都是值得信的。"他说："我谁都不信，就信我自己！"我问他："你的水平比老子如何？"他说："那比不了。"我说："如果你信老子，好好向老子学习，你就可能达到老子的水平。你不如老子，又不向他学习，还满怀信心地信自己。这样，你未来达到的高度就可能远不如老子。你信老子，可以学到很多东西，让自己获得提升；而你信自己，就学不到这些东西，无法提升自己。"他听了之后，深深地点头说："唐老师，我来北京好几年了，也有很多朋友。但是我发现，跟这些朋友聊时，他们指导不了我，因为当我说我信自己的时候，他们就没话说了。但是，我自己的生活怎么样我是知道的，我发现这里面有问题，只是我一直找不到自己的问题。今天听你这么一说，我真正明白了我的问题所在！多谢了！"

他的问题是什么？

我相信大家都能看出来。

他的问题在于自己不够智慧，而又只信自己，这样就把自己限制在现有的水平上不能进步。这叫故步自封、作茧自缚、画地为牢。

这样的人在生活中是很常见的，我们自己可能就是这样的人。虽然我们的生活中存在各种烦恼和问题，但是，我们依然会自信地判断：我是有水平、有独立思考能力的人，绝不屑于像某些人那样去迷信什么！

曾经有一个人对我说："唐老师，信佛不是迷信吗？"我问他："《金刚经》你看过吗？"他说："一般那种迷信的书籍我是不要看的，但《金刚经》我看了一点，不过看不懂。"我说："看明白《金刚经》在讲什么之后，你才有资格评价《金刚经》。如果你自己看不懂，又给看得懂的人扣一个'迷信'的帽子，这叫愚蠢。当你看不懂时，你应该说：'《金刚经》我看不懂，我的智慧水平有限。'如果你要评价《金刚经》，应该先去听一听看得懂的人怎么讲的。你自己看不懂，要向他们学习。学习完了，再来评价。这样的过程是可以让你自己进步的。"

如果自己根本不知道一部经典或者一个人在讲什么，又不去向看得懂或听得懂的人学习，直接给出一个"信这个是迷信"的判断，那就太可惜了。为什么？因为一个人拒绝正信，就等于给自己的学习进步设置了巨大的障碍，让自己失去了快速提升的机会，甚至有可能彻底封死自己走向幸福的光明大道。

刚才提到迷信，迷信的根本在迷，不在信。一个迷的人，可以因迷而信，叫迷信；也可以因迷而不信，叫迷不信。只要迷，无论这个人信什么或不信什么，他都是糊涂的，都是愚蠢的。

一个迷的人，他的头脑，总是在按照某些条件做出判断。

我们的头脑是依什么条件来做出判断的呢？我来举个例子，大家就知道了。

比如两个人交朋友，或者一男一女谈恋爱。如果对方说我好，我就很开心，觉得他是好人；如果对方说我不好，我就不开心，觉得他不是好人。这句话更直接的表达：如果对方说我好，我就喜欢对方，觉得对方很好；如果对方说我不好，我就讨厌对方，觉得对方不好。这就是我们常人头脑的逻辑。大家想一想自己是不是这样，我可以说，几乎无一例外。我们是依别人对我们的评价好坏来判断别人好坏的，这样得出的结论当然带着偏见。但是，我们会本能地、理所当然地认为：我们的判断都是正确的！

因为我们的判断来自这样一个糊涂的逻辑，所以，我们总是处在迷中，要么因迷而不信，要么因迷而信，正信始终离我们很遥远。对于我们来说，正信是稀有的。

那么，什么是正信？我们为什么要建立正信？如何建立正信？

智慧的选择：建立正信

正信，我们可以理解成是一个人对智慧的人和他所教的智慧之法生起的坚定信心和由此而生的严格依教执行的能力。

什么样的人是智慧的人呢？我们需要先明确什么是智慧。智慧有三点：第一，明确正确的因果规律，再做事情。第二，知道做什么会有好的结果，一定做到。第三，知道做什么会有不好的结果，一定不做。简言之，智慧就是做正因得正果。而智慧的人，就是能时时做正因、得正果的人。

无论我们相信不相信，在这个世间都确实存在这样一些高人：他们时时把握因果规律，依道而行，因智慧而自在，生活完满幸福。他们存世的目的就是帮助大家破除烦恼，走向幸福。如果我们在生活中能遇到这样的人，就应该去信他。

你可能会疑惑："我怎么知道我需不需要去信一个智慧的人呢？"

你只需要看自己生活得怎么样就知道了。

比如，你的事业如何？你做的工作是不是自己擅长、享受又很有价值感的？

你的家庭如何？夫妻关系是不是和谐幸福？亲子沟通是不是融洽顺畅？孩子的学习成绩和生活状态是不是让你心满意足？

如果这些都是完满的，也许你就是这世间少有的高人。但是，能做到这些的人太少了，我们常常是事业不如意，家庭不顺心，自己烦恼重重。

所以，每一个人都需要向智慧的人学习。我们学习的目的不是荣耀别人，而是幸福自己。

有人说："我就是不想向别人学习！我现在过得是很难受，但再难受我也情愿这样过！我有权利选择自己想过的生活！"

一个人愚蠢，让自己生活得很难过很痛苦，这样的权利不叫权利。如果你有本事，就该让自己生活好，别说你有权利让自己生活不好。"生活不好"不是你的权利，而是你不得不如此，是你被逼无奈，是你没有能力生活得好。这就像一头猪，它在吃猪饲料时说："我不想吃别的，新鲜的菜、肉我都不想吃，我就想吃猪饲料！"一头猪的自由性有多大？我们也就是听它说一说，然后付之一笑："你想吃别的，能吃到吗？"

在一个很低的幸福值下，忍着痛让自己难受，这是不智慧的。如果你处在这种状态，就需要去提升自己的智慧，让自己走向幸福。

我们为什么要建立正信？

就是为了让我们在每一件事情上能做正因、得正果，把幸福牢牢地握在自己手中，让自己成为自己生活的主人。

比如，你想让孩子提高学习成绩，你就可以做到培养孩子的认真能力，在孩子的学习中严格执行“学会的三个标准”，然后，孩子就一定提高学习成绩。比如，你想通过沟通帮助对方，你就可以在沟通中做到接纳对方、理解对方、给对方提建议，把话说到对方心里，然后，你就一定帮到对方。

做到这些，需要一个学习过程。在学习进步的过程中，我们会不断受到自己的愚蠢的阻碍。

什么是愚蠢？第一，不明确正确的因果规律，就做事情。第二，明确做什么会有好结果，就是不做。第三，明知做什么会有不好结果，常常去做。我们在学习中会发现，自己的愚蠢是幸福最大的障碍，我们必须彻底破除自己的愚蠢，让自己变得智慧，然后才能幸福。而正信，就是破除愚蠢的根本。

那么，如何建立正信呢？

很长一段时间，每周四我都会在网络公益课上为大家讲解《金刚经》中的教育智慧（已经讲过《金刚经》《坛经》《道德经》等经典中的教育智慧，目前在讲《大学》中的教育智慧）。我是绝对反对迷信的人。一开始讲经时我就告诉大家，我是无神论者，我相信佛陀是一个智慧的觉悟者，相信他悟到了我们常人悟不到的真理。同时，我相信他悟到的真理，未来我也能悟到。他，就是我的一个指路者。从他这里，我可以看到自己的问题，来不断地修正自己、提升自己。在向佛陀学习的过程中，我不断破除内心的执着，提升智慧，让自己成为一个幸福的人。我可以一目了然地看到每个人不幸福的原因，我愿意并且有能力帮助大家走向幸福。所以，我信佛陀不是迷信，是正信。我带领大家学习《金刚经》，开设平等思维幸福之道课程（分初级班、中级班和高级班），带领大家学习各种幸福之道，都是要帮助大家建立正信。

建立正信，我们就会快速提升智慧，让自己获得真实的利益。

从一个普通人成长为一个智慧和幸福的人，这就是正信带给我的真实的利益。同样，跟随我学习的人，正信者必得正果。陆可意妈妈就是一个典型的例子。

陆可意妈妈是2013年暑假第一次来基地学习的，当时她是带女儿可意参加基地的认真能力训练营。可意的成绩在班里居中下等，她希望基地能帮助可意提高学习成绩。那时候，她还是一个陷于烦恼中的人，甚至希望世界末日早日来临。在学习平等思维两年后，随着智慧的大幅提升，她的家庭、工作都变得幸福，并且在以自己的智慧轻松地帮助别的家长解决问题，成为平等教育正能量群里最受大家信赖的正能量家长，也成为众多家长学习的榜样。智慧的妈妈有一颗宁静祥和的心，这颗心就是孩子的养心泉。在这样一位温泉妈妈的滋养下，在基地各种学习十步法、三步法的帮助下，可意的学习成绩在两年中一路飙升，目前多科成绩名列全班第一，成为名副其实的学霸，并且学习上的事儿完全不用妈妈操心。

家庭变得和谐幸福，女儿变得成绩优异、心态良好，自己变得智慧安心，并且已经成为自己的光，在照亮别人。陆可意妈妈得到的这些真实利益，可能是每一个家长都梦寐以求的。而这一切的根本，就在于她学习过程中对平等思维建立的正信。

她曾经在一年中参加了基地所有的面授家长课、网络家长课学习，每天大密度地听我的讲课录音，整理成文字，在生活中不断地操作各种幸福之道，每当在操作中出现问题时，就去对照讲课录音反思自己、修正自己。她把“信”真正落实到行动上，把平等思维的理念落实到自己的起心动念上，让自己整个人脱胎换骨，使自己的生活天翻地覆。

跟随我学习平等思维的人很多，有些人进步特别快，陆可意妈妈只是其中的一位代表，还有很多家长已经变得非常幸福，甚至有几位妈妈在学习平等思维几个月后就说“和老公找到了初恋时的感觉”；而有些人进步非常慢，学了很长时间，生活中依然烦恼不断，经常抱怨老公或老婆如何不好、孩子如何不听话。

产生这种差别的原因在哪里？就在于是否建立了正信。

在学习平等思维的过程中，建立正信是什么意思？

建立正信的意思就是，当发现问题的时候，一定是自己有问题，而不是唐老师讲的理论有问题，不是因果规律有问题，不是自己的孩子、自己的配偶、自己的父母、自己的亲朋好友、自己的同事领导有问题。永远是自己有问题，这就叫建立正信。

建立正信，就是永远找自己的问题。这句话是对正信最究竟的解释。能时时记住这句话，时时落实这句话，反思改过，就是真的建立正信了。如果做不到，怎么说自己"信"都没有用。没有用的意思是自己不能进步，不能幸福。

有人说："唐老师，我特别信你，怎么进步不大？"这就是那种嘴上说信的人。真正的信是不折不扣地依教而行，按照我讲的和谐沟通之道、矛盾解决之道、夫妻幸福之道、个人幸福之道、工作幸福之道等去踏踏实实地做，在做中发现问题就怨自己，反思改过。说"我特别信你，怎么进步不大？"这句话的意思是，我没有问题，唐老师你讲的有问题吧？我说过，反思，反思到自己身上，就在找方法；反思到别人身上，就在找麻烦。说这话的人，骨子里根本就不信我。信我的人不会说这话，当他发现自己进步不大时，他会反思自己：我哪些地方没有按唐老师讲的做？我应该如何改进？

一个越是往自己身上反思的人，智慧的提升就越快，孩子的进步就越大，家庭生活就越幸福。在跟随我学习的家长中，凡是进步快的，都是有问题就往自己身上反思的。

学习平等思维，信得越深，进步越快。

陆可意妈妈的迅速成长，来自她对平等思维建立的正信，来自她坚实的信根。

根是什么？根是能生。正信，是一个人生命中最深的慧根。这样的根深深扎在我们的心田里，就能生出枝叶，开出花朵，结出果实。而这棵智慧之树结出的果实，就是我们当下踏实、安宁、清净、平和的心。无数个这样的当下连在一起，就是我们过去想都想不到的幸福生活。

第三节

帮助孩子，家长要做好正因

学习好了，孩子自己开心，家长更开心。没有哪位家长不希望自己的孩子学习好，但是，几乎没有哪个孩子的学习之路是一帆风顺的，总会出现这样那样的问题。家长都急切地想帮助孩子，但是，却很难帮到孩子。为什么？请看我在2017年暑期第108期认真能力训练营上和一位妈妈的对话。

这位妈妈非常具有代表性，特别迫切地想帮助孩子。

案 例 | 家长怎样才能帮到孩子？

想帮孩子的妈妈：唐老师好！我有个困惑，我帮不到孩子，怎么帮孩子都好不了。

唐老师：你想帮孩子什么？

想帮孩子的妈妈：他自己知道学习，知道学习的重要性。但是我做了一年，不能达到这种程度。

唐老师：什么程度？

想帮孩子的妈妈：他……（说不下去）

唐老师：记着，你能帮的是因，不是果。我们帮孩子不是这次考60分，下次考80分。这个你是无法帮的。你只能帮他在平时每一次作业中、每一次学习中，用我们的方法更多、更透、更深。你就去做这个。我们能够对别人起的作用是搭把手，是我们要做什么，而不是对结果形成一个期待，那个没有用。

想帮孩子的妈妈：就是这一块儿我也帮不到他。

唐老师：好，你告诉我你做了什么。

想帮孩子的妈妈：他平时有些话不愿意跟我说，他的心里话不愿意跟我说。

唐老师：也就是你们沟通还不行，是吧？

想帮孩子的妈妈：我打不开他的心。

唐老师：你的接纳还不行。打开心的前提是接纳，如果你没有接纳，那孩子的心当然不应该对你打开。你接纳了没有？说说你的接纳做得怎么样。

想帮孩子的妈妈：我自己认为我是接纳了。

唐老师：结果不好，孩子不对你打开心，你的接纳做得好吗？

想帮孩子的妈妈：我觉得……（迟疑）

唐老师：孩子在你面前自在吗？

想帮孩子的妈妈：我感觉我已经做到接纳了，我就不知道我到底哪里做得有问题，这问题肯定是我的问题。我不知道自己……

唐老师：咱们在对话是不是？

想帮孩子的妈妈：嗯。

唐老师：但是我问的问题你没有理我（没有回答）。如果跟孩子这样去沟通，孩子就不愿意跟你说话了。你看我跟你说话你不理我，你在说你的事。是不是？你如果不同意我的观点，你说不同意，咱们就这个你不同意的观点商量。但是你不理我说的这个，你就说你那个。那么，我是无所谓，孩子就不愿意跟你说话了。

想帮孩子的妈妈：嗯。

唐老师：你会不会对孩子这样？还是你只对我这样？你会对孩子这样吗？

想帮孩子的妈妈：……（沉默）

唐老师：如果这叫不礼貌的话，你就只对唐老师不礼貌，对家里所有的人都很礼貌？

想帮孩子的妈妈：我倒不是这样想，我只想帮助孩子。但是我就想……

唐老师：帮助孩子要先沟通好嘛，沟通好之前不谈帮助。大家明白吗？你说了他都不听，你还想“说什么让他怎么听”。话都不听，别说怎么说了，你想想看。

想帮孩子的妈妈：那我怎么做孩子才能听我说话呢？

唐老师：孩子喜欢听什么呢？你告诉我。

想帮孩子的妈妈：孩子肯定愿意听鼓励的话。

唐老师：好，你鼓励了没有？

想帮孩子的妈妈：我鼓励的话，孩子不是很相信。

唐老师：那说明你鼓励得假。如果一个人老说真话，大家没有信不信，就是自然听他的。如果你说了假话，我就开始怀疑你、不信你了。要不凭什么不信呢？

想帮孩子的妈妈：比如说他上了模块课，我想按老师说的优点鼓励他，他说“我知道这些优点，你不用说了”。

唐老师：那说明你们现在的关系非常差，他就不想听到你说话。是不是？

想帮孩子的妈妈：孩子认为是这样的。

唐老师：不是孩子认为，在场的大家都这么认为。你想想，你鼓励他他都不想听，那意思是“你赶紧闭嘴”，是不是啊？

想帮孩子的妈妈：是。

唐老师：你接纳他吗？这样吧，你给我描绘一下孩子的情况。孩子情况怎么样？你说说看，他整个的学习生活状态。

想帮孩子的妈妈：我孩子的情况？

唐老师：他现在学习怎么样？生活怎么样？

想帮孩子的妈妈：我孩子的情况是这样的：他在一所普通的中学上学，学习一直是在班里三十几名，然后这一块的话，我们也帮助他……

唐老师：你不满意他的学习，对吧？

想帮孩子的妈妈：嗯，他作为一个学生……

唐老师：我听到的是这个，是吗？

想帮孩子的妈妈：是的。

唐老师：也就是你第一条不满意他的学习。你接着说。

想帮孩子的妈妈：他在家里，如果没有老师的情况下，自己不会主动写作业。

唐老师：学习主动性不强。你再说。

想帮孩子的妈妈：反正就是说，他就是……

唐老师：（打断）行了行了，你看，你现在描绘的孩子是学习不好，长期学习不好，学习主动性不强。你对孩子都是否定。否定了孩子，孩子就不愿意听你说话。

想帮孩子的妈妈：我鼓励他，但他不太相信我啊！

唐老师：你心里觉得他是不好的，你怎么鼓励他？你心里觉得他好，才能鼓励他。你心里觉得他不好，然后你还想鼓励他，怎么着呢？你就说假话呗！他凭什么信你呢？

想帮孩子的妈妈：那我怎么做，孩子才能比较信我呢？

唐老师：你心里觉得他好了，就行了。你要真实地看到他好的一面，去找到他真的好的一面，而不是觉得他不好，但我要说他好的一面。你这明显就是骗人嘛！你觉得他不好，你说他好的一面就在骗他。你找到他好的，就说他好的，就完了。明白吗？

大家看我，假设我的鼻子是好看的，但是我的嘴不好看，眼睛不好看，脸上有雀斑不好看，头发白了不好看，脖子不好看。然后你就看到了："哎哟，这整个都不好看。"

其实你看看，我的鼻子很好看，如果你就跟我讨论我的鼻子很好看，我就知道"你是喜欢我，觉得我鼻子好看的"。

如果你看到的全是"哎哟，他额头矮了短了，头发白了，眼睛小了，嘴大了，舌头哪都不好，我怎么鼓励他呢？"然后就说："你那个眼睛还是不那么难看的。"

（现场家长笑）

想帮孩子的妈妈：我有时候也是想……

唐老师：记着，你要鼓励的一定是真话，没有真话不要说。我们的那个鼓励三步法有没有做过？

想帮孩子的妈妈：嗯……（犹豫）

唐老师：你说我们的鼓励三步法是什么？

想帮孩子的妈妈：找正因，续正因。然后就是……

唐老师：下一个是什么来着？你不可能想出来下一个来。你肯定想不起来。（鼓励三步法为：找正因，谈正因，续正因）

（现场家长笑）

想帮孩子的妈妈：找正因，续正因……

唐老师：你肯定想不出第三个来。看到没有，你不会鼓励是有道理的。就这么三条你就想不起来。其实这三条里面就三个字不同，别的都是“正因”两个字。就这三个字，你都想不起来。因果就放在这里，你不上心，就做不好。同意吗？

想帮孩子的妈妈：同意。

唐老师：你现在很不开心是不是？

想帮孩子的妈妈：我没有不开心，我就想帮孩子，然后……

唐老师：不不不，别回到这个地方，没用。哪个家长不想帮孩子啊？你说“我是他妈妈，我想帮他”，你给我讲这个没有任何意义，天底下的妈妈全这样，把孩子逼死的妈妈还这样说呢！所以这个没有意义的，是现在到了鼓励这个点上你怎么做。不要跳到“我是妈妈我想帮他”上，因为这个又是泛泛地讲了。我们落到细节上，好不好？

想帮孩子的妈妈：好。

唐老师：鼓励的三点你不会，是不是？

想帮孩子的妈妈：是。

唐老师：你要坦诚地承认。你回去，好好地学习鼓励的三点，仔细地读。然后在孩子的学习过程中，去找到他很优秀的一面，你要真的找到。记着，不是为了找到去鼓励他，是你真的找到。你不是要鼓励他，是找到了自己开心。你什么时候想“哎呀，这条真好！我就没想到我的孩子能这样，太好了！”你由衷地感觉到好的时候，再说给孩子听。没有感觉到这个好不要说，因为那是骗人的。

想帮孩子的妈妈：有时我看到孩子的优点，我感觉是优点，但是马上说出来……

唐老师：没有喜悦，你就鼓励不到。要有喜悦，要有看到孩子“想不到他这样”的欣喜感。比如你觉得孩子一直不努力学习，有一天你正好坐在那儿，看到孩子在看书，看这个地方怎么样，那个地方怎么样，忙活了半天，就在看书。你就会想：哎呀，我以前不知道孩子这么用功的！这个时候你会对孩子的这个用功很感动，并且很惭愧自己以前看不到这一点。这时对这一点你再说话，就不一样了。

你说“我想鼓励，但我看这个不好，那个也不好，看了一圈都不好，怎么办呢？”这个时候你的鼓励就是造作，就是假的，你就是找出来也是一个假的鼓励。

鼓励应该是什么？

应该是一个生发，或者是一个发生，就是我看到孩子那些优秀的做法，这些优秀的做法将来一定会长出参天大树，会有一个好的结果。我因看到孩子这个做法特别开心，就不由自主地把这个说给孩子听。孩子听了也很开心，更愿意做了。这就叫鼓励。

大家一开始不会鼓励，我现在拿出来一个指标，就是如果你看到哪一点你心里产生了喜悦，你就把那个喜悦分享给孩子，说“我跟老师聊了”，或者“我刚才看到你做作业，我没想到你这个地方做得这么好，哎呀妈妈真是很感动”。如果这个喜悦没有，别说了，你说的都是假的，假的多说无益。你知道怎么做了吗？

想帮孩子的妈妈：看到孩子喜悦的话用心去鼓励。

唐老师：对！发现孩子做的正确的因，你看到他做正因，心里产生了喜悦，就去跟孩子说。产生不了喜悦，你鼓励他都是忽悠人的，不要再说了。

想帮孩子的妈妈：我在生活中，好多地方我自己不觉知，不觉知的地方……（说不下去了）

唐老师：不觉知的地方怎么了？你就先不觉知呗！觉知的地方先去做。大家明白吗？你就想：我不知不觉地那个事过去了，我怎么办？怎么办？如果你常来听课，就有更多的家长，就有我，帮你把你那些点醒。一般我们的生活当中能把你这么明确地点醒的人，大家想多么难找！而我们的圈子里，我们正能量家长们就可以帮你。你有问题也可以到正能量QQ群里多发一发，让大家点一点你。好不好？知道怎么做了吗？

想帮孩子的妈妈：知道怎么做了，鼓励的方面是知道了。

唐老师：回去就做这个。

我们常说，家长对孩子："要么鼓励，要么闭嘴。"鼓励是什么？是发现孩子的优秀做法，肯定他。肯定孩子会得到什么？得到孩子的喜欢！

根据小人理论，每个人都是喜欢肯定的，你肯定他就会得到他的喜欢、认同。所以，发现他的优秀做法去肯定他，这就叫鼓励。

大家记着，要鼓励在做法上，不要鼓励在结果上。

你鼓励到结果上，那么结果不来，孩子就烦，你的鼓励就没用。结果来了，孩子又翘尾巴。

所以，鼓励是鼓励操作，不能鼓励结果，尤其不能鼓励天赋。比如，"你特别聪明。"这个鼓励是讨厌的，是愚蠢的。因为"你特别聪明"就意味着他不需要学习也能得到好成绩，你要是鼓励这个，他就讨厌了。大家想是不是？

所以，不鼓励天赋，不鼓励特别漂亮、特别可爱，因为你鼓励了这些他不需要努力就可以很可爱，于是他就会在这方面多用功夫，去装出一副可爱的样子来让别人爱他。这时候他的心思就走偏了，我们当然不要鼓励这些。

我们鼓励什么？

鼓励他做了什么得到好的结果，鼓励他优秀的品质，比如坚持不懈，比如专心致志，比如向别人请教，等等。这都是我们要鼓励的。

孩子们来上认真能力训练营，学习了我们的方法（限时训练，语、数、外十步法，各种三步法等），他用我们的方法就要鼓励，用得更多一点要鼓励，用了有收获要鼓励。

鼓励这些就是正因，未来孩子就会用得越来越多，他的学习效果就会越来越好。累积到一定程度才是成绩的变好。

大家记着，成绩的变好是一个结果。

什么叫结果？

最好的理解就是结出果子。

什么叫结出果子？

冬天，你就想给树施肥、浇水，让它赶紧结果子，有用吗？

没用的，它结不出果子来。

你必须得到了春天它开花，接下来坐果，然后果子慢慢地长，长到秋天，果子才会长熟。

一定要到时候的。没到时候，你怎么折腾也没用。

你只管做因，该浇水浇水，该施肥施肥，该什么步骤做什么步骤，到了时候树就自然结出果子来了。

那它没结出果子来怎么办？

没到时候嘛！

你就继续做正因呗！

有一个情况是，正好坐果的时候，风一吹，下了冰雹，啪啪啪，把果子打掉了。

那个时候，也就是说孩子在学习的过程当中不断遇到重大的打击，如果你跟他沟通得好，你知道情况，那么遇到打击的时候，你赶紧帮他解决掉问题，果子就可以慢慢长大。

如果你那个时候没有帮孩子解决掉问题，冰雹一打，今年颗粒无收，孩子又落入一个痛苦、烦恼、不学习的状态，然后你又跟着他轮回（受苦）了。

大家记着，这是结果，到了时候你不用努力结果就来了。

好成绩不是努力出来的，不是大家使劲折腾出来的，不是的。是你把那些因都做好了，它自然就出来了。

也不是你特别特别想要它就有，没到这个时候，你想要它也没有。

假设苹果 10 月熟，你 6 月时一定想让它熟，它就不熟，你怎么使劲它也不熟。到了 10 月，它自然就熟了。

到 10 月时你说："求求你熟吧。"求什么呀？你不求它，它也熟。

大家明白吗？

它会自然结出果子，而不是努力。

一切的结果都不是努力来的，跟你的努力是没有关系的。

那跟什么有关系？

跟你做好正因有关系。

你不做好正因，其他的怎么做都没有用的。

所以大家要放弃那些没用的做法，比如“考前要紧张”，紧张什么呀？有人说：“考前还不紧张一下啊？”

紧张没用的。

你去做正因。

把正因是什么弄明白了，然后就去做正因。

做好了正因，好的结果就自然会来。

博文

学霸是怎样炼成的？

一个家长的智慧水平，决定了他帮助孩子的水平。在网络公益课和家长课上，不断有家长问到孩子的学习问题。很多孩子想成为学霸，家长也都想帮助孩子成为学霸。但是，孩子成为学霸和家长帮助孩子成为学霸，这都不是想做就能做到的事情。甚至我会看到这样的情况：一些想成为学霸的孩子，不但不能从家长这里得到帮助，还会受到家长的打压。因为不智慧的家长会看到自己的孩子一身毛病——他想成为学霸，这怎么可能！

这样的家长并不少见。

想成为学霸的孩子，妈妈帮不到他

在公益课上，有一位妈妈提问：“孩子说想做学霸，学霸应具备什么样的素质？学霸是怎样安排学习时间的？遇到困难会怎么样？针对做学霸的问题，我应该怎么跟他交流？”

看了这位妈妈的问题，我知道她是帮不到孩子的。为什么？因为她在问题的前半部分是这样描述的：“孩子到了周末，写作业经常是先松后紧。周六时放松学习，作业写一小部分。周日下午要上辅导课，周日早早准备去上课，一个白天就这样过去了。到了晚上，问他作业写完没有，他说没写完。他昨晚作业写到十二点多才睡，精神可嘉。不过，他第二天上课有些犯困，作业还是留了一点尾巴没做完……”

这位妈妈提问的目的是想让我教训孩子，她心里在说：“唐老师，孩子说要做学霸，你赶紧把孩子身上不能成为学霸的那些毛病讲出来吧！”还用我讲吗？这位妈妈自己已经把孩子不能成为学霸的“毛病”说出来了。

家长帮助孩子要做到两点：一是说话孩子爱听；二是说话孩子听了有用。

这位妈妈说话孩子显然是不爱听的；因为她总是看到孩子的缺点。比如孩子到了周末，会先写一小部分作业，她显然是把这当成缺点来说的，其实这完全可以当成优点来说。孩子到了周六，会先写一部分作业，这是很难得的。很多孩子只想着玩，而这个孩子居然能先写一部分作业，这很不容易。另外，孩子周日早早准备去上课，下午上辅导课，看来周日一整天几乎没有时间玩。

这位妈妈把孩子的时间安排得这么紧，孩子还能坚持写作业到夜晚十二点半，孩子做得非常好！

但是，这位妈妈并不欣赏孩子，而是看到孩子身上有很多毛病，所以，她说话孩子不爱听。

其实这位妈妈在提问时，她认为这些问题的答案她自己都是知道的，她只是想借唐老师——一个教育专家的嘴来打压孩子。所以，我不用回答她的这些问题，她都知道答案的，但是知道答案是没有用的，我回答她也是没有用的。因为一个说话让孩子讨厌的家长，怎么可能帮孩子成为学霸？

家长想帮孩子，先要做到说话让孩子喜欢听；家长想说话让孩子喜欢听，先要从心里去欣赏孩子，找到孩子做得好的地方去鼓励孩子。如果家长能做到这一点，和孩子的沟通就变得和谐了，就能帮到孩子了。

没有考好的孩子，走在成为学霸的路上

在幸福之道网络家长课上，一位妈妈提问：“孩子说他从基地回来后，因为学校的复习考试没有考好，很伤心，有些想哭。请问唐老师，家长该怎么帮助孩子？”

孩子们来基地学习了我们各科的三步法、十步法，在学习的时候就开始做提高成绩的正因了。但正因是一点一点累积的，孩子们以前可能会积累下了一些不好的果，比如，落下了功课，学习习惯不好等。做正因，需要把这些不好的果去

掉，然后才能出来好的结果。

其实，这个孩子没有考好并不是他没有进步。他已经进步了，只是，他的进步没有体现在复习考试成绩的提高上。所以，不要着急。家长要帮助孩子看到这一点，就是孩子做学习上的正因时必须把以前学习上的漏洞补好，比如把落下的功课补上，把不好的学习习惯改掉。当孩子学习中不认真、容易走神、不深入等习惯逐渐地改变，学习变得认真深入时，孩子的进步才会从成绩上逐渐显现出来。

这个孩子叫博友。我以前曾经说过，在孩子当中那么小就很有智慧的，博友是第一人。一次没考好不要紧的，只要继续用好基地的学习方法，未来一定会取得好成绩的。

博友正走在成为学霸的路上，我相信未来的他一定能成为学霸！

做足正因的孩子，已经成为学霸

来基地学习的孩子中，可意同学已经成为名副其实的学霸，她甚至在每一门功课上都已经成为学霸。但是，她也不是一下子成为学霸的，而是经历了一个持续做正因的过程。

可意从第一次到基地上训练营到目前已有两年时间，最初她来基地学习时，成绩在班里居中下等。她特别努力，也特别相信我们的学习方法。可是，她的成绩就是看不出进步来。为什么？就是因为那时她还没有补上落下的功课，还不能覆盖掉以前内心里那些在学习上自卑的地方。

比如，她以前认为自己脑子不够快，不适合学数学。她在这方面是有自卑的。在认真操作基地的学习方法后，她发现并非如此。但即使这样，她也需要一个过程，来把以前遗留的问题解决掉，把以前学习上的漏洞填平。

成为学霸，需要一个持续做正因的过程。操作基地的各种三步法、十步法，就是做提高成绩的正因。

如果可意在一开始用了我们的方法后一次成绩不好就哭，就不用了，就没有现在的这个学霸可意；如果她用了我们的方法后两次考试成绩还是不好就又哭，就放弃不再用了，那么，也不会有现在的学霸可意。

在可意成为学霸的过程中，我们要看到可意妈妈的伟大。

当可意一次一次的考试成绩不见进步时，可意妈妈在一次一次地用心学着平等思维。每一次孩子成绩不进步的时候，她总是很耐心地陪伴着孩子去平和地面对，最终带着孩子坚强地渡过了最难的难关。当正因做足时，正果就会出现。现在可意到了收获果子的季节，她已经成为一个心态极其强大、学习成绩特别优异的孩子了。

可意和可意妈妈是所有来基地学习的孩子和家长的榜样！

家长们要学习可意妈妈，让自己成为心态平和、智慧从容的家长；孩子们要学习可意，让自己的学习更深入、更高效！

说到这里，可能家长们最想问的问题是，孩子怎么才能成为学霸？

深入学习！

怎么深入学习？

用基地的各种三步法、十步法学习，不断地找到自己的临界点，把临界点的内容学透，这样推移临界点，就可以深入学习，学得比别人更透。深入学习，学得更透，是做学霸的根本。不能学得更透，绝对不可能成为学霸。

学得更深更透，是孩子往往做不到的，是他们想做而不会做的，所以，他们需要受过专业训练的老师的帮助。博友和可意，都长期得到基地老师这方面的帮助。

如果孩子没有机会得到基地老师的帮助，家长可以自己来了解和学习我们各科的三步法、十步法，自己尝试带孩子操作。如果操作不下去，可以读我博客上的相关文章、我的《培养孩子认真学习的能力》《把话说到孩子心里》《平等思维——智慧和幸福的奥秘》这三本书，进一步学习怎么帮助孩子。

针对特别想帮助孩子的家长，基地开设了收费的家长课（分初级班、中级班、高级班）和免费的公益课，目的是帮家长提升智慧，让大家能更好地帮助孩子。

一个平和、智慧的家长就像温泉，能滋养孩子的心，时时给予孩子进步的力量。可意妈妈就是在大密度持续上基地家长课的过程中，迅速成长为一位温泉妈妈的。因为她已经成为温泉，她就可以把孩子的心养得很平和、很强大。

我们看到，一个学霸孩子的背后，是一套科学有效的学习方法，一个持续做正因的过程，一位温泉家长的智慧滋养。

各位家长，你知道怎么帮孩子成为学霸了吧？

结束语

通过将近 20 年的研究和实践，笔者同全国养成教育实验基地的全体同人一起总结出了一整套的教学方法和学习方法。

无论是家长，还是教师，要想教好孩子，首先，要成为一名孩子欢迎和喜欢的老师，要学会跟孩子和谐沟通，学会接纳孩子现有的一切，无论孩子的学习状况多么不好，无论孩子的基础多么薄弱，无论孩子现在的反应看起来多么迟钝，都要从心底里觉得很正常，孩子唯一需要的是帮助，而不是任何形式的贬低。做到这一点，孩子就会从心底里喜欢这位教师。

其次，要教会孩子好的学习方法。很多孩子学习习惯不好，比如不会审题，粗略地一看就匆忙做题；不检查作业，即使检查也检查不出什么问题；不会改错，改错时敷衍了事等。家长和老师在帮助孩子时，不应该只是提醒孩子这样做不好，也不应该只是要求孩子应该怎么做，而是要帮助孩子找到他觉得好的方法，使其能轻松做到并体会到这么做的好处。接下来还要不断地鼓励孩子按照这样的做法继续做下去。

最后，还要在逐渐帮助孩子成长的过程中，成为孩子信任的、喜欢的成长伴侣。孩子喜欢老师，在老师的帮助下，成绩才会不断提高，孩子才会越来越自信，愿意把心里话讲给老师听，这样老师就可以更多地帮助孩子了。

给孩子最好的教育就是培养孩子的认真能力。

每次训练营结束后，看到孩子们在基地老师的帮助下发生脱胎换骨般的变化，笔者总是欣喜不已，觉得做教育真好，这一辈子都不可能离开教育了！

希望大家和笔者及全国养成教育实验基地的老师们携手，帮助孩子，让他们更加轻松快乐地学习和生活，帮助他们建立起自信并创造出美好的未来。

唐老师的博客：http://tangzenglei.qzone.qq.com。

笔　者